THE FISCAL CODE OF
CHINA'S DEVELOPMENT
（1949-2019）

新中国70年发展的
财政逻辑

刘尚希 傅志华◎等著

中国财经出版传媒集团
中国财政经济出版社

图书在版编目（CIP）数据

新中国70年发展的财政逻辑/刘尚希等著.—北京：中国财政经济出版社，2019.9

ISBN 978-7-5095-9277-9

Ⅰ.①新…　Ⅱ.①刘…　Ⅲ.①财政史-中国-1949-2019　Ⅳ.①F812.97

中国版本图书馆CIP数据核字（2019）第228822号

责任编辑：卢关平　　责任校对：理　由

封面设计：孙俪铭　　责任印制：张　健

中国财政经济出版社 出版

URL：http：//www.cfeac.com

E-mail：cfeac@cfemg.cn

社址：北京市海淀区阜成路甲28号　邮政编码：100142

营销中心电话：010-88191522

天猫网店：中国财政经济出版社旗舰店

网址：http：//zgczjjcbs.tmall.com

北京富生印刷厂印刷　各地新华书店经销

787×1092毫米　16开　22.5印张　318 000字

2019年11月第1版　2021年1月北京第2次印刷

定价：78.00元

ISBN 978-7-5095-9277-9

（图书出现印装问题，本社负责调换）

本社质量投诉电话：010-88190744

打击盗版举报热线：010-88191661　QQ：2242791300

参与本书研究和撰写人员

刘尚希　中国财政科学研究院院长、研究员

傅志华　中国财政科学研究院副院长、研究员

李成威　中国财政科学研究院外国财政研究中心副主任、研究员

程　瑜　中国财政科学研究院科研组织处副处长、研究员

申学锋　中国财政科学研究院财政与国家治理研究中心副主任、研究员

陈　龙　中国财政科学研究院财政与国家治理研究中心副主任、研究员

景婉博　中国财政科学研究院科研组织处副研究员

前　言

1949 年 10 月 1 日，毛泽东同志在天安门城楼向世界庄严宣告了中华人民共和国的成立，中国人民从此站起来了。2019 年 10 月 1 日，习近平同志在天安门城楼发表重要讲话，强调社会主义中国巍然屹立在世界东方，没有任何力量能够撼动我们伟大祖国的地位，没有任何力量能够阻挡中国人民和中华民族的前进步伐。70 年，在人类历史上只是非常短暂的瞬间，但就是这一短短的历史时期，我们伟大祖国创造了辉煌，将这 70 年精彩地写在人类的史册之上。70 年前，我们积贫积弱、受尽欺凌，中国人民生活在水深火热之中；70 年来，我们从站起来、富起来到强起来，中华民族从未像今天这样接近伟大复兴的目标。

“财者，为国之命而万事之本”，苏辙《上皇帝书》中的话翻译成现在的话就是“财政，是关系国家发展的命脉和万事成败的根本”。既是“命脉”和“根本”，就非同一般，表明财政不但支撑国家发展，而且决定着国家兴衰。将 900 多年前苏辙的话置于新中国成立 70 周年国家发展之历史过程，不但不过时，而且显得非常精准和准确。只是，新中国 70 年发展情况与当年苏辙讲话的背景正好相反，当年苏辙指出“今世之祸，莫急于无财”，这句话切中时弊，表明当时对财政问题的忽视导致国家发展出现重大危机。而新中国 70 年发展，则是得益于高度重视财政问题，从而使国家发展一次次化危为机，在复兴之路上行稳致远。

70 年来，我们的国家发展取得了重大成就，但也经历了曲折。从历史长河来观察，国家发展的过程是一个“摸着石头过河”的过程，是从历史的不确定性中构建确定性、不断地防范化解公共风险的过程。70年来，财政基于各个时期面临的矛盾和问题，不断防范、化解国家发展中面临的公共风险，使得我们的各项事业不断推进，同时也推动着制度不断完善和创新。

财政作为国家治理的基础和重要支柱，70年来在支撑国家发展的过程中，有着自身独特的逻辑。国家发展的不确定性引出了风险逻辑；社会主义的价值取向引出了人民逻辑；行为与制度引出了创新逻辑。风险逻辑是从财政应对不确定性的基本职能和基础性作用来看的财政逻辑，新中国70年来，财政始终致力于化解各个时期国家发展面临的公共风险，并在此过程中不断注入国家发展的确定性。人民逻辑是从财政的社会主义价值取向和动力机制来看的财政逻辑，强调以人为本，着眼于人的生存和发展来对国家发展目标进行定位，财政立足于“发展为了人民、发展依靠人民”做文章。创新逻辑是从财政发展与改革的方法论来看的财政逻辑，强调按照行为主义的思维方式，考虑财政发展和改革以及财政各项制度设计，坚持在实践当中完善各项制度，处理好改革、发展和稳定三者之间的关系，避免国家发展出现重大风险。

上述三个方面的逻辑之间是相互关联的，其中风险逻辑是主线，是财政支撑国家发展的基础逻辑，70年财政的发展、改革和变迁都是围绕防范化解各个时期国家发展面临的公共风险来展开。另外两个方面与风险逻辑是一体的，是风险逻辑的不同侧面和具体化。一方面，风险逻辑和人民逻辑是一体的，财政防范化解国家发展面临的公共风险，必须坚持“为了人民”这个价值取向，坚持社会主义和人民逻辑，才不会从目标上走偏，同时只有“依靠人民”，才能从根本上防范化解国家发展面临的公共风险。另一方面，风险逻辑和创新逻辑也是一体的，财政要防范化解国家发展面临的公共风险，必须按照行为主义的思路来考虑财政发展和改革的路径，基于公共风险的变化来不断调整发展和改革策略，而不是守住固定的模式不变，这样才能避免国家发展出现重大失误。

当今世界面临百年未有之大变局，正处于大发展大变革大调整时期，人类面临许多共同挑战，各类“黑天鹅”和“灰犀牛”风险事件高发频发，显示着这个世界越来越充满着不确定性。从国际来看，国际力量正在发生着巨大变化——力量更替，平衡打破，国与国之间博弈变得极其不确定，反全球化、民粹思潮、宗教极端主义与恐怖主义泛起。从国内来看，形势的复杂性是指面临着效率下降和公平性不足同时并存，需要再改革和进一步扩大开放。在这种背景下，不能再用过去老的思维，而必须牢固树立风险意识。同时也要认识到，风险本身就是一种可能性，也是一个难题，一旦判断失误，就有可能制造更大的风险。只有对风险有更深刻的认识，在应对风险方面有更充分的准备，才能将风险转化为收益，将危险转化为机会。明镜所以照形，古事所以知今。我们对新中国70年国家发展的财政逻辑进行研究和分析，既从历史的变迁中揭示出财政在防范化解国家发展风险中的重要作用，又从历史的新起点中揭示出国家发展面临的风险对于财政提出的新的要求。这也是我们写作本书的初衷。

本书乃中国财政科学研究院为庆祝中华人民共和国成立70年而作。“我和我的祖国，一刻也不能分割”，无论哪个单位、无论哪个个人都与祖国无法分割。伴随着新中国社会主义建设而成立的中国财政科学研究院更是与祖国发展紧密相连。1956年6月，根据毛泽东主席关于财政部要加强财政经济问题研究的指示，财政部财政科学研究所正式成立，2016年2月更名为中国财政科学研究院。63年以来，中国财政科学研究院始终与祖国同呼吸、共命运，从打造财政部的重要科研机构，到建设国家高端智库，我们为祖国的发展贡献智慧，我们在祖国的发展中逐渐成长。为了庆祝新中国成立70周年，中国财政科学研究院专门立项，对新中国70年发展的财政逻辑进行深入研究，以期为新中国成立70周年献上我们的专著作为礼物。

中国财政科学研究院高度重视本书的研究和写作，成立了专门的研究小组，由刘尚希院长任组长、傅志华副院长任副组长，抽调院内多名科研骨干参与研究。在立项之初，我们就强调了写作本书的特色就是要“以论为主，史论结合”，将新中国70年放在党带领人民实现中华民族伟大复兴的背景下来看待，研究财政在其中的地位和作用。全书除总论之外，共设四篇，分别为：新中国财政的逻辑起点、高度集中体制下的财政变迁、改革开放过程中的财政突破、国家治理现代化的财政基础。篇章分段体现的是时代特色，但每个时期的研究的立足点、出发点和基本思路、基本逻辑是统一的，即研究财政在中华民族伟大复兴之路上，在站起来、富起来和强起来的过程中，在革命、建设、改革时期和新时代中是如何发挥重要作用的。研究小组始终把握“政权”、“国家治理”和“中华民族伟大复兴”这个大逻辑，围绕财政与这个大逻辑的关系展开研究，力求有所创新。刘尚希院长提出了本书的基本逻辑框架与主要观点，刘尚希院长、傅志华副院长带领研究小组反复讨论形成研究提纲，执笔团队形成初稿之后，又多次讨论、数易其稿、反复打磨，最终由刘尚希院长和傅志华副院长总纂定稿。本书总论部分由李成威研究员和景婉博副研究员执笔，第一篇由申学锋研究员执笔，第二篇由陈龙研究员执笔，第三篇由程瑜研究员执笔，第四篇由李成威研究员执笔。于雯杰助理研究员在研究过程中做了一些辅助性工作。在本书的研究、撰写和出版的过程中，得到了中国财经出版传媒集团和中国财政经济出版社的大力支持，责任编辑卢关平为本书的出版付出了辛勤的劳动。在此一并深表谢意！

70年栉风沐雨，风雨兼程，70载砥砺奋进，岁月峥嵘。中华民族复兴之路上取得的伟大成就，是中国共产党团结带领全党全国各族人民矢志不渝奋斗、探索、创新的结果。我们为伟大祖国的丰功伟绩而自豪，我们投入了激情在写作，但我们的研究终归是管窥一斑，肯定存在许多的缺陷和不足之处，敬请读者批评指正。

目　录

第一篇　新中国财政的逻辑起点

第二篇　高度集中体制下的财政变迁

第三篇　改革开放过程中的财政突破

第四篇 国家治理现代化的财政基础

总　论

2019 年是新中国成立 70 周年，也是全面建成小康社会关键之年。70 年砥砺奋进，70 年春华秋实。70 年来，在中国共产党的坚强领导下，全国各族人民团结一心，迎难而上，开拓进取，奋力前行，从封闭落后迈向开放进步，从温饱不足迈向全面小康，从积贫积弱迈向繁荣富强，创造了一个又一个人类发展史上的伟大奇迹，中华民族迎来了从站起来、富起来到强起来的伟大飞跃，彻底改变了中华民族的前途命运，一步一步向中华民族伟大复兴的目标坚定迈进。新中国成立 70 年来，随着我国经济规模不断扩大，综合国力与日俱增，对世界经济增长的贡献大幅提升，国际地位和影响力显著增强。

70 周年是一个连续的整体，不能割裂来看，要正确认识这两个历史阶段。前 30 年的探索为改革开放“积累了重要的思想、物质、制度条件，积累了正反两方面经验”[①]。后 40 年是实施改革开放，向中华民族伟大复兴砥砺奋进的 40 年。在 40 年的发展中，中国一跃成为全球第二大经济体，创造了人类社会发展的奇迹；尤其是改革开放后的 40 年，中国日益走近世界舞台中央，成为全球治理的重要主体。

历史是最好的教科书。回望新中国 70 年不平凡的历程，财政在国家治理中发挥了基础和支柱性作用。中国特色社会主义财政改革和发展充分体现了“人本”思想，坚持改革和发展为了人民、改革和发展依

---

① 习近平：《毫不动摇坚持和发展中国特色社会主义》，《求是》2019 年第 7 期。

靠人民。财政改革和发展把满足人民群众日益增长的各层次需求、满足人民对美好生活的向往、化解人民群众面临的各类公共风险作为出发点[①]。了解中国的现实，了解中国的历史，从历史和实践当中总结规律，挖掘出隐藏于其中的财政逻辑，才能更好地站在新的历史起点展望中国的未来。

一、民族复兴视野中的新中国财政

何谓“民族复兴”？中国共产党的创始人之一李大钊是“中华民族复兴”理念最早自觉的导引人之一。当年的原话为“当以中华国家之再造，中华民族之复活为绝大关键”，他用的是“中华民族之复活”，“复活”与“复兴”意思相通。中华人民共和国第一任（政）国务院总理周恩来，在少年时代立下了宏伟志向是要“为中华之崛起而读书”。1990年4月7日，邓小平在《振兴中华民族》的谈话中说：“党的十一届三中全会以后，我们集中力量搞四个现代化，着眼于振兴中华民族。”[②] 1997年，党的十五大正式提出“中华民族伟大复兴”的概念。党的十八大以来，习近平提出并深刻阐述了实现中华民族伟大复兴的中国梦。在新中国成立以来，中华民族经历了站起来、富起来、强起来的历史性飞跃，背后是中国人民创造幸福生活、一步步实现“中国梦”的生动实践。

建立中国共产党、成立中华人民共和国、推进改革开放和中国特色社会主义事业，是五四运动以来中国发生的三大历史性事件，是近代以来实现中华民族伟大复兴的三大里程碑。这70年，需要放在党带领人民实现中华民族伟大复兴的背景下来看，财政在中华民族伟大复兴之路

---

① 刘尚希：《公共风险论》，人民出版社2018年版。
② 邓小平：《振兴中华民族》，《邓小平文选》第三卷，人民出版社1993年版，第357页。

上，在站起来、富起来和强起来的过程中，在革命、建设、改革时期和新时代中如何发挥重要作用。回顾历史，不难发现，70 年间，财政始终与国家经济紧密相连，在危难之际，财政改革总是充当改革排头兵，化解了一次又一次风险和危机。

新中国财政的历史准备：根据地和解放区的经验

在共产党成立初期，经费问题成为建党中的一个大问题，建党、宣传、组织等都需要经费。1922 年，中国共产党正式加入共产国际，成为其的一个分部，初期在经费上接受了共产国际的一定的资助。1982 年由中共中央党校出版社出版的《中共中央文件选集》第一卷中公开了陈独秀 1922 年写给共产国际的工作报告，其中明确提到中国共产党从共产国际那里获得活动经费的情况①。当时各国共产党基本上都是依靠共产国际的支持，才得以走过初创阶段的困难时期。但共产国际实际是由苏联共产党控制的，带有很浓厚的苏联色彩。而由于各自的利益所在和考虑的目标不尽相同，共产国际的财政援助的力度、形式及其实现的快慢，事实上并不完全符合中国共产党自身的实际需要。为此双方发生矛盾冲突。在中国共产党内部，实际上一直都有反对经费依赖共产国际的声音，事实上经费依附于共产国际的办法并未持续多久。在财政上依附于共产国际，在指挥上也势必受制于人。在全面依赖于莫斯科的财政支持的情况下，中共中央很难不听命于共产国际，并听任其干预党的领导机构和方针政策，对中国共产党政治上的独立自主产生了影响。且从 1936 年开始，共产国际就很少再资助他国共产党，仅是在政治上给予指导。1943 年，共产国际解散，中国共产党不得不走上独立自主的革命道路。

革命根据地的财政工作，是土地革命时期革命根据地经济建设的重要组成部分。从财政上看，逐渐把工作重心从城市转向农村，并切实在

① 《中共中央执行委员会书记陈独秀给共产国际的报告》（1922 年 6 月 30 日），中央档案馆编：《中共中央文件选集》第一卷，中共中央党校出版社 1982 年版，第 27 页。

农村立稳脚跟。抗日战争爆发后，在日军的强大军事压力下，中国共产党逐步开辟了多个抗日根据地，并动员一切社会力量，出钱出粮，推动抗日根据地生存、发展和壮大。抗日根据地政权为了最大限度地动员社会资源为抗战服务，采取了废除社书、清理粮册和清查田亩等措施对田赋征收体系进行了整理，田赋在各个根据地相继恢复。

抗战时期是党夺取革命胜利的重要转折期，在抗战中所开辟的根据地政权开创并积累了党走向全国性政权的基础和经验。1940—1943 年，日本帝国主义扩大“三光政策”，国民党对陕甘宁边区实行军事包围、经济封锁，“不准一斤棉花、一粒粮食、一尺布”进入边区，边区经济遭遇前所未有的困难，中国共产党带领人民坚持自力更生、艰苦奋斗，通过多种手段来发展经济，不仅成功地克服了困难，还从困难走向了胜利。为了克服困难，坚持抗战，党中央和西北局确定的边区财政经济工作的基本方针，即“自力更生”四个大字。中国共产党《陕甘宁边区关于财政经济建设的指示》明确指出：“现在就全国形势说投降危险正在增长，新的反共高潮成为投降的必然准备步骤，陕甘宁边区在为着打破日增的困难，为着反对投降，坚持民族统一战线力争好转的严重任务，又为着奠定新民主主义的经济基础，更充实与活跃新民主主义的政治，在财经政策上已不容我们慢步的走，则应转到完全自力更生的自给自足的政策，这就是陕甘宁边区目前财经政策的新方向，这就是开展在陕甘宁边区党与政府以及全体人民面前新的迫切的严重任务。”① 当时，还不懂得正确处理财政与经济之间的关系，单纯在财政收支问题上打圈子。1942 年 12 月中国共产党陕甘宁边区高级干部会议召开，毛泽东作了《经济问题与财政问题》的报告，批评了片面看重财政，不懂得整个经济的重要性，单纯在财政收支问题上打圈子，不了解边区实际，教条主义、保守主义、官僚主义的思想错误，确定了发展经济、保障供给这一经济工作和财政工作的总方针，提出实行公私兼顾、军民兼顾的经

① 中国财政科学研究院主编：《抗日战争时期陕甘宁边区财政经济史料摘编》第六编财政，长江出版传媒集团、长江文艺出版社 2016 年版，第 30 页。

济政策，并专门成立西北财经办事处，统一领导边区经济。但即使面对困难，面对经济困难，毛泽东仍明确指出："我们的第一个方面的工作并不是向人民要东西，而是给人民以东西。"① 财政困难只有通过切切实实的有效的经济发展才能解决，而发展经济必须发动人民群众、依靠人民的力量发展生产，战胜困难。1942 年成立的西北财经办事处规定边区银行的主要任务有三项：一是发展公私经济；二是支持财政预算；三是发行并调剂货币。通过这些综合措施的运用，到 1944 年，中国共产党领导下的陕甘宁边区就成功地走出了困难局面，实现了各方面的发展和繁荣。边区生产建设的成绩，已开始将贫困与落后的历史面貌变为富裕繁荣，在世界上这是一个伟大的奇迹。正如毛泽东 1943 年视察南泥湾时所讲："困难不是不可征服的怪物，大家动手征服它，它就低头了。"②

主导国家建设的财政：筹集资金和配置资源

新中国成立以前，经历了中华民国的 37 年，这 37 年间经济发展缓慢，人均收入几乎维持在清末的水平，工业化极其初步，极为落后。不仅产品产量低，而且工业部门残缺不全，只有采矿业、纺织业和简单的加工业，许多工业产品不能自己生产，完全依赖进口。当时农业是国家经济最主要的部分，1949 年，农业人口占全国总人口的 82.6%，且农业生产还停留在小农手工生产状态。大多数人口还处在饥饿或半饥饿状态。农业在很大程度上还是停留在满足吃饱肚子问题。全中国的铁路基础设施落后，医疗卫生条件差。人口高出生、高死亡。

在新中国成立之初一穷二白、百废待兴的背景下，毛泽东主席屡次说到："现在我们能造什么？能造桌子椅子，能造茶碗茶壶，能种粮食，还能磨成面粉，还能造纸，但是，一辆汽车、一架飞机、一辆坦克、一

① 毛泽东：《经济问题与财政问题（节选）》（1942 年 12 月），《毛泽东文集》第二卷，人民出版社 1993 年版，第 467 页。

② 王思林：《自力更生：延安时期从困难走向胜利》，《北京日报》2019 年 6 月 3 日 15 版。

辆拖拉机都不能造。”[①]“我们一为‘穷’，二为‘白’。‘穷’，就是没有多少工业，农业也不发达。‘白’，就是一张白纸，文化水平、科学水平都不高。”[②] 国内，国家尚未全面解放，百万雄师待过大江，国民经济体系也几近崩溃，供给不足和哄抬物价造成恶性通货膨胀，1949年年底全国十三大城市批发物价指数比1948年年底上涨50余倍。除了内忧，还有外患。国外，美帝亡我之心不死，朝鲜战争接近爆发。在这种背景下，新中国在建国之初选择计划经济体制有其主观和客观的必然性，有理论和实践的延续性。加之国家为了集中有限的财力、物力，尽快建立社会主义工业，对于国家重点建设项目和国营企业，当然更倾向于实行直接的计划管理。1955年秋，毛泽东在一份按语中写道：“人类的发展有了几十万年，在中国这个地方，直到现在方才取得了按照计划发展自己的经济和文化的条件。自从取得了这个条件，我国的面目就将一年一年地起变化。”[③]

鉴于当时的历史条件，这一时期的财政主要任务是支持经济建设。新中国成立后，党和政府集中有限的资源，重点投向工业部门，一大批工业项目的开工建设拉开了中国工业化的序幕。从此，新中国工业以前所未有的速度破浪前行。因此，为集中全国的财力和物力，1950年国家选择建立高度集中的“统收统支”的财政体制，也是历史的必然。

从新中国成立至改革开放以前，新中国工业化过程大体分为三个阶段：1949—1957年，国民经济恢复和“一五”时期；1958—1965年，“大跃进”和国民经济调整时期；1966—1978年，工业经济大起大落时期。从新中国成立初期到改革开放之前，财政体制始终以“统收统支”为主要特征，以“集中财力办大事”为出发点，以“如何实现财政收支平衡”为落脚点。既主要采用了高度集中、统收统支的管理模式，也

---

① 毛泽东：《关于中华人民共和国宪法草案》，《毛泽东选集》第五卷，人民出版社1977年版，第130页。

② 毛泽东：《论十大关系》，《毛泽东选集》第五卷，人民出版社1977年版，第288页。

③ 毛泽东：《红星集体农村的远景规划》一文的按语，参见《建国以来毛泽东文稿》第五册，中央文献出版社1998年版，第503页。

为了调动地方积极性，进行了适度分权、分级管理方面的探索。

在此期间，“集中力量办大事”的“统收统支”财政体制也进行过多次调整，包括：1951—1960 年实行集中统一和分级管理相结合的财政体制。中央集中绝大部分财政收入，一切支出皆由中央拨付。地方仅享受地方税收和一些零星收入，无权留用其他收入。1951 年，全国财政经济情况逐步有所好转，考虑到地方政府财政机动性较弱，1951 年 3 月，政务院发布《关于 1951 年系统划分财政收支的决定》，我国的财政收支由高度集中开始向分级管理过渡。1961—1965 年进一步加强集中，将财政管理权限集中于中央、大区和省；为应对三年自然灾害，1961 年党中央提出了国民经济的“调整、巩固、充实、提高”八字方针。为此，1961 年对分级管理的财政体制做了调整，中央决定将财政权限集中于中央、大区和省（市、自治区）三级，坚决纠正财权过于分散的现象，把下放给地方的大部分企业陆续收归国务院有关部委管理，原下放给地方的权力也基本收回。1966—1976 年对财政体制调整更为频繁，但未改变中央对财政的全面控制和管理。总体来看，新中国成立初期形成的“统收统支”财政体制保证了国家有限财力的集中使用，既保障了战争供给，又支援了经济的重点恢复，实现了新政权的政治稳定和新中国国民经济体系的迅速恢复。此后一段时间，这一财政体制继续为健全国民经济体系和工业化的形成提供了有力支撑。

然而，在高度集中的计划经济体制下所形成的“统收统支”财政体制也带来诸多弊端，中央管理过严，地方缺乏发展的积极性，中央计划就难以落地；政府对企业管理过死，企业缺乏激励的动力和竞争的压力，宛如一潭死水，使得生产率和生产积极性难以提高。在政治上动乱、经济上遭到破坏的情况下，财政管理体制采取了多种临时过渡的办法，不适当地、过多地下放了经济管理权和财权。从 1977 年开始，重新调整了部分企业的隶属关系，上收了部分财政管理权。

推动改革开放的财政：发挥物质利益的激励作用

1978 年，中国共产党十一届三中全会召开。1978 年的中国，是中华民族5000年历史上具有重要意义的一年。如果说1949年中国的变化是让中国人民站了起来，那么1978年的变化则是中华民族走向富裕道路的开始。中国在改革开放前的几十年间，几乎是一种与世隔绝的状态。人们的思想严重僵化，把计划经济当作社会主义制度的优越性，而把市场经济视为资本主义的专属特征。“大跃进”后，尤其是面临着十年“文化大革命”带来的严峻局面：体制僵化、经济凋敝、科技落后、人民贫困。邓小平痛心疾首感叹：中国经济发展水平不仅同发达国家的差距进一步扩大，而且还被一些发展中国家和地区远远甩在了后面。关起门来搞不成现代化，中国的国门必须打开，不然就有被开除出球籍的危险。可以说，贫困与落后，生存危机与开除“球籍”的危险，成为撬动中国改革开放最大的动力。解决短缺问题的根本途径是提高生产力，提升经济效率，市场化无疑是唯一出路。要建立充满生机的社会主义经济体制，增强企业活力是经济体制改革的中心环节。

新中国成立之初，由于在社会主义改造的方法和步骤上坚持了从中国实际出发，有较大创新，所以在许多方面还没有统得很死。后来，随着社会主义改造的基本完成和国家经济发展的规模越来越大，经济体制方面某些统得过多过死的弊端逐渐显露出来。特别在大规模的社会主义建设开始后，因为我们党对于如何进行社会主义建设经验不足，加之由于1957年以后党在指导思想上的“左”倾错误的影响，把搞活企业和发展社会主义商品经济的种种正确措施当成“资本主义”，所以使经济体制上过度集中统一的问题在一定历史时期内不仅长期得不到解决，而且发展得越来越突出。

“文化大革命”期间，随着“左”倾思潮和“左”倾政策的登峰造极，认为只有全面实行计划经济才能保证国民经济按比例地协调发展，才能有好的经济效益，才能实现社会主义基本经济规律的要求，逐步满足人民物质和文化的需要。甚至认为坚持计划经济，实质上是坚持社会主义道路和坚持马克思主义的大问题；要坚持社会主义经济制度，必须在公有制基础上实行计划经济。

1979 年 11 月，邓小平会见美国《不列颠百科全书》副总编吉布尼时就说过："说市场经济只存在于资本主义社会，只有资本主义的市场经济，这肯定是不正确的。社会主义为什么不可以搞市场经济，……市场经济，在封建社会时期就有了萌芽。社会主义也可以搞市场经济。"① 此后在若干场合，邓小平对计划和市场的关系曾作过多次论述，强调要重视和利用市场经济。1980 年 9 月，第五届全国人民代表大会第三次会议的政府工作报告承认商品经济，明确规定中国是有计划的商品经济，这不能不说是一个大的进步。1981 年 6 月，党的十一届六中全会通过的《关于建国以来党的若干历史问题的决议》提出："必须在公有制基础上实行计划经济，同时发挥市场调节的辅助作用。要大力发展社会主义的商品生产和商品交换。"1984 年 10 月，党的十二届三中全会通过《中共中央关于经济体制改革的决定》，对如何坚持计划经济为主、市场调节为辅的原则作了更加具体而明确的规定，其中提出："社会主义是公有制基础上的有计划的商品经济。"党的十三届四中全会以后，中国在总体上实行了计划经济与市场调节相结合的经济体制和运行机制。1990 年 12 月，党的十三届七中全会提出："积极发展社会主义的有计划商品经济，实行计划经济与市场调节相结合，努力促进国民经济持续、稳定、协调发展。"在当时，这个论断对于深化经济体制改革和推进社会主义现代化建设具有重要指导意义。1992 年年初，邓小平视察南方时提出："计划多一点还是市场多一点，不是社会主义与资本主义的本质区别。"② 这个论断，突破了传统的社会主义经济理论与经济模式，从根本上解除了把计划经济和市场经济看作属于社会基本制度范畴的思想束缚，使人们在计划与市场关系问题上的认识有了新的重大突破，对科学社会主义理论有了重大突破，成为中国经济体制改革的重要指导思想。

---

① 邓小平：《社会主义也可以搞市场经济》，《邓小平文选》第二卷，人民出版社 1983 年版，236 页。

② 邓小平：《在武昌、深圳、珠海、上海等地的谈话要点》，《邓小平文选》第三卷，人民出版社 1993 年版，373 页。

这一时期，财政的主要任务是支持改革开放，主要的手段是发挥物质利益的激励作用，调动各方面发展经济的积极性。财政率先打破高度集中的计划经济体制，并随着社会主义市场经济体制不断深化而变革，为市场化改革奠基铺路。财政改革围绕“增强企业活力”展开，而“利改税”则是增强企业活力、确立企业市场主体地位的关键一步。与改革开放的进程相适应，中国财政改革也相应地经历了统收统支财政体制、包干制财政体制、分税制财政体制、公共财政体系的构建。这一时期，财政的探索可分为两个阶段：一是1979—1993年，“分灶吃饭”的“包干制”财政体制；二是1994—2012年，公共财政导向的“分税制”财政体制。

1978年前，与同期的经济体制与政治体制相适应，中国财政主要模式是“生产建设型财政”，其基本特点是国家财政与企业财务合二为一，即企业收入全部上交，支出由上级核定。对于财政而言，收入主要来自于企业利润，支出主要用于国防、生产建设以及必需的社会事业等方面。这种体制不仅严重束缚了企业的经营自主性，也同时抑制了地方政府的积极性。因此，1978年改革开放之后，中国财政改革的主要线索就是扩大企业和地方政府自主权。企业方面，1983年、1984年，中国进行了两步“利改税”改革。中央与地方财政体制方面，1980年起，中央政府下放财权，重点划分中央和地方的财政收支范围，实行了“划分收支、分级包干”的财政管理体制。这就是广为人知的“分灶吃饭”财政体制。

1994年以来，中国开启了建立社会主义市场经济体制的伟大征程。经过几年的摸索，各方逐渐达成共识，与市场经济体制相适应的财政体制，正是公共财政制度。为此，从1998年起，中国致力于建设公共财政体系，在税收制度、财政体制、预算管理等方面进行了一系列重大改革。一是简并税制，改革税种。1994年，中国税收制度进行了大幅度改革，从某种意义上讲，相当于重建了国家税收体系。当时共出台了25个税种，形成了以流转税为主、所得税为辅的税收体系。相当大的程度上，1994 年的税制改革是十分成功的，不仅为国家财政收入提供了丰富的税源和强大的资金支持，而且极大促进了中国经济发展和企业腾飞。一直到现在，1994 年所形成的税收基本格局仍在运行之中。二是大力推进预算制度改革，加强财政支出管理。1998 年以前，中国财政管理的主要特征是以加强收入管理为主。1998 年以来，逐渐加大了支出端的管理，相继进行了一系列重大改革，形成了以部门预算、政府采购、国库集中支付制度三者为核心的支出管理体系，后来再逐渐扩大到收支两条线改革、政府收支分类科目改革、财政项目评审制度、公务卡制度、绩效评价、财政监督、财政审计等，形成了既与国际经验接轨，也极具中国特色的预算管理制度体系。三是建立分级分税的政府间财政体制，调动中央与地方两个积极性。1994 年以来，为适应市场经济体制建设的需要，中国进行了影响深远的分税制改革。分税制的核心是在中央与地方政府之间划分事权、财权，同时建立转移支付制度。这一制度对于构建中国市场经济体制，处理好中央与地方关系起到了极其重要的作用，“其功绩无论怎么说都不过分”。迄今为止，仍然是中国财政体制的基本模式。

支撑国家治理现代化的财政：注入确定性

当今世界面临百年未有之大变局，正处于大发展大变革大调整时期，人类面临许多共同挑战，各类“黑天鹅事件”频发，让世界充满着不确定性。国际力量正在发生着巨大变化——力量更替，平衡打破，国与国之间博弈变得极其不确定，反全球化、民粹思潮、宗教极端主义与恐怖主义泛起。从国内来看，形势的复杂性是指面临着效率下降和公平性不足同时并存，是指区域分化、产业革命、需求革命、老龄化、城镇化、资源环境等一系列变化，从而需要再改革、扩大开放，这也需要有效的市场、有为的政府、和平的国际环境。

世界面临大变局，带来强烈震荡和巨大的不确定性，不确定性虽然总是存在，但在当前愈发凸显。在目前的大变局中，面对种种不确定性，不能再用过去老的思维，必须看到大变局中危与机并存，风险与收益同在。同时也要认识到，风险本身就是一种可能性，也是一个难题，一旦判断失误，就有可能制造更大的风险，只有争取更深刻的认识，才能把风险转化为收益，危难转化为机会。在这不确定的大变局中，如何从不确定的世界里构建确定性，应该是政策的基本逻辑。

1978年，在党和国家面临何去何从的重大历史关头，党的十一届三中全会作出把党和国家工作重点转移到社会主义现代化建设上来和实行改革开放的历史性战略决策。党的十一届三中全会是划时代的，开启了改革开放和社会主义现代化建设历史新时期。进入新时代，国内外环境发生极为广泛而深刻的变化，改革又到了一个新的重要关头。面对新形势新任务，党的十八届三中全会作出全面深化改革重大战略决策。党的十八届三中全会也是划时代的，开启了全面深化改革、系统整体设计推进改革的新时代，开创了中国改革开放的全新局面。

党的十八届三中全会提出，全面深化改革总目标是完善和发展中国特色社会主义制度，推进国家治理体系和治理能力现代化。过去，我们所提出过的改革目标，大多是从具体领域提的。而党的十八届三中全会以来的6年来1600多项改革方案相继推出，涉及范围之广、触及利益之深、节奏推进之快前所未有。国企国资、户籍制度、农村土地、司法、财税、医疗等一项项议论多年、阻力重重的改革接续启动，一个个以前不敢碰、不敢啃的“硬骨头”被逐一砸开。

2017年，党的十九大报告指出：到2035年，“国家治理体系和治理能力现代化基本实现”；到本世纪中叶，“实现国家治理体系和治理能力现代化”。这是我们党作出的重要战略安排，进一步明确了实现全面深化改革总目标的时间节点和路径，必将为实现中华民族伟大复兴提供坚强制度保障。

中国特色社会主义进入了新时代，中国社会主要矛盾发生了变化，已经转化为人民日益增长的美好生活需要和不平衡不充分的发展之间的矛盾。与此同时，人类发展也进入了新时代，当今世界面临百年未有之大变局，人类也面临前所未有的不确定性世界。站在70年新的历史起点上，财政作为中华民族伟大复兴的重要基础，以推动整体性改革和发展为目标，以应对风险社会的不确定性为任务，实现国家治理现代化。正是基于此，党的十八届三中全会指出，财政是国家治理的基础和重要支柱，必须完善立法、明确事权、改革税制、稳定税负、透明预算、提高效率，建立现代财政制度，发挥中央和地方两个积极性。要改进预算管理制度，完善税收制度，建立事权和支出责任相适应的制度。2013年11月，党的十八届三中全会通过《中共中央关于全面深化改革若干重大问题的决定》，为新一轮财税体制改革作了战略部署。2014年6月，中共中央政治局审议通过《深化财税体制改革总体方案》，标志着新一轮财税体制改革正式启动。2013年至今，在加快建立现代财政制度过程中，在最新一轮的全面深化改革中，财税被提升到国家治理的基础和支柱这一新高度，财税体制改革也摆脱了单一经济体制改革的范畴，成为全面覆盖国家治理全过程、各领域的综合性制度安排的抓手。

二、从计划体制到市场体制的财政变迁

在新中国70年的发展史上，经济体制发生了两次剧烈的变迁，经历了两大转型期：一是1949—1978年党的十一届三中全会前，中国由新民主主义经济向社会主义单一公有制和计划经济转型并力图完善它的时期；二是1978年党的十一届三中全会至今，中国又由单一公有制和计划经济向社会主义市场经济改革，并从经济体制改革逐步扩展为覆盖经济、政治、文化、社会和生态文明各领域的全面深化改革。财税体制及其运行机制也相适应地做适应性变革。从计划经济到市场经济，财政经历了由统收统支的财政体制到中央和地方“分灶吃饭”财税体制、财政包干制、分税制、公共财政体系的构建和现代财

政制度。可以说，财政顺应这一改革大潮，逐步走向与社会主义市场经济体制和国家治理体系、治理能力现代化相匹配的财税体制演化的过程。

与高度集中的计划体制相匹配的财政：统收统支

新中国成立初期，经过社会主义改造，中国基本形成计划经济体制。选择走社会主义道路，是由当时的历史背景所致。众所周知，新民主主义革命的胜利，新中国的成立，是在俄国十月革命后，中国共产党领导中国人民在马克思列宁主义指引下，将马克思列宁主义与中国革命具体实践相结合的产物。毫无疑问，新民主主义革命胜利后自然而然选择了社会主义道路。但社会主义究竟怎么搞，是摆在党面前的一个难题。毫无疑问，在当时的条件下，认为苏联式的社会主义是社会主义的唯一模式。于是开始向苏联学习社会主义。1953—1955 年不到 3 年时间，基本上实现国家工业化和对农业、手工业、资本主义工商业的改造。因此，1955 年以来，国家所有制和准国有的集体所有制成为国民经济的唯一基础，并在这种所有制基础上全面建立了苏联式的集中计划经济体制。1954 年制定和颁布了第一部宪法，其第十五条规定："国家用经济计划指导国民经济的发展和改造"。自此，计划经济体制成为中国法定的经济体制。1953 年至 1957 年，中国通过学习苏联建立了计划经济体制，开启了工业化历程，初步建立中国工业化的雏形，推动中国进入现代经济增长时期。但随着社会主义建设在各国的不断开展，高度集中的计划经济体制的弊端逐渐显现，一些社会主义国家由此开启了探索改革之旅。后来毛泽东同志也意识到，不能照搬照抄苏联模式，建设社会主义要走适合本国国情的道路，要进行马克思主义基本原理同中国具体实际的第二次结合。《论十大关系》就是毛泽东同志对社会主义中国道路探索的结晶。

传统的经济体制特征集中表现为计划经济的高度集中和强调政府统一计划的作用，与这种方式相一致的是国家计划是资源配置的主角，财政作为计划控制的基本手段，以资产所有者身份直接参与社会生产和消费各个领域，渗透到从企业管理到个人消费等微观经济的各个方面。财政的突出表现为统收统支。地方政府和上一级政府统收统支。地方政府收过来以后，到中央算总账给地方安排资金，地方再逐级给市、县、乡镇一直到基层安排费用。地方政府不过是传递中央政府计划性指令的执行单位，一切受中央政府的支配，并无多少自主性可言。此时也没有考虑个体单位实际的自利性，都是在为上级办事，故也没有多少生产的积极性。当时所有工人职员都在一些单位，这些单位主体都是国有的。当时企业90%多是国有的，在这个背景下实行企业的财务制度是集中统一的，有固定的八级工资制，有一些级别，全国都是一样，各行各业基本制度也是一样，整个社会也是集中统一管理。企业花多少钱都要报政府，做什么事情也要报政府，一些消费品不足，不足就发票，有粮票、肉票、布票①。

与市场化、工业化相适应的财政：以经济建设为中心

新中国成立后的前30年，中国是在极其不利的国际环境中开展经济建设。经过30年的发展建设真正实现了“站起来”，初步建立了工业化体系。从经济发展来看，1978年中国GDP规模和人均GDP规模分别为3678.7亿元和385元，经济增长速度与世界平均水平相当，远远好于新中国成立前的发展时期。人力资本总体状况得到极大改善。基本建立了现代教育体系，学龄儿童入学率达到95.5%，基本普及小学教育。各项卫生指标大幅度提升，人均预期寿命从新中国成立初的41岁上升到66岁，实现从显著低于世界平均水平到显著高于世界平均水平的跃升。

虽然温饱问题解决了，改革开放之初的中国整体上仍是贫困大国，加上“文革”的动乱又让刚刚进入稳定运行的社会经济再受冲击。总

① 《中国财税体制改革关键结点：改变统收统支体制》，央视网，2018年10月26日。

的来说，高度集中的计划经济体制发展到后来越来越僵化，一定程度上阻碍和破坏了生产力的发展。1978年党的十一届三中全会前后，全国工作重心已从阶级斗争转向经济建设。1979年3月，邓小平同志说："过去搞民主革命，要适合中国情况，走毛泽东同志开辟的农村包围城市的道路。现在搞建设，也要适合中国情况，走出一条中国式的现代化道路。"① 这是邓小平同志第一次提出"走一条中国式的现代化道路"的任务，而且强调走这条道路必须"从中国的特点出发"。1982年9月1日，党的十二大召开，标志着中国特色社会主义的确立。首先，经济领域的改革取得重要突破。一是开启以"家庭联产承包责任制"为核心的农村经营体制改革。肯定"包产到户"，并强调尊重群众选择、长期不变。"包产到户"的社会主义性质一经中央认可，便在全国范围内迅速铺开。二是扶持乡镇企业快速发展，为城市发展提供重要支撑。相应地，财政管理体制实行"分灶吃饭"和包干制，进一步激发了地方经济发展活力。

1992年，邓小平著名的南方谈话，一扫改革和思想领域的"沉闷"和"停滞"，引发了一场新的思想解放"浪潮"，从而使中国改革进入了全新的历史阶段——向建设和完善社会主义市场经济转型。1992年10月，党的十四大第一次明确提出改革的目标是建立社会主义市场经济体制。11月，党的十四届三中全会出台了《中共中央关于建立社会主义市场经济体制若干问题的决定》，提出了建立社会主义市场经济体制的总体规划和经济体制改革的行动纲领。1997年，党的十五大提出和阐述了邓小平理论，确立中国社会主义基本经济制度。2002年，党的十六大提出21世纪头20年全面建设小康社会的宏伟目标之一，就是建成完善的社会主义市场经济体制。党的十六届三中全会通过了《中共中央关于完善社会主义市场经济体制若干问题的决定》，从建立现代产权制度、规范市场秩序、改善宏观调控等方面对完善社会主义市场经济

---

① 邓小平：《坚持四项基本原则》，《邓小平文选》第二卷，人民出版社1983年版，第163页。

体制做出了具体部署。

在改革开放初期，财政上主要采取的措施包括：国营企业试行企业基金办法、利润留成办法和盈亏包干办法；对农垦企业实行财务包干办法；对基本建设单位进行由财政拨款改为贷款的试点；对省、市、自治区实行“划分收支、分级包干”的“分灶吃饭”财政体制等。在这些改革举措中，最具重要性和代表性的是“分灶吃饭”。1979 年 4 月，中央经济工作会议正式提出对国民经济进行“调整、改革、整顿、提高”的八字方针。其后筹划、启动了“分灶吃饭”的财政分权改革。直到 1992 年党的十四大确立社会主义市场经济体制改革目标后，要求使市场在资源配置中起基础性作用。这是由“政府主角作用”向“市场起基础性作用”的变革，因此，在资源配置方式的相应转变上，价格逐步理顺和国内外价格不断拉平的过程中，也激活了市场机制对价格格局的形成作用。在税制上，含税低的产品（如农副产品等初级产品）相对价格在上升，而含税高的产品（加工类产品）相对价格在下降。在动力机制上，强调和激发了中央和地方两个积极性，呈现出了激励相容的良好局面，发展呈现出了崭新面貌。但是在发展过程中，却出现了新的矛盾和问题，中国财政收入占 GDP 的比重和中央财政收入占全国财政收入的比重出现双双下降。与此同时，过去那种“以税代价”、内外资税收“双轨制”和企业承包“税、利”、财政实行地方向中央包干的“分灶吃饭”、“大包干”做法，面临着前所未有的挑战。东部、中部、西部地区的经济发展和财政状况出现了失衡，种种瓶颈和弊端愈发明显，突出表现为“两个比重”同时下降，中央和地方陷入年年谈判、体制陷入年年变的局面。解决这些矛盾和问题的根本出路在于改革，在于遵循市场经济发展规律，“分税制”顺应了历史发展的潮流，成为中国改革开放和建立社会主义市场经济体制的必然产物，也为中国新的经济增长和社会发展奠定了重要的制度基础。

三、财政支撑国家发展的基本逻辑

2019年是新中国成立70周年，也是全面建成小康社会关键之年。70年来，在中国共产党的领导下，中国从一个落后的半封建、半殖民地国家一跃成为世界上的重要国家，经济总量稳居世界第二，人民生活水平大幅提高，在全球治理中的地位不断提升，各项事业不断发展。财政作为国家治理的基础和重要支柱，70年来在支撑国家发展的过程中，有着自身独特的理论、历史和实践逻辑，这三个方面是立体交叉的，相互交织形成了不确定性与风险逻辑、社会主义与人民逻辑、行为主义与创新逻辑，其中不确定性与风险逻辑是主线，另外两个方面与不确定性与风险逻辑密切相关，三个逻辑共同构成了新中国70年财政支撑国家发展的逻辑。

发展的不确定性：风险逻辑

明镜所以照形，古事所以知今。70年来，我们的国家发展取得了重大成就，但也经历了曲折。客观地说，国家发展的过程是一个“摸着石头过河”的过程，是从不确定性中构建确定性，防范化解风险的过程。70年来，财政基于各个时期面临的问题，不断化解国家发展中面临的风险，使得我们的各项事业不断推进，同时也推动着制度不断完善和创新。

新中国成立初期，当时的主要矛盾是“百废待兴”，经济社会一穷二白，落后是当时国家发展面临的最大风险。落后主要体现在工业方面，新中国成立之初，国民经济当中90%为农业，工业占比仅为10%左右。因此，在新中国成立之初提出了工业化促进经济发展的目标，改变国家落后的局面。1949年至1952年，中国基本上完成土地制度改革和其他民主改革任务，迅速恢复遭到严重破坏的国民经济，为向社会主义转变进而实现工业化准备了条件。1953 年党提出过渡时期的总路线，开始实行第一个五年计划的大规模经济建设。到 1978 年，中国社会主义建设取得了巨大成就，但是由于一些历史原因和长期实行计划经济体制，国民经济发展受到了挫折和制约，当时的主要风险依然是落后。1952 年，中国 GDP 总量占世界的比例为 5.2%，1978 年下降为 5%；人均 GDP 只有 224.9 美元；1948 年，中国人均 GDP 排世界各国第 40 位，到了 1978 年排倒数第 2，仅是印度的 2/3；如果按现在的农村扶贫标准来衡量，1978 年中国的农民贫困发生率高达 97.5%。中国粮食总产量虽然在 1978 年超过了历史最高水平，但按人口平均的粮食占有量，也只是略高于 1957 年。与世界其他国家相比，中国经济被远远地甩在后面，甚至比大多数发展中国家还要落后。

改革开放以来，中国经济得到了极大发展，不但解决了温饱问题，而且在向全面小康目标迈进。中国 2018 年 GDP 总量达到 90.03 万亿人民币，折算成美元大概为 13.2 万亿美元左右，继续在全球第二的位置上无人能撼；2018 年中国人均 GDP9462 美元，印度人均 GDP1978 美元，是印度的 4.78 倍。按现行国家农村贫困标准测算，2018 年末全国农村贫困人口 1660 万人，贫困发生率仅为 1.7%。在取得成就的同时，也出现了新的问题和新的风险，例如，环境污染和生态保护面临的压力越来越突出，区域之间的发展差距有拉大的趋势，个体之间的发展差距和收入与财富差距明显。这些问题说明，从国家发展的角度来看，面临的风险从主要是落后已经演化成主要是不平衡。因此，党的十九大明确提出我国社会主要矛盾已经转化为人民日益增长的美好生活需要和不平衡不充分的发展之间的矛盾。这个判断至关重要，也事关全局，是中国特色社会主义进入新时代的标志，并对党和国家工作提出了新要求。

基于不确定性和风险逻辑，可以看清财政基本的职能，即通过占有、使用、分配一定的社会资源，化解国家发展面临的公共风险。财政在化解公共风险过程中不断构建国家发展的确定性。为了应对公共风险，财政占有社会资源是多一点、少一点，就涉及集中和分散的问题，涉及财政防范化解公共风险职能的实现形式问题。新中国70年，财政在收与放的过程中，不断构建国家发展的确定性。

新中国成立之初，最突出的风险是落后，在当时的条件下为了国家经济发展，就必须集中社会资源搞基本建设。在当时的历史条件下，财政首先是要统一，通过集中资源推动工业化迅速发展。当然，当时也受到了苏联发展模式的影响，财政走向了高度集中，以为社会主义在理论上就是公有制加计划经济。然而过度集中的财政在推动国家工业化的同时，也逐渐产生了另一个问题，即统得过多、统得过死，使得经济和社会主体积极性不能有效发挥出来，这又引发了另一种风险，即生产力的发展受到阻碍，国家经济发展落后的局面依然得不到有效改善，人民的生活水平也得不到有效提高。在这种背景下，财政就要逐步放权和分权，通过放权和分权，激活市场和社会主体活力，让社会财富充分涌流。改革开放打破了传统的计划经济体制，但公有制到现在还依然存在问题。过去认为计划经济等于社会主义加公有制，现在计划经济破除了，但没有人说社会主义可以不搞公有制。公有制不是当成一种手段，而在某种意义上还是作为社会主义的一个标志，反而有强化的趋势。只要坚持中国特色社会主义最本质的特征——党的领导，国家经济和社会发展的很多问题在理论上就可以迎刃而解。

在支撑国家经济和社会发展的过程中，财政的逻辑恰恰体现在集中和分散之中，也即建立在经济体制和所有制基础之上的财政的集权与分权的问题。70年来，中国经济改革经历多次“放权—收权”的周期循环，这也体现在财政改革上，收收放放，一边收一边放，一直到现在没有完全定型。历史的变迁具有不确定性，财政的逻辑就是在不确定性中建构确定性，化解公共风险。

从国家发展的角度看，财政事关整体和全局性，在国家发展面临风险的时候，不断防范和化解其所面临的各种公共风险，是财政发展和改革的重要目标。财政是利益和风险的调节的中枢，任何财政的变化实际上都是利益关系和风险分配的调整。因此，财政通过利益关系和风险分配的调整影响个人、组织乃至整个社会的行为。从新中国 70 年发展的过程来看，财政对个人、组织和社会行为的影响，并非按照预先设计好的路径产生，在大多数情况下与设计好的路径不同，甚至大相径庭。也就是说财政在构建发展的确定性过程中，本身在很大程度上具有不确定性的。在这种背景下，财政发展和改革的过程是边摸索边前进的，特别注意避免激进式改革带来的灾难性后果。与世界上其他一些社会主义国家改革的失败相比，中国的财政改革之所以能够成功，就在于实施分步骤和增量改革，为试错留出空间，并减少旧体制的阻力。我们并没有事先设计好的、系统完整的财政改革路线图，而是基于各个时期的公共风险不断动态调整财政改革的目标与方向。

社会主义的价值取向：人民逻辑

社会主义坚持人民主体地位、人民至上，就是强调要坚持以人民为中心的发展思想。我们坚持社会主义和人民逻辑，也是由不确定性逻辑和风险逻辑所决定的，因为在中国的情况下，只有选择社会主义和人民逻辑，才能在不确定中构建巨大的确定性。

任何国家的发展都遵循特定的逻辑。从发展遵循的主导逻辑来看，世界上的国家分为两类：发展以人民逻辑为主导，是社会主义国家；发展以资本逻辑为主导，是资本主义国家。人民逻辑和资本逻辑两者并非水火不相容，但以哪个逻辑为主导，决定了其国家制度的性质。是资本主义还是社会主义，要看何为普照之光。如果人民成为普照之光，就是社会主义；如果资本成为普照之光，就是资本主义。在资本主义国家，资本逻辑是主导，人民逻辑处于次要地位；在社会主义国家，以人民逻辑为主导，但也要适当利用资本逻辑。

强调人民立场，坚持人民的主体地位，这不是一个简单的政治口号，而是涉及一个国家发展的方向，涉及社会的公平正义，涉及人民群众能不能从发展中共享成果。从根本上讲，也涉及能不能可持续发展。

经济学中有“中等收入陷阱”这个概念。出现中等收入陷阱的原因用一句话概括，就是归因为资本至上。当资本统治了全社会和整个国家，资本成了最高的准则，国家的发展必然会停滞下来。社会主义坚持人民主体地位、人民至上，就是强调要坚持以人民为中心的发展思想。新中国成立之初，我们一度借鉴苏联模式。但后来，我们意识到，不能照搬照抄苏联模式，苏联道路走不通。建设社会主义要走适合本国国情的道路，要进行马克思主义基本原理同中国具体实际的第二次结合。“建国后，前8年照抄外国经验，从1956年提出十大关系起，开始找到自己的一条适应中国的路线，开始反映中国客观经济规律”。外国经验指的就是苏联模式。1956年苏共二十大召开，赫鲁晓夫对斯大林的总结批判充分暴露了苏联模式的弊端。毛泽东在《论十大关系》中指出：“最近苏联方面暴露了他们在建设社会主义过程中的一些缺点和错误，他们走过的弯路，你还想走?”[①] 这个时候，“以苏为鉴”的思想更加明确，在建设社会主义中，突破苏联模式，探索符合中国国情的社会主义模式提上日程。改革开放之后，我们强调中国特色社会主义道路，把马克思主义基本原理与中国国情结合得更加紧密。

从财政发展的变迁来看，我们经历了建设财政的逻辑——转向公共财政的逻辑——转向民生为本、以人为本的逻辑，之所以发生这些转型变化，直观来看属于大的体制转型下的经济、社会、发展体制的转型，实际上都是特定公共风险背景下人民逻辑的体现，都是着眼于化解国家发展和人民生活的各种公共风险。从“建设财政”到“公共财政”，再到“现代财政”，这是财政不断改革、不断进行适应性调整的结果。公共财政是物本财政，现代财政则是人本财政。在20世纪90年代之前，中国的财政是典型的“建设财政”，从政策目标到支出安排都是围绕经济建设来做文章。之后，逐步走向“公共财政”，财政政策目标及其支出安排都是指向市场不能解决的各类公共性问题。而“现代财政”的

① 《毛泽东文集》第七卷，人民出版社1999年版，第23页。

任务就是实现基本消费的平等化。从重要性程度来说，消费的平等最重要，消费的平等性问题，也就是我们所称的民生问题。“民生财政”的使命，即实现基本消费的平等化。财政作为政府干预经济、社会的重要手段，其承担的使命和改革的方向或目标也随之变化。以人为本的财政实际上就与以人民为中心的发展思想从逻辑上关联起来了。以人民为中心的发展思想在财政上的体现，就是以人为本的财政，强调发展依靠人民、发展为了人民。这就是笔者过去提出的“民生财政”。讲到民生，很多人将它与福利的概念等同起来。其实，民生不能理解成一个福利的概念，民生财政的核心是强调从物转到人，意味着财政的大转型，财政要立足于促进人的自身的发展。因为经济的发展、社会的发展，最终都是为了人的自身的发展。人的自身的发展内涵非常丰富，包括人的身体素质越来越好、文化素质越来越高、劳动技能越来越强、精神境界和道德水准各方面都越来越高。以人为本的财政，围绕这些方面做文章，也就体现了发展是为了人、发展是依靠人的思想。所以，以人为本的财政与以人民为中心的发展思想是一致的。

从财政的角度看，体现在财政支出结构上，用于资本性、经济性的支出就应当越来越少了，而用于社会性的支出，即用于“人”的支出或民生的支出越来越多。在现实中，我们用于教育、医疗、社保等这些方面与人自身发展直接相关的支出越来越多，具体来说就是社会性的支出在财政支出中的占比是不断上升的。这并不是我们传统意义上所理解的政府要提供更多的福利，而是我们要有更多公共消费。因为公共消费最终都体现为提升人的能力，实际上就是人的生产和再生产。经济学里有个“人力资本”概念，这个概念当中就蕴含了人民的重要性。如果说大多数人贫穷，大多数人没有“人力”，那这个国家就不可能发展得很好。只有国民素质提高，劳动力素质得到全面的提升，创造和创新才有广泛的社会基础，科技才能领先。

行为与制度：创新逻辑

毛泽东说，真理只有一个，而究竟谁发现了真理，不依靠主观的夸张，而依靠客观的实践。只有千百万人民的革命实践，才是检验真理的尺度。“真理的标准只能是社会的实践。”[①] 中国的社会主义建设，并无现成的模式可以借鉴，唯有通过实践来实现，用邓小平同志的话说，就是要“摸着石头过河”。“摸着石头过河”是和认识论密切相关的。

行为主义发展和改革模式将国家发展风险降到最低。行为主义与文本主义的差别在于，任何行为都是外与内的综合，而文本主义只讲外，没有讲内。靠外在的力量，即一切靠制度去规范和约束，实际上是机械唯物主义的观点。但如果不认可这套制度，风险就会变形、隐匿，就会把行为方式加以转换，从公开变成地下。这不仅解决不了问题，还会产生新的公共风险。这就是新中国成立70年以来，我们既强调法治又强调德治的原因，行为动机既有内在的因素也有外在的因素。新中国70年以来，国家发展坚持行为主义，但这并不说明没有制度设计，只是这种制度设计更加务实、更加符合现实要求，即在制度设计中充分考虑了各种风险因素，并能根据风险的变化及时调整，灵活把握，而不是机械地套用制度。这种基于行为主义的制度设计能将各种不确定性以及风险因素纳入制度设计中，减少不确定性和防范化解风险。

行为主义与创新逻辑体现在实践加创新与学习加创新。新中国成立70年来，我们走出了一条基于风险理性的带有行为主义色彩的财政发展和改革模式，使得我们的改革不断推进，同时也推动了制度不断完善和创新。

中国特色财政发展和改革创新在多个方面体现了行为主义特色。首先，从总体上看，我们的各个时期的财政制度与当时的经济体制和经济发展要求是密切相关的。在计划经济体制下，强调一个“统”字，因此财政也是高度统一的，从中央与地方关系、政府与企业关系、社会与个人关系的角度看，财政制度都是带用浓厚的统的色彩。在社会主义市场经济体制下，为了激发地方、企业和个人的活力，财政从各个方面强调放权和分权。但在放权和分权的过程中，又在一定程度上保持集中

---

① 毛泽东：《实践论》，《毛泽东选集》第一卷，人民出版社1991年版，第284页。

度，确保国家能系统地化解各个方面面临的公共风险。“统中有分，分中有统”这就是行为主义的典型特征。其次，从方法论的角度看，财政发展和改革始终坚持“先试点、后改革”稳步推进、摸着石头过河的原则，避免由于激进式的改革措施出现意想不到的后果而为国家发展留下后患。再次，中国的财政发展和改革在强调学习国外先进经验的同时，特别重视与中国具体国情相结合，同时依据国情的变化及时采取变化性措施，而不是死抱教条主义不放，例如，中国的收费制度变化就是如此，从最早鼓励各个部门收费、弥补财政不足，到后来不断整治和取消各种收费，强调国家财政的完整性和统一性，强化财经纪律。最后，行为主义与创新逻辑在财政上体现最为充分的是财政体制上的“制度上的集权、行为上的分权”。即在体制上，强调中国在国家制度上实行中央统一集权，但在实际运行上地方在很多方面有自主权，与一般的单一制国家相比，这带有明显的中国特色，可以充分调动中央和地方两个积极性。中国的高速经济发展与这种财政体制制度设计是密切相关的。

四、防范化解公共风险是财政的本质特征

习近平总书记在2018年6月中央外事工作会议上提出了一个重大论断，即“当前中国处于近代以来最好的发展时期，世界处于百年未有之大变局”。此后，又在多个场合多次指出，当今世界正处于百年未有之大变局。“百年未有之大变局”对走过70年风雨激荡的中国意味着什么，又该如何应对，是一个值得深思的话题。

“变”意味着不确定性，意味着当前我们所处的时代最突出的特征就是各种不确定性，这已经成为一种常态。如果任由这种不确定性进一步放大，就会变成经济危机、金融危机等各类危机，而且这些危机之间会叠加放大，所以必须有效控制不确定性，实施供给侧结构性改革。面

对这种经济、社会的各类不确定性，财政政策该如何作为。

百年未有之大变局，变局中危和机同生并存，机遇能否抓住要看能否处理好“危”的问题，“危”与“机”在一定的条件下可以相互转化。“危”体现在哪里？体现在当今人类社会的特征。当今人类社会的特征是什么？有一个关键词可以形容，即“风险”。

新中国70年发展的财政逻辑，是讲财政以一个什么样的逻辑在发挥作用。即面对这种经济、社会的各类不确定性，在新中国70年发展当中，财政是如何发挥作用的，体现了财政的逻辑。即在改革开放前30年和改革开放后40年的发展中，财政是如何提供一种确定性、提供一种秩序，来防范化解各种各样的风险，包括个体的风险，也包括公共的风险，而且如何防止这种个体的风险、局部的风险转化为全局性、系统性风险，也就是公共风险。

不是所有风险和问题都是政府去做的，风险分为两个层面：一个是公共风险；一个是个体风险，或者是私人风险。只有公共风险才是需要国家出面的，比如说对市场领域的一些风险，那是由市场机制来解决的。风险是由不同机制来防范化解的，比如说个体的风险是交给市场，而公共风险主要是由国家来防范化解，从新中国70年发展的历史看，财政实际上就起到关键性的作用。根据党的十八届三中全会精神，财政是国家治理的基础和重要支柱，说明财政具有综合性。虽然每个时期，财政发挥作用的形式是不同的，但其实都有一个不变的任务，抽象来说，财政的逻辑实际上是财政怎样去化解当时判定的那种公共风险。

新中国70年发展的财政逻辑用四个字归结就是：公共风险。什么是公共风险？社会学家说人类发展到今天已经进入风险社会，过去所说的社会，从技术的角度，可以分为农业社会、工业社会，而现在是信息社会。社会学家的研究发现，现代人类社会的发展已经到了一个新的历史时期，进入到风险社会这么一个时期。风险社会意味着风险是一种常态，风险无处不有、无时不在，做任何事都有风险。风险之所以越来越多，与人类社会的分工越来越细有密切关系。分工越来越细，意味着人们相互之间的依赖和联系越来越紧密，所以风险是传递的，也是可以传染的。一个国家、一个社会共同体，只有遇到了公共风险，才会想到改革。财政之所以要改革，意味着在那个阶段社会面临相应的公共风险。新中国成立以来，我国财政改革的逻辑实际上都是遵循公共风险变化的逻辑而推进的，其变化的脉络是从“一穷二白”、“家贫国穷”的风险到“机会不均”的风险，再到全球公共风险。

“一穷二白”的国家风险催生出集中力量办大事

“落后就要挨打”是新中国成立初期深入人心的名言，由于近百年的屈辱史，中国期望成为强国的急切心情可想而知，于是建国初期发展不久，中国便立下超英赶美的目标。英美列强在国人印象当中都有一个共同点，即拥有发达的重工业来支撑其经济、军事发展，所以重工业的发展程度和速度便迅速成为了超英赶美的衡量标准。当时国内经过战争的长期洗礼，党内已经形成了一整套效率极高的动员机制以保证政策的层层贯彻落实，这在客观上保证了中央可以短期之内调动大量资源以满足政策需要。当时发展重工业的三个特点是：投资规模庞大、投资回收周期长、生产要素投入大并且需要大量进口。与之形成鲜明对比的是当时中国自身条件也可以由三点来概括：资金匮乏且调控能力差、可出口的商品少、外汇积累匮乏。为了坚持落实以发展重工业为目标的经济战略，政府在当时的资源条件约束下必须大力实施调控以干预经济结构，于是市场经济便开始向计划经济转型。当年的口号是“集中财力办大事”。在这种政策号召下，地方财政预算归集到中央一起实行统收统支制度，地方财政预算与中央预算一起编制、监督，财政的编制和监督主体是中央。地方财政权力十分受限，主要依靠中央的转移支付。这种高度集中的计划体制在经济比较落后、物质极为匮乏的条件下有其必然性和适宜性，因此它造就了新中国成立初期的巨大成就。我们不仅在朝鲜战场上把美国及其盟国打到了谈判桌上，而且在一边战争、一边生产的情况下使国民经济得以迅速恢复。在苏联的支援下，中国仅用了十年左右的时间就打下了初步工业化的基础，改变了“一穷二白”的面貌，成功化解了那个时期的宣传话术中常有的“美帝国主义亡我之心不死”的风险。

“家贫国穷”逼出了放权让利

改革开放初期，尽管我们建立了一个完整的工业体系，跟世界其他国家相比，我们整个国家实力不强，吃饭问题都没有完全解决，可以说是“家贫国穷”。要应对当时的风险，解决缺食少衣的问题，解决吃饭的问题，解决经济效率低下的问题，解决发展缓慢的问题，要怎么办？当时就是解放思想，贯彻物质利益原则，通过放权让利去调动一切积极因素搞经济建设，所以这个时期的财政改革重点就是“建设财政”和“公共财政”，两者都是要追求效率与增长，努力做大蛋糕。这就需要财政让利放权率先打破高度集中的计划经济体制。财政上通过让利放权率先打破高度集中的计划经济体制，财政改革先行，在高度集中的计划经济体制上打开一个缺口。当时通过大幅度提高农产品的价格来增加农民的收入。到了1985年，吃饭的问题基本解决了。同时，1978年开始对国营企业放权让利、对地方实行“分灶吃饭”。这种放权让利至少激活了经济，这就是财政改革所带来的作用。财政分权改革为市场微观基础重塑奠基铺路。在20世纪80年代初，放权经常陷入到“收、放、死、乱”的循环之中。要彻底改变计划经济体制，发展社会生产力，唯一的出路就是市场化的改革。所以到了市场化改革的阶段，财政改革就不再是放权，而是分权。确立微观主体，给它分权，利益主体就多元化，通过物质利益激发大家的积极性，包括企业的积极性、地方的积极性。从放权到分权，这是一个大的跨越。

“机会不均”的社会风险衍生出权利和权力的治理

到了21世纪初，中国成为世界第二大经济体，国家的综合实力、财政实力都大大增强，但是新的公共风险又凸显出来，各类经济社会主体“机会不均”的问题日益突出，“公共财政”转向“现代财政”。财政改革从“放权”、“分权”，走向“治权”。治理什么呢？就是治理权利和权力。这个权利包括财产权利，每个人人身的基本权利，还有公共权力。对这些权利的界定，处理好权利与权力的关系，让各种权利，尤其是民事权利实现平等，同时约束公共权力，这就是治理的基本内容。

怎样解决“机会不均”这一巨大的公共风险呢？通过治理来实现。首先，是突破“所有制财政”。财政要力求“一碗水端平”，所以要统一税制，所有市场主体在市场上公平竞争，而劳动者作为市场主体，不论在什么样的所有制企业里就业，财政上都应当是同等待遇。其次，融合“城市财政”和“农村财政”。城乡分治导致二元经济结构、二元社会结构和二元财政结构，并形成一个相互嵌套的体系，在市场化改革过程中，二元状态一点一点被突破。到 20 世纪 90 年代，财政不能再局限于城市财政，在农村也要考虑到给予相应的阳光雨露。所以到了 21 世纪初的时候，财政终于喊出“让公共财政的阳光普照农村”，提出了“基本公共服务均等化”，二元财政结构开始走向城乡一体化。最后，从单纯的“经济财政”扩展到“民生财政”。在中国，约有 2 亿多人处于大规模人口流动中，这相当于国外一个国家人口的规模，这些人的权利怎么保障呢？财政需要从一个地理静态的思维转向人口动态的思维。应该让公共服务去找人，让公共服务跟着人走，而不是让人回到原来的户籍地去找公共服务。以上改革实质是促进不同群体的权利的平等，是朝着“治权”的方向前进，这也是为国家治理奠定基础。

第　一　篇

新中国财政的逻辑起点

不忘本来，才能更好地走向未来。我们在热烈庆祝新中国成立70周年之际，必须回顾70年砥砺奋进的光辉岁月，把握70年历史变革的内在逻辑。70年来，我们国家发生了天翻地覆的变化，中华民族迎来了从站起来、富起来到强起来的伟大飞跃。认清这三个最耀眼的标识，是回顾70年新中国历史的基本要求。

新中国的成立是中华民族站起来的起点和基本标志，新中国财政也由此初建并渐次完善壮大。新中国是如何站起来的？新中国财政的建立根基是什么？搞清这些问题，需要我们把眼光延伸到战火连天的革命时代，去追寻中国共产党人创建根据地的筚路蓝缕，去理解根据地财政为支持党的两大使命而进行的艰辛探索。

中国共产党的根基在人民、血脉在人民、力量在人民。党领导下的根据地财政，以人民利益至上为根本宗旨，将维护人民利益作为理财的基本价值取向，财税政策坚持“阶级性”与“合理负担”原则，在保障革命战争需要的同时，尽可能减轻对人民的索取，把人民群众从国民党统治下的水深火热之中解放出来。“人民翻身得解放”，革命战争就成为了人民战争，人民对革命事业的支持是党的革命使命得以完成的根本保证。

经济是财政的基础，发展经济是保障供给的前提。革命时期，中国共产党的红色政权外受“围剿”，内有经济困难的压力，因此不仅不能依赖“聚财”，还要在“用财”上厉行节约、精兵简政。从某种意义上讲，注重“生财”是根据地财政的基本特征，也是当时背景下“三财”辩证统一的必然选择。以大生产运动为主要表现形式的“生财”，是根据地财政的伟大创新，也在客观上减轻了人民负担，保障了人民利益。

“没有共产党，就没有新中国。”中国共产党1921年成立后，领导全国各族人民，历经28年艰苦卓绝的斗争，夺取了新民主主义革命的胜利，在辽阔的中国大地上实现了民族独立和人民解放，中华民族以崭新的姿态屹立于世界民族之林，中国历史开始了新的纪元。经过这个伟大的历史进程，中国共产党由革命时期红色政权的领导者转变为新中国的执政党，与此相应，党领导下的根据地财政也转变为新中国财政。可以说，新中国财政不是全新的构建，而是带有红色基因，建立在革命时期根据地财政的基础之上。特别是改革开放前的30年，无论是高度集中的财政体制，还是以民为本、注重生财的理财观念，都带有鲜明的根据地财政印痕。换言之，革命时期根据地财政是新中国财政的逻辑起点。

第一章
根据地财政始终以人民利益为根本出发点

革命时期，中国共产党处于财政经济极端困难的环境中，为了完成革命使命，就不得不依靠农民、取之于民。但共产党人深深知道，民心是最大的政治，得民心者得天下，赢得民心是推进党的革命事业和完成党的革命使命的根本保障。1948 年，毛泽东在晋绥干部会议上第一次系统地提出了新民主主义革命的路线，即“无产阶级领导的，人民大众的，反对帝国主义、封建主义和官僚资本主义的革命”①。党领导的革命依靠人民、为了人民，这就决定了根据地财政也是以人民利益为根本出发点，通过减轻农民负担来培养民力，这是革命胜利的根本原因。

革命时期，党的财经政策要保证革命战争的需要，但同时也必须考虑人民负担能力，设法减轻农民负担，使农民摆脱水深火热的困苦状况，获得彻底解放，进而支持党的革命事业。党领导下的革命事业取得胜利的过程，也是财政支持解救民生困苦的过程，财政正确处理了革命战争与民生解放的关系，遵循“军民兼顾”原则，从而赢得了民心，巩固了工农联盟，最终胜利完成革命使命，并建立了新中国。

① 毛泽东：《在晋绥干部会议上的讲话》，《毛泽东选集》第四卷，人民出版社 1991 年版，第 1313 页。

一、根据地财政始终坚持“军民兼顾”原则

革命时期，党领导下的根据地财政的主要任务有两个：一是保障战争需求，谋求民族独立；二是维护人民利益，谋求人民幸福。保障革命战争是财政的基本任务和第一要务，但如果为了筹集战争经费而忽视人民利益，甚至损害人民利益，革命战争也不可能取得最后胜利。因此，“军民兼顾”成为革命时期财政的鲜明特征和根本遵循。

保障革命战争是根据地财政的第一要务

中国共产党领导的新民主主义革命，分为土地革命、抗日战争、解放战争三个阶段，不管在哪个阶段，财政都起到了不可或缺的关键支撑作用。革命时期根据地的财政，中心任务就是保障革命战争的物质供给，解决军队和政府人员的给养问题，支持革命取得胜利，从而实现民族独立。从革命战争的需要出发，为革命战争服务，是革命时期财政的本质内涵。正如毛泽东所说：“财政和粮食问题，不待说对于反对‘围剿’是有重大意义的。”①

中国共产党领导的革命根据地，处于敌人包围封锁的农村，经济落后，工商业比重很小，在这样的条件下，解决革命战争的给养问题非常困难。党领导人民进行反帝反封建的革命斗争，符合农民的根本利益，这也是农民积极支援革命战争的基础。正如毛泽东所说，中国的革命实质上是农民革命，“中国共产党的武装斗争，就是在无产阶级领导之下的农民战争。”② 但是，根据地的农业经济落后，人民生活艰难，不断

---

① 毛泽东：《中国革命战争的战略问题》，《毛泽东选集》第一卷，人民出版社 1991 年版，第 202 页。

② 毛泽东：《〈共产党人〉发刊词》，《毛泽东选集》第二卷，人民出版社 1991 年版，第 609 页。

增长的革命战争需要同有限的农民负担能力就形成了矛盾。财政怎么应对？办法不外乎三个：一是取之于民，依靠农民的出粮出钱；二是“发展生产，保障供给”，即富有创新的“取之于己”；三是取之于敌。其中前两项是主要的，取之于敌处于次要和补充地位。

土地革命时期，中国共产党领导的苏维埃政权主要任务是开展军事上的反围剿斗争，维护新生的红色政权，所以必须“集中经济力量供给战争”[①]。苏区政府的粮食和收入来源有两个：一是取之于敌，二是取之于民。筹集粮食的办法主要是征收、征发、借谷，财政收入的筹集则主要是没收、捐款、征税、公债、捐献等。取之于敌，就是向封建剥削者进行没收或征发，又称“打土豪筹款”，即采取强制性措施向苏区和白区的地主、土豪和富农进行罚款和捐款，这是土地革命时期各个根据地普遍实行的一种筹款方式，一度在财政收入中占据主要位置。但这种形式是战争时期的一种特殊财政措施，是一次性的，时间不长。苏区的征税有两种：一种是向农民直接征收的土地税，另一种是向商人征收的商业税（包括关税和营业税）。

上述办法之外，根据地还采取向群众发行公债的办法，缓解军费之困。发行公债最多的是中华苏维埃共和国中央政府，曾先后发行了两期“中华苏维埃共和国革命战争公债”。1932 年 6 月，中央苏维埃政府向全苏区工农群众募集革命战争短期公债，“专为充裕革命战争的用费”，发行总额为 60 万元，期限为 6 个月。由于在公债条例中规定公债可用于完纳国家各种租税，未明文规定在“到期后”方可抵交国家各种租税，结果购债人均以抵交租税的形式提前偿还了，未起到缓解财政困难的作用。于是，同年 10 月中华苏维埃共和国中央执行委员会决定发行第二期革命战争公债 120 万元，用来解决反围剿战争的急需[②]。

1937 年进入全面抗战后，中国共产党在敌后开辟抗日根据地，为

① 毛泽东：《我们的经济政策》，《毛泽东选集》第一卷，人民出版社 1991 年版，第 130 页。
② 中华人民共和国财政部《中国农民负担史》编辑委员会编著：《中国农民负担史》第三卷，中国财政经济出版社 1990 年版，第 85—86 页。

支持抗战，财政对土地政策、税收政策等作了必要调整。土地政策方面，对地主停止没收其土地，实行减租减息，同时没收不改悔的汉奸分子的土地财产，对富农实行奖励生产与联合政策。这一时期，财政的主要原则是“发展经济，保障供给”，抗战经费的主要来源是取之于己，依靠创造性的大生产运动解决战争和边区政府行政经费问题，向农民征税和发行公债则是补充方式。财政筹集粮款的方式大体有七种：一是没收罚款，就是没收日本帝国主义在华财产，没收汉奸财产或对其处以罚款；二是捐募，动员根据地内外各方力量进行捐献、捐助、捐赠；三是南京国民政府发给的军饷，1940 年后该项收入全部停发；四是征税，19 个抗日根据地都有这种形式，税种有救国公粮、田赋、统一累进税、货物税、商业商品税、盐税、田房契税等；五是战争急需时的借粮，如 1940 年八路军在华北发动百团大战时晋冀鲁豫边区搞过一次借粮；六是发行公债，陕甘宁边区 1937 年发行过 200 万元（法币）公债；七是组织公营经济收入，如大生产运动、组建贸易公司等①。

进入解放战争阶段，面对巨大的消耗战，毛泽东提出：“发展生产，保障供给，集中领导，分散经营，军民兼顾，公私兼顾，生产和节约并重等项原则，仍是解决财经问题的适当的方针。”② 为击败国民党发动的进攻，必须有广大人民的支持，为此党中央决定以土地改革彻底解放人民，以大规模群众性的减租减息运动促使解放区群众“翻过身来”，同时酌量减轻人民负担。这一时期党领导下的财政工作的任务是动员一切力量保障战争供给，主要举措为：一是通过土地改革没收地主阶级土地分配给农民，领导农民开展大规模的生产运动，增加解放区财富；二是机关部队生产自给；三是以公粮、田赋等税收形式取之于民，部分地区采用借粮办法；四是精简节约；五是人民群众的无偿支援。伟大的解

① 中华人民共和国财政部《中国农民负担史》编辑委员会编著：《中国农民负担史》第三卷，中国财政经济出版社 1990 年版，第 195—198 页。

② 毛泽东：《一九四六年解放区工作的方针》，《毛泽东选集》第四卷，人民出版社 1991 年版，第 1176 页。

放战争是一场空前广泛的人民战争，“解放军打到哪里，我们就支援到哪里”的响亮口号给予解放军前方战场极大的人力、物力、财力支援。陈毅曾说过，“淮海战役是人民用小推车推出来的。”这句话揭示了人民支援对于解放战争的重要性，而人民支援的背后则是财政政策以民为本、解救民生的积极作为。

坚决贯彻“军民兼顾”原则

一个政权能否把财政资金用得有效，用到刀刃上，是执政目标能否实现的关键。当时根据地财政的第一要务是保障革命战争需要，为此必然会依靠人民、取之于民，这是革命所需，也得到了人民的大力支持。但是，如果为了筹集战争经费而完全忽视人民的切身利益，甚至损害人民利益，就会失去人民的支持，取之于民就难以施行，军费保障进而会大打折扣，革命战争也就不可能取得最后胜利。因此，“军民兼顾”成为根据地财政的鲜明特征和根本遵循。

早在土地革命时期，共产党人就有了“军民兼顾”的思想雏形。1934 年，毛泽东在瑞金就说过：“我们的经济政策的原则，是进行一切可能的和必须的经济方面的建设，集中经济力量供给战争，同时极力改良民众的生活”①。在抗日战争中，毛泽东在《论持久战》中提出“兵民是胜利之本”这一重要思想。1942 年，在陕甘宁边区高级干部会议上，毛泽东正式提出“军民兼顾”的原则。他说，我们一方面取之于民，一方面就要使人民经济有所增长，在公私关系上，就是“公私兼顾”，或叫“军民兼顾”。这一时期，在党中央的统一领导下，各抗日根据地开展了军民大生产运动，这是取得抗日战争胜利的重要原因。解放战争时期，毛泽东进一步指出：“各地必须作长期打算，努力生产，厉行节约，并在生产和节约的基础上，正确地解决财政问题。这里第一个原则是发展生产，保障供给。因此，必须反对片面地着重财政和商

---

① 毛泽东：《我们的经济政策》，《毛泽东选集》第一卷，人民出版社 1991 年版，第 130 页。

业、忽视农业生产和工业生产的错误观点。第二个原则是军民兼顾，公私兼顾。……第三个原则是统一领导，分散经营。"① 解放区实行土地改革，发展经济建设，人民群众的踊跃支前有力地推动了解放战争的胜利进行。

中国共产党坚持"军民兼顾"原则，领导根据地财政采取积极措施，把各种渠道聚集而来的财政资金用于保障革命战争和解救民生困苦，从而保证了革命战争的胜利和人民的解放，最终建立了人民当家作主的新中国。

二、人民利益至上是根据地财政的根本宗旨

在极端艰难的革命时期，民心向背是革命成败的关键。赢得民心是取得革命胜利的前提，而满足人民利益又是赢得民心的前提。以民为本，维护人民切身利益，依靠人民力量支持革命，是革命时期根据地财政的主要特色和发展逻辑。

革命时期，中国共产党处于财政经济极端困难的环境中，为了完成革命使命，就必然要取之于民。但共产党人深深知道，党的革命事业是为了人民，得民心者得天下，党的财经政策要保证革命战争的需要，但同时也必须考虑人民负担能力，设法减轻农民负担，使农民摆脱水深火热的困苦状况，获得彻底解放，进而支持党的革命事业。党领导下的革命事业取得胜利的过程，也是财政支持解救民生困苦的过程，财政正确处理了革命战争与民生解放的关系，才赢得了民心，巩固了工农联盟，最终胜利完成革命使命。

① 毛泽东：《迎接中国革命的新高潮》，《毛泽东选集》第四卷，人民出版社 1991 年版，第 1216 页。

农业税政策体现“培养民力”目标

革命时期，根据地的财经状况极其困难，集中财力支持革命战争革命事业，就不得不以农业税等形式取之于民，这是当时背景下的必然选择。但共产党人时刻注意维护人民利益，尽可能减轻农民负担，做到“取之于民而民不伤”。

在土地革命阶段，各苏区政权向农民直接征收土地税，在一些根据地又称田税、农业税、农业累进税、单一农业经济累进税、土地公益捐、公粮等，名称虽有不同，但实质都是对分得土地的农民征税。土地税的征收贯彻了兼顾原则和阶级原则，兼顾原则就是兼顾革命战争和民众生活；阶级原则就是依阶级征税，保护贫农，打击富农。

抗战时期，党在敌后抗日根据地始终实行“军民兼顾”政策，既考虑军队和战争需要，又照顾到人民的生产能力和生活水平，培养民力。毛泽东指出，不顾战争的需要，单纯地强调应施“仁政”，这是错误的观点。相反，如果不顾人民困难，只顾政府和军队的需要，竭泽而渔，诛求无已，“这是国民党的思想，我们决不能承袭。”① 为了“培养民力”，党中央和边区政府采取了一系列控制农民负担的措施。一是规定负担人口与军政人员比例。1940 年，中央提出要控制养兵数量，根据地全部脱离生产人员不能超过当地居民 3%。1941 年精兵简政后，中央军委又重申了这一规定。二是控制赋税限度。1939 年，中央提出农业税收入以保障军粮供给为原则，公粮征收总额以不超过农业产量 10% 为限。1941 年，由于财政经济困难，各根据地增加了粮赋征收额，中央电示各地要将公粮征收总额控制在农业总收入的 20% 以内。三是农民负担固定几年不变。1942 年，毛泽东在西北高干会议上提议，自 1943 年起，陕甘宁边区每年征收公粮 18 万担，以后若干年内固定这个数目，这个数目之外的一切增产概归农民，使农民好放手发展自给的生

① 毛泽东：《抗日时期的经济问题和财政问题》，《毛泽东选集》第三卷，人民出版社 1991 年版，第 894 页。

产，改善自给的生活，丰衣足食，穿暖吃饱①。

从减租减息到“耕者有其田”

近代以后，革命推翻了帝制，但土地制度仍是封建地主的土地私有制，军阀、官僚以及帝国主义纷纷兼并土地，没有土地或失去土地的农民则依靠租地生活，日益走向赤贫。中国共产党自成立起就意识到，农民问题是中国革命的中心问题，而土地问题又是农民问题的中心问题，解除农民困苦的根本途径是彻底解决农民的土地问题，实行“耕地农有”的办法，推动农民翻身做主人。土地革命时期，各个苏区根据地都在不同程度上实行了没收地主土地平均分配给农民的土地制度改革，废除封建剥削的土地制度，在苏区实现了“耕者有其田”。

“头顶人家天，脚踏人家地，没吃没喝难出气，还要‘五五’加上利。”这首河北民谣真实反映了20世纪三四十年代广大农民的生活状况。他们在高额租息和赋税徭役的盘剥下，虽然整日拼命劳作，但是依然贫困不堪，朝不保夕。进入抗日战争阶段后，中国共产党按照抗日民族统一战线的共同纲领要求，在抗日根据地对土地政策做出调整，停止没收地主土地，转而实行减租减息政策，要求地主按照边区政府要求降低租率和利率，减轻对农民的地租剥削和高利贷剥削。减租一般实行二五减租方式，依照抗战前的租额减低25%，租率一般降到收获量的37.5%以内，利率则降低到一分左右。减租减息政策减轻了封建剥削和农民的地租负担，而且地主为减轻自身负担也被迫通过各种途径将土地转移到贫农、雇农和中农手里，陕甘宁边区绥德分区减租彻底的地方，地主土地一半以上都转到了农民手中。

到了解放战争时期，党的财经工作的重点是动员一切力量保障战争供给，为提高解放区农民支持革命和农业生产的积极性，党中央于1946年5月发出《关于清算减租及土地问题的指示》（“五四指示”），

---

① 中华人民共和国财政部《中国农民负担史》编辑委员会编著：《中国农民负担史》第三卷，中国财政经济出版社1990年版，第202—205页。

决定改变抗战时期土地政策，由减租减息改为没收地主阶级土地分配给农民。次年9月，中央召开全国土地会议，制定了《中国土地法大纲》，由此开始了老区（日本投降前解放的地区）和半老区（日本投降至大反攻期间解放的地区）的土地改革。至1948年冬，全国约有一亿人口的地区彻底解决了土地问题，广大农民的革命和生产积极性空前高涨，有力支援了人民解放军的战争。

第二章 注重生财是根据地财政的基本特征

中国共产党领导的新民主主义革命，不管在哪个阶段，财政都起到了不可或缺的关键支撑作用。革命时期的根据地财政，中心任务就是保障革命战争的物质供给，同时解救民生的困苦。鉴于革命所处的特殊环境，以及以民为本的理财观，根据地财政把“生财”放在极为重要的位置，以发展经济来促进财政的增长，这是具有战略性的选择，也是根据地财政的重要特征之一。

一、根据地创建后的财政问题

中国共产党成立初期，在共产国际的指导下迎接大革命的历史潮流，党的运行经费不存在问题。大革命失败后，中国共产党举起革命旗帜，创建革命根据地，走上农村包围城市、武装夺取政权的道路。面对国民党的围剿及后来的日本侵略，根据地陷入严重经济困难，依靠财政手段支持革命事业提上日程，财政工作也逐渐成为红色政权的重要事业。

大革命时期党的经费依靠共产国际

1840年鸦片战争后，中国进入半殖民地半封建社会，西方资本主义迅猛发展并对外扩张，古老的“中华帝国”遇到空前深重的社会危机，救国成为中华民族伟大复兴的根本前提。如何使中国重新屹立于世界之林，实现中华民族伟大复兴和中国人民的共同富裕，成为近代以来的两大历史任务。辛亥革命失败后，中国处于北洋军阀统治之下，此起彼伏的革命风暴最终促发了五四运动和马克思主义的传播。中国向何处去？新民主主义革命大幕拉开后，应运而生的中国共产党肩负起救亡图存的时代使命。

中国共产党成立初期，集中力量领导工人运动，积极推动国共合作，作为共产国际的一个支部，在共产国际的指导下热情迎接大革命洪流。随着北伐战争的胜利和国内外反动势力的镇压，1924年至1927年的大革命遭遇失败，中国共产党举起革命旗帜，领导中国人民进入反帝反封建的土地革命时期。

从1921年建党到1927年，中国共产党的经费主要依靠共产国际拨给，这是当时中国特殊国情所决定的。外国的一些政党可以从社会募捐、兴办经济实体或大量收取党费，中国共产党从成立起就处于被当局追捕的秘密状态，不仅不能从社会上征募到钱财，党的脱产活动分子还需要组织上发给生活费用。1922年7月中共正式加入共产国际成为其支部。当时党员200多人，收取的党费微乎其微，所需经费基本上靠共产国际供应，每月固定费用1.5万元，此外还有些临时开支。中国共产党建党初期党员仅50多人，到大革命高潮的1927年，党员人数已达5万多人，其中干部仍多是脱产的职业革命者，工农党员因生活贫困交不起多少党费，用于建党初期革命活动的费用主要靠外援。这一时期党的财政机构设在中共中央局内的会计处，罗章龙就曾任会计①。1927年至

① 劳开准：《中国共产党早期组织研究》，《学理论》2014年第11期。

1933 年，留在上海的中共中央机关仍主要靠苏联的援助，1933 年临时中央在上海无法立足被迫迁往苏区中心瑞金，断绝了与共产国际的经济联系。

根据地的经济困境与财政使命

1927 年大革命宣告失败后，新生的中国共产党在摸索中最终找到一条可行的救国之路：创建和发展农村革命根据地，走农村包围城市、武装夺取政权的道路。土地革命战争是在围剿和反围剿的长期而反复的攻防战争中进行的，中国共产党领导下的红色政权面临反帝反封建的历史重任，处于敌人包围、封锁的农村，交通不便，经济落后，自给自足的农业经济占统治地位，工商业比重很小，而且基本上没有了任何接受外援的机会。在这样的背景下，中国共产党既要保障革命战争，又要解救水深火热之中的广大民众，面临前所未有的财经困难，财政问题开始凸显。

习近平总书记在党的十九大报告中指出，实现中华民族伟大复兴是近代以来中华民族最伟大的梦想。在不同历史时期，这个中国梦的具体任务有所不同，财政担负的责任也不同。革命时期，党的使命就是争得民族独立和人民解放，相应地，党的财政事业的主要任务也是围绕两大使命开展。无论是土地革命时期，还是抗战时期、解放战争时期，中国共产党始终依靠根据地，依靠农民的力量支持革命，这是革命时期财政的主要特色。在极端困难的情况下，党领导财政积极筹措革命战争经费，通过土地革命和财税政策减轻农民负担，从而取得了革命的节节胜利，赢得了民心，最终创建了新中国。

从财政的角度讲，中国共产党成为执政党，不仅是历史的选择、人民的选择，也是财政支持的必然结果。财政与中国共产党的两大使命共生于革命战争年代的特殊背景之下，财政、革命战争、解救民生是党的革命事业的三大要素，不可分割，缺一不可。革命战争是为了民族独立，解救民生是为了人民解放，二者都离不开财政的支持，财政是支撑中国共产党实现革命任务的物质保障和坚强基石，党在完成使命过程中又推动了财政制度与政策的建立完善，为新中国财政奠定了基础。这个逻辑关系是我们应当正确认知的。

二、大生产运动是解决财政困难的伟大创新

面临严峻的经济困难形势，根据地财政要保障革命胜利，就必须依靠人民，因此不可能依赖源于税收的“聚财”，注重“生财”、通过发展经济来根本解决财政困难，是当时背景下的必然选择。大生产运动是根据地最主要的生财手段，是取之于己的直接体现，对于缓解根据地财政困难、支撑革命战争具有重要意义，是一个伟大的创新。

“发展经济，保障供给”

革命时期，特别是抗战时期，财政问题实际上就是几万军队和工作人员的生活费和事业费的供给问题，是抗战经费的供给问题。只有实事求是地发展公营经济和民营经济，才能保障财政的供给，才能以“取之于己”的方式减轻人民负担，这是一条已经被革命实践证明了的真理。所谓发展经济，最主要的形式就是把军队干部和政府干部以及群众力量都组织起来，开展大生产运动，通过民营经济和公营经济的自然发展获得财政的增收和对革命事业的保障。

1939年2月，党中央在延安召开生产动员大会，毛泽东在会上发出“自己动手”的号召。1941年，为克服经济上的严重困难，党中央再次强调走生产自救的道路。在党中央领导下，从1941年起，首先在陕甘宁边区军民中发动了轰轰烈烈的大生产运动。这个运动先从部队开始，接着陕甘宁边区的党、政、军机关、民众团体和学校都相继开展起来，不久又很快发展到各敌后抗日根据地和游击区。

在大生产运动中，党中央十分重视总结根据地财政经济工作的经验。毛泽东在总结经验的基础上，对根据地的经济建设方针作了系统的阐述。他指出："发展经济，保障供给，是我们的经济工作和财政工作的总方针。"① 这个总方针，阐明了经济工作的重要性，以及财政与经济的关系。毛泽东强调，我们不但应该会干政治，会干军事，会干文化，也应该会干经济。如果我们样样能干，唯独对于经济无能，那我们就是一批无用的人，就要被敌人打倒，就要陷于灭亡。

为了保证财政经济工作总方针的实现，党中央和毛泽东从抗日根据地所处的具体环境（主要是以个体经济为基础的、被敌人分割的、进行游击战争的农村）出发，制定了经济建设的具体方针。主要有：第一，在各项生产事业中，实行以农业为主的农业、畜牧业、工业、手工业、运输业和商业全面发展的方针。第二，在公私关系和军民关系上，实行"公私兼顾"和"军民兼顾"的方针。第三，在上下关系上，实行统一领导、分散经营的方针。第四，在生产和消费的关系上，实行努力生产、厉行节约的方针。第五，实行组织起来的方针。

1943 年起，党中央发动群众组织了许多劳动互助的农民合作社，同时陕甘宁边区的党政干部、部队、学校和群众一起参加大生产运动，开荒、打井、造林，使得农民生产热忱高涨，提高了农业劳动生产率。据陕甘宁边区 27 个县不完全统计，生产自给平均占财政总收入的 37%。军队生产自给等形式的大生产运动，使边区在外援断绝、财政困难的情况下，缓解了财政困难，渡过了经济难关，保障了军队供给，也减轻了人民负担，建立了较好的物质基础，陕甘宁边区甚至走向了军民丰衣足食的道路。

从不理解到轰轰烈烈

陕甘宁边区是农业区域，主要经济是农业经济，所以发展农业是边

---

① 毛泽东：《抗日时期的经济问题和财政问题》，《毛泽东选集》第三卷，人民出版社 1991 年版，第 891 页。

区大生产运动的中心。但是陕甘宁边区是一个地瘠民穷、劳动力缺乏、十年九灾的荒丘地带，农业十分落后，几乎没有现代化的工业，只有一些分散的、个体的而且技术非常落后的小手工业。抗战爆发后，边区政府虽然在1939年就提倡发展生产运动，也召开过一些生产会议，但因没有从边区的实际情况出发，走了一些弯路，收效不大，运动没有全面开展起来。经过一番摸索，逐步创造了一条适合边区实际的发展经济的正确道路，到1941年，大生产运动才全面展开。

毛泽东提出“发展经济，保障供给”的总方针后，当时有很多同志对其重要性不理解，执行上也有迟滞。有人认为，解决军队和机关的经费问题是财政的事情，没有必要去发展经济，更不必大规模地搞大生产运动。但随着毛泽东对相关认识误区的批评纠正，以及财政紧张局势的恶化，这种不理解渐渐消失，一场轰轰烈烈的大生产运动随之而来。

大生产运动首先在陕甘宁边区展开。在边区大生产运动中，留守部队起了带头作用，创造了南泥湾“屯田政策”。1941年3月，三五九旅响应党中央和毛泽东、朱德的号召，开赴荒无人烟但土质肥沃、适于开垦的南泥湾，开始了“背枪上战场，荷锄到田庄”的垦荒屯田运动。部队在缺乏资金和工具的困难情况下，发扬自力更生、艰苦奋斗的精神，一面开挖窑洞解决住宿问题，一面勘查开荒地区，学习耕作技术，制作生产工具。从旅长王震到公勤人员、随军家属，人人动手开荒种地，使南泥湾变成了“陕北的好江南”。1942年，粮食自给一部分，蔬菜、肉、油及鞋袜全部自给；1943年做到粮食全部自给，“不要公家一粒粮、一寸布、一文钱”的三五九旅，向陕甘宁边区政府上交公粮近万石，在打破国民党对边区经济封锁的斗争中立下头功。1944年做到全部经费、物资自给。三五九旅除了开荒种地，发展畜牧业以外，还创办了纺织厂、鞋厂、肥皂厂、造纸厂，开办了磨坊、油坊、骡马店，开采了盐井、炭井等。

自力更生、艰苦创业的南泥湾精神，带动了整个边区的大生产运动。边区留守部队主要担负着保卫党中央和边区根据地的任务，他们人员少，任务重，但仍然积极响应党中央号召，一手拿枪，一手拿锄，军事生产两不误，到1943年生产自给达79.5%。以粮食、蔬菜生产为例，1939年耕地只有2.5万多亩，收细粮2590石（每石300斤，下同），到1943年耕地扩大到21.5万亩，收细粮3万石，计900万斤。1939年生产蔬菜只有112万多斤，到1943年上升为2300万斤①。

随后，在延安的数万名党政军学各方面人员都投入到大生产的热潮之中。在大生产运动中，中央领导人以身作则参加生产，对生产运动起了推动作用，中央各机关在延安各机关学校的生产运动中也起了带头作用。毛泽东在延安杨家岭亲自开荒种地，朱德和他的警卫人员成立了生产小组，在王家坪菜园种了三亩菜地，周恩来、任弼时参加纺线，并在劳动竞赛中获奖。到1943年底，各单位都达到中央提出的“丰衣足食”的标准。

大生产运动取得了巨大成就，农业生产和工商业得到迅速发展，人民生活明显改善。八路军三五九旅经过几年奋战，使荒芜的南泥湾根本改变面貌，成为大生产运动的一面旗帜。许多部队实现了粮食、被服和其他日用品的全部自给或部分自给。由于军队努力生产，增加收入，大大减轻了人民的负担。1941年陕甘宁边区农民交的公粮，占总收获量的13.58%，1942年降为11.14%。

大生产运动切实解决了财政供给的困难

抗日战争时期，陕甘宁边区开展的大生产运动是中国共产党在特殊的地理环境和特定的历史时期进行的一次成功实践。中国共产党通过大规模的生产动员和组织，实现了对各种生产要素的合理配置和对低效小农经济的重建，构筑起相对独立的经济网络。作为抗战期间的一项重大战略选择，大生产运动是共产党人在特殊历史条件下的一个伟大创举，其历史功绩和影响是深远而伟大的。当时的《解放日报》社论对此给

---

① 薛子正：《自己动手，解决困难》，《群众》第九卷（1944），转引自张树宣：《试论陕甘宁边区的大生产运动——纪念抗日战争胜利四十周年》，《青海民族学院学报》1985年第4期。

予高度评价：在抗战期间，我们解放区认真地实行减租减息和发展生产的民主政策，因而激发了广大农民的生产热情，增强了各阶层人民的团结，提高了农村的生产力，使解放区能在极端困难的环境下，胜利地坚持了敌后的抗战。这也正像毛泽东总结的那样：这是中国历史上从来未有过的奇迹，这是我们不可征服的物质基础①。

具体到财政经济方面，大生产运动有效地克服了根据地严重的物资困难，保障了抗日物资的供给。在1939年之前，中国共产党还能在国共合作的背景下从国民政府每月领到军饷60万元，那时由于国民党对边区限制尚不太严，交通也较方便，边区内所需物资如棉花、布匹、粮食、纸张、药品等等，都可以从西安方面采购进来。1939年以后，军饷、服装、药品等都停发了，国民党政权对边区实行了军事包围和经济封锁，断绝交通，使边区的财政经济发生严重困难。在这种历史背景下开展起来的大生产运动，使边区粮食、蔬菜自给有余，不少单位实现了“耕三余一”或“耕二余一”，棉花也基本自给。不少单位的其他物资供应和财政开支，一部分或大部分自给。如边区留守兵团，到1943年自给部分达79.5%，延安机关、学校经费自给达64%。大生产运动的开展使边区增加了财政收入，保证了抗日物资的供给，战胜了物资困难，为打败日本侵略者提供了物质保证（见表1－1）②。

表1－1　　晋绥边区自给经费占比变化情况

项　目		1943年	1944年	1945年
军队	统筹占全部经费的比例（%）	86	49	57.2
	自给占全部经费的比例（%）	14	51	42.8
行署	统筹占全部经费的比例（%）	64	29	3
	自给占全部经费的比例（%）	36	71	97

资料来源：中华人民共和国财政部《中国农民负担史》编辑委员会编著：《中国农民负担史》第三卷，中国财政经济出版社1990年版，第427页。

① 《解放日报》，1945年11月16日。

② 张树宣：《试论陕甘宁边区的大生产运动——纪念抗日战争胜利四十周年》，《青海民族学院学报》1985年第4期。

三、“三财统一”的落脚点在于生财

财政支持党的革命事业，从根本上讲需要经济的发展，否则财政就成为无源之水、无根之木。如何通过生财、聚财、用财为革命战争服务，为民生解放服务，是根据地财政需要认真解决的重大命题。根据地财政正确处理了“三财”关系，贯彻了“重在生财”的理念，才最终走出了财政困境，解决了革命需要与财政紧张的矛盾。

革命形势要求根据地财政把重心放在“生财”

经济是财政的基础，决定了根据地财政的重心是生财，即通过发展国民经济来增加财政收入，而不是过多地通过税收手段来聚财。这是革命时期根据地财政的鲜明特征之一。

在红军第三次“反围剿”胜利后，革命出现了有利形势，但“左”倾思想的影响导致革命陷入被动，经济陷入困难。如何克服和战胜这些困难呢？当时“左”倾机会主义者认为应单纯地向农民增加税收，发行公债，加紧向富农征发，发行钞票。毛泽东则提出不同看法，认为在服从战争这个中心任务的前提下，应开展必要和可能的经济建设，经济工作不搞好，革命战争就不能维持，就成为大问题，必须依靠经济的发展来解决财政的困难。1933 年 3 月，毛泽东签发命令指出：“过去苏区对于国民经济问题异常忽视，应该予以迅速改变。”同年 8 月，为了广泛动员群众开展较大规模的经济建设，毛泽东在江西南部十七县经济建设工作会议上作了《必须注意经济工作》的演讲，阐明了革命根据地经济建设的方针、政策和工作方法。毛泽东指出：“革命战争的激烈发展，要求我们动员群众，立即开展经济战线上的运动，进行各项必要和可能的经济建设事业。为什么？现在我们的一切工作，都应当为着革命战争的胜利，首先是粉碎敌人第五次‘围剿’的战争的彻底胜利；为着争取物质上的条件去保障红军的给养和供给；为着改善人民群众的生活，由此更加激发人民群众参加革命战争的积极性；为着在经济战线上把广大人民群众组织起来，并且教育他们，使战争得着新的群众力量；为着从经济建设去巩固工人和农民的联盟，去巩固工农民主专政，去加强无产阶级的领导。为着这一切，就需要进行经济方面的建设工作。这是每个革命工作人员必须认识清楚的。”①

毛泽东还阐明了经济建设和革命战争的关系。他指出，过去有些同志认为革命战争已经够忙了，哪里还有闲工夫去做经济建设工作，因此见到谁谈经济建设，就要骂为“右倾”。他们认为要等战争最后胜利了，有了和平的安静的环境，才能进行经济建设。这些意见是不对的，敌人在进行经济封锁，奸商和反动派在破坏我们的金融和商业，我们红色区域的对外贸易受到极大的妨碍。我们如果不把这些困难克服，革命战争不是要受到很大的影响吗？“在现在的阶段上，经济建设必须是环绕着革命战争这个中心任务的。革命战争是当前的中心任务，经济建设事业是为着它的，是环绕着它的，是服从于它的。那种以为经济建设已经是当前一切任务的中心，而忽视革命战争，离开革命战争去进行经济建设，同样是错误的观点。只有在国内战争完结之后，才说得上也才应该说以经济建设为一切任务的中心。在国内战争中企图进行和平的，为将来所应有而现在所不应有的，为将来的环境所许可而现在的环境不许可的那些经济建设工作，只是一种瞎想。当前的工作是战争所迫切地要求的一些工作。这些工作每件都是为着战争，而不是离开战争的和平事业。如果同志们中间有离开战争进行经济建设的想法，那就应立刻改正。”②

革命根据地的国民经济，占支配地位的是农业经济，因此发展经济

---

① 毛泽东：《必须注意经济工作》，《毛泽东选集》第一卷，人民出版社1991年版，第119页。
② 毛泽东：《必须注意经济工作》，《毛泽东选集》第一卷，人民出版社1991年版，第123页。

的重点是农业生产。为了发展农业生产，中央苏维埃政府发布了许多指导农业生产的文件，对个体农民在残酷战争环境下面临的生产困难进行支援。为发展经济，毛泽东明确指出，在全体政府工作人员和广大群众中，要造成一种热烈的经济建设的空气，重视经济建设工作，努力推销经济建设公债，发展合作社运动，普遍建设谷仓，建设备荒仓。每个县要设立一个粮食调剂分局，重要的区和圩场要设立粮食调剂支局。要努力发展农业和手工业生产，多造农具，多产石灰，使收获不断增多。恢复钨砂、木头、樟脑、纸张、烟叶、夏布、香菇、薄荷油等特产过去的产量，并大批输出到白区去。要做好出口、入口贸易，对外贸易局要把对外贸易管起来，管好粮食、食盐和布匹的输出、输入，要抵制商人的中间剥削，从而使红色区域的人民经济得到发展，大大改良群众生活，大大增加财政收入，把革命战争和经济建设的物质基础确实建立起来。这些发展经济的措施，受到广大群众的拥护，对克服反围剿的财政困难起到很大作用。

注重生财必须避免一些认识误区

在经济极端困难而又要顾及民生的情况下，中国共产党领导下的根据地财政，把重心放在生财上，即通过发展经济、解放生产力来解决财政困难。毛泽东十分注重经济发展的生财问题，对“生财”之于财政的重要性有着深刻认识，批评不顾人民困难竭泽而渔式的取之于民行为，以及一味依靠节支的保守做法，提出必须依靠经济发展来根本解决财政问题。对于当时存在的一些认识上的误区，毛泽东及时给予了批评纠正。1933 年，毛泽东在江西南部 17 县经济建设工作会议上批评了在经济建设上的两种错误观点：一种认为在革命战争中没有进行经济建设的可能，这种观点不了解如果不进行经济建设，革命战争的物质条件就无法保障，人民在长期战争中就会感到疲惫。另一种认为经济建设已经是一切任务的中心，而忽视革命战争，离开革命战争去进行经济建设。这种观点不了解进行经济建设的目的正是为了保障革命战争的胜利。

毛泽东十分注重经济发展问题，对经济发展之于财政的重要性有着深刻认识，对于一些同志关于经济与财政关系的认识误区也做了纠正。1942年12月，毛泽东在陕甘宁边区高级干部会议上作了《经济问题与财政问题》的报告，批评了不顾人民困难竭泽而渔式的取之于民的行为，以及一味依靠节支的保守做法，提出必须依靠经济发展来根本解决财政问题，这就是典型的生财办法。1945年，毛泽东在党的七大上也提出，检验一个政党的好坏，就看它是约束生产力还是发展生产力，我们革命的目的就是为了解放生产力。根据地财政的生财手段可以概况为"发展经济，保障供给"，就是依靠创造性的大生产运动解决战争和边区政府行政经费问题。为克服困难，边区政府贯彻党中央和毛泽东的指示，采取减租减息、发放贷款、开源节流、精兵简政等一系列有力措施，推动边区的大生产运动，解决了边区"粮食不足，油盐不足，被服不足，经费不足"的问题，使边区掌握了足够的物资，解决了"鱼大水小"的财政困难，巩固了抗日根据地政权。

第三章
革命时期财政是新中国财政的历史起点

从党的历史发展进程看，革命时期的中国共产党不是执政党，但在革命根据地创建了红色政权，是红色政权的领导者，也是根据地财政的决策者。党在革命时期制定出台了一系列以人民利益为根本出发点的财政制度与政策，有力地支撑了革命战争和人民解放，赢得了民心，取得了革命胜利，建立了新中国。革命时期根据地财政形成的一系列理财观及其实践，为新中国财政的初建奠定了坚实基础，实际上也成为新中国建设财政的历史起点。

一、党的领导是财政有效的保障

所谓财政，顾名思义既要有“财”，更要有“政”。现代意义上的财政，是“以财行政”和“以政控财”的辩证统一。一方面，财政是支撑执政党统治的基石，要通过财政的运行来履行政府的职能；另一方面，财政是某个政党依托国家政权体系掌握社会财力分配的宏观手段，执政党的领导是财政有效运行的保障。在革命时期，正是在中国共产党的正确领导下，根据地财政才焕发出独具特色的魅力，促使我们党赢得了民心，取得了革命的最终胜利。可以说，没有党的领导，财政工作不可能取得如此巨大的成就，也不可能推进革命事业蓬勃发展，这是一个显而易见的道理。

革命战争时期，财政工作一直是在党的领导下为实现党的革命使命而服务的。在1934年1月第二次全国工农兵代表大会上，毛泽东就提出："从发展国民经济来增加我们财政的收入，是我们财政政策的基本方针，"① 1942年12月，在陕甘宁边区高级干部会议上，毛泽东又提出了著名的"发展经济，保障供给"的财政经济工作总方针。无论是基于阶级性、合理负担原则的"取之于民"，还是大生产运动这样富有创新的"取之于己"，革命时期的财政制度与政策都是党中央正确决策的产物，是战胜财经困难的法宝。

中国共产党真正大范围地制定财经政策方针、领导经济社会建设是从解放战争开始的，在抗战结束之后，党所直接领导的范围迅速扩大，对于财经工作的领导更是日益重视，尤其是着手党的财经机构建设。随着解放区不断扩大连成一片，相互之间的货币流通、货物贸易繁多，同时前方战争也需要有强有力的后方支援，这些因素迫切要求解放区的财经事务由过去的分散管理转为统一管理，以提高资源调配的力度与效率，适应新形势的发展需要。1946年12月30日，晋察冀中央局向中央提出报告建议召开华北财政经济会议，以研究解决华北各解放区"货币不统一"等问题。中央认为这一建议很有必要，于1947年1月3日向滕代远等发出"关于召开华北财政经济会议的指示"，会议议程主要是交换各区工作经验，讨论对国民党进行统一的财经斗争等，并表示可以成立华北财经情报和指导机关，"各中央局、各区党委、各军区的财经供给机关最好都有负责代表"。1947年4月，华北财经办事处正式成立，董必武任主任。此后，在中央及中央工委的领导下，华北财经办事处制定了华北各解放区国民经济建设的方针，掌握了各解放区的货币发

① 毛泽东：《我们的经济政策》，《毛泽东选集》第一卷，人民出版社1991年版，第134页。

行，统一了华北各解放区的财经政策，使华北各区的经济建设得到了很好的发展。华北财经办事处的成立，标志着中国共产党自成立以来首次领导大规模的经济事务。

1948 年 4 月，中央工委完成使命后撤销，工委直属的华北财经办事处随之取消。此时解放战争的战略反攻阶段顺利进行，国共之间的力量对比发生扭转，三大战役即将开始，需要充分的后备物质资源作保障，对财经工作的统一要求越来越迫切。同年 6 月，中央财政经济部正式成立，董必武任部长，薛暮桥任秘书长。原属中央工委的华北财经办事处的事务转由中央财政经济部办理。其主要职能是在中央领导下审查并指导各解放区的财政经济政策；研究各解放区执行财政经济政策的方法和步骤并予以指导；收集、整理、保管有关财政经济的各种材料，并作有计划的调查统计；在中央决定下，调剂各解放区间的财政收支及财政经济关系；研究统一各解放区财经工作的方法和步骤，筹备中国人民银行基金和统一发行工作①。中央财政经济部受党中央的直接领导，以研究工作为中心。

进入 1949 年，随着接管区域不断扩大，各地相互之间的联系更加密切，如何在统一领导下使新老解放区在支援前线、将来的经济社会建设等方面达成一致，成为摆在党中央面前必须解决的问题。1 月 27 日，中央财政经济部发布统一财经工作的意见，认为应建立一个比较充实的、健全的中央财经工作领导机构，中央应另组一个财政经济委员会，在财政经济委员会下分设财政部、经济部及人民银行等，在财政、金融、贸易、工业上保证中央统一领导②。7 月，中央财政经济委员会（以下简称中财委）召开成立会议，由中共中央财政经济部与华北财经委员会合并组成③。中财委是中央的财经参谋部和具体工作的指挥机

① 中共中央组织部编：《中国共产党组织史资料 1921—1997》第四卷（上），中共党史出版社 2000 年版，第 70 页。
② 中央档案馆编：《共和国雏形：华北人民政府》，西苑出版社 2000 年版，第 318 页。
③ 朱佳木主编：《陈云年谱》（上），中央文献出版社 2015 年版，第 726 页。

构，这种综合性的业务实体机构实际上就等同于国家的财经领导机构。中财委的成立体现出新政权未建、财经统一先行的特点，也为新中国财经领导机构的建立奠定了基础。

1949年10月1日，新中国成立，中央人民政府委员会具有最高权力，中财委过渡成为政务院的组织单位，既是党内领导财经工作的最高机构，也是政务院主管经济工作的机构，指导财政部、贸易部、重工业部等部门工作。因此，新中国刚成立时领导国家财经工作的机构是“一套人马，两块牌子”。此间，党对财经工作的领导主要通过政务院党组间接领导，党中央的约束力主要通过报告制度来实现。1952年中央人民政府行政机构进行大规模调整，成立中央人民政府国家计划委员会，与政务院平行，从行政系统中将财经工作一分为二，提高了中央人民政府对财经工作的统筹。1953年，为加强归口管理，对中央人民政府所属的财经部门的领导隶属关系做出调整，高岗、李富春、贾拓夫负责国家计划、工业工作，陈云、薄一波、曾山、叶季壮负责财政、金融、贸易工作，邓小平负责铁道、交通、邮电工作，邓子恢负责农业、林业、水利等，饶漱石负责劳动工作和工资问题①。

1954年全国人民代表大会颁布宪法后，国务院作为国家最高行政机关，原属政务院的中财委由国务院直接领导。1956年毛泽东发表了《论十大关系》，提出改革中央与地方的关系，扩大地方权力，让地方办更多的事情。随着社会主义建设的发展，原来分散的财经部门无法完成统一改革经济管理体制的要求，这就有必要集中力量加强对财经工作的统一领导。1957年1月10日，中共中央发出《关于成立中央经济工作五人小组的通知》，由陈云、李富春、薄一波、李先念、黄克诚组成，陈云任组长，在中央政治局领导下，统一领导全国的经济工作②。中央经济工作五人小组作为党中央直接领导财经工作的最高决策机构，既在

① 朱佳木主编：《陈云年谱》（上），中央文献出版社2015年版，第748页。
② 朱佳木主编：《陈云年谱》（中），中央文献出版社2015年版，第520页。

行政系统上弥补了各财经机关分立的不足，又在党内形成统筹经济工作的非正式机构，提高了党对财经工作的统一领导。

二、财政是夺取和巩固政权的基本条件

在极端困难的革命时期，面临反帝反封建的历史使命，中国共产党义无反顾地投入到争取民族独立的革命战争和人民解放的伟大事业中去。革命不是喊口号，艰苦卓绝的革命战争需要财政钱粮的供给保障，惊天动地的人民解放事业又需要减轻人民财税负担，两者都需要以经济发展为基础，都需要财政真金白银的支持。共产党人在不同时期采取了正确的财政措施，制定并形成了一套符合国情的财经制度，才能够具备相对充足的物质保障，并得到人民群众特别是广大农民对革命的拥护。如果没有财政的支持，党的两大使命就是空中楼阁，不可能顺利完成，这是一个颠扑不破的真理。

财政不仅是经济范畴，更是政治范畴，关系到一个政权的兴衰存亡。中国共产党在革命时期不是执政党，其革命任务就是夺取不代表人民利益的反动政府的政权，在这一过程中，党先后创建了不同形式的红色政权，如土地革命时期的苏维埃政权，抗战时期的敌后根据地边区政府，解放战争时期初具新中国雏形的华北人民政府。在夺取政权的进程中，党的红色政权的存在是革命事业的首要前提，而财政发挥了政权稳定器的关键作用，在红色政权出现风险时及时予以化解，确保了党领导下的革命战争和民生解放事业得以持续。土地革命时期，国民党对苏区红色政权进行多次军事围剿和经济封锁，分散的红色政权经济落后，时刻面临被消灭的危险，苏维埃财政一方面取之于敌，向封建剥削者没收或征发；一方面取之于民，依靠土地税和公债筹集粮款，从而保障了武装斗争和土地革命的进行。抗战时期，在国民政府停止发放抗日军饷的

艰难形势下，抗日根据地的边区政府及时调整财经政策，停止没收地主土地改为减租减息，同时在“发展经济，保障供给”的思想指导下，创造性地开展大生产运动，从而既保障了抗战经费和边区政府稳定运行，又减轻了农民负担，获得各阶层人民的支持。

在中国共产党波澜壮阔的革命事业中，财政与党的两大使命具有共生性，二者互相融合，互为表里。民族独立和人民解放这两大使命是摆在明处的任务，是历史赋予党的革命任务；财政则是隐于两大使命背后默默给予支持的无形力量，是党完成两大使命的隐形密码。中国共产党为什么能从1921年时的微小力量，经历革命的洗礼逐渐壮大，并最终成为新中国的执政党？如果理解了财政与党的使命的共生性，我们就可以通过现象看本质，找到这一问题的正确答案。

1949年新中国成立后，中国共产党成为执政党，中国历史进入了新纪元，开辟了一个崭新时代，中国财政也掀开了新的篇章。新生的政权面临各种危机，在百废待兴的特殊年代，财政克服重重困难，在恢复国民经济、支持抗美援朝、筹集工业化建设资金等方面起到重要的支撑作用，完成了国民经济恢复时期的艰巨任务和使命，为中国共产党新政权的巩固和建设作出卓越贡献。从1949年新中国成立到1952年，中国共产党领导全国各族人民，在解放战争、抗美援朝战争、灾荒、通货膨胀等严重困难的局面下，统一了财经，调整了工商业，恢复了国民经济，夺取了财政经济状况的根本好转。“一五”期间，国家财政通过自力更生发展生产、厉行节约等措施，为工业化筹集建设资金达1241.75亿元，有力地保证了“一五”计划的胜利完成，为我国实现社会主义工业化奠定了基础。随着国民经济的全面恢复，财政经济状况也实现了好转。1950年到1952年，财政总收入为382.05亿元，财政总支出为366.56亿元，收支平衡且结余15.49亿元。国家财政状况的好转，巩固了新生的政权，增强了国家宏观调控能力，为新中国屹立于世界之林铺垫了基石。

三、维护人民利益是理财的基本价值取向

“人民，只有人民，才是创造世界历史的动力。”中国共产党是马克思主义政党，全心全意为人民服务是党的根本宗旨，人民立场是党的根本政治立场，人民至上是党执政施政的核心理念。从党的历史看，中国共产党领导下的根据地财政，正是坚决贯彻了以民为本的理财价值观，才得到广大人民的支持，取得了革命的胜利，人民逻辑是财政与党的政权的直接关联点。从党的未来看，坚持以人民为中心的发展思想，是习近平新时代中国特色社会主义思想的核心要义，坚定不移地落实这一思想，把维护人民利益作为理财的基本价值取向，是我们党长期执政的根本遵循。

1933 年，毛泽东在中央革命根据地南部十七县经济建设大会上明确指出，我们的一切工作，都应当“为着改善人民群众的生活”①。1936 年，为总结第二次国内革命战争的经验，毛泽东写了《中国革命战争的战略问题》，他在文中指出：中国共产党“每一天都是为了保护人民的利益，为了人民的自由解放，站在革命战争的最前线”②。1944 年，毛泽东在中央警备团追悼张思德的会上说：“我们这个队伍完全是为着解放人民的，是彻底地为人民的利益工作的。”③ 1945 年，毛泽东在党的七大上指出：“我们共产党人区别于其他任何政党的又一个显著的标志，就是和最广大的人民群众取得最密切的联系。全心全意地为人民服务，一刻也不脱离群众；一切从人民的利益出发，而不是从个人或小集团的利益出发；向人民负责和向党的领导机关负责的一致性；这些

① 毛泽东：《必须注意经济工作》，《毛泽东选集》第一卷，人民出版社 1991 年版，第 119 页。
② 《毛泽东选集》第一卷，人民出版社 1991 年版，第 184 页。
③ 毛泽东：《为人民服务》，《毛泽东选集》第三卷，人民出版社 1991 年版，第 1004 页。

就是我们的出发点。"①

革命时期，中国共产党处于财政经济极端困难的环境中，为了完成革命战争使命，就不得不依靠农民、取之于民。但共产党人深深知道，民生解放是党的革命使命顺利实现的基本前提，革命事业取得胜利的过程，也是财政支持解救民生困苦的过程，财政支持民生解放是党赢得民心的根本保障。无论是土地政策、财税政策，还是大生产运动，都充分体现了共产党人理财的"人民性"特征。从某种意义上讲，大生产运动也是以民为本、减轻人民负担的另一种体现。陕甘宁边区人民在中国新民主主义革命过程中，对革命作出了重大贡献和巨大牺牲。特别是抗日战争时期，为了支持全国抗战，边区人民宁可自己少吃少穿，甚至忍饥受饿也高高兴兴地把粮食贡献出来，负担十分繁重。大生产运动后，边区人民的收入增加了，而负担却大大地减轻了。以征收公粮为例，1941年为20万石，占农民收获量的13.5%，到1942年减少到16万石，占11.4%，1943年虽然上升为18万石，但只占农民收获总量的9.1%，1944年又减到16万石，占收获总量的8.5%，1945年更减少为12万石，所占比例就更小了。农民收入增加了，负担减轻了，生活也改善了。如安塞县农民高凤成，过去是个长工，缺吃少穿，到1943年，他家六口人养七头牛、一匹马、三头猪、五十只羊、还有很多鸡；过去是"没穿、没戴、没铺、没盖"，此时每月吃五次肉、六次馍馍，面条捞面经常吃，过年杀猪，过节吃好的改善生活，全家过上了丰衣足食的好生活②。移民马丕恩、马杏儿父女二人，开荒两年收粮27石、蔬菜6000斤，吃穿有余③。

新中国成立初期，共产党人延续了根据地财政的人民至上的理财观，打击投机资本，减轻农民负担，从而为恢复国民经济扫清了道路，赢得了广大人民群众的支持，巩固了政权。

---

① 毛泽东：《论联合政府》，《毛泽东选集》第三卷，人民出版社1991年版，第1094—1095页。
② 《解放日报》1943年9月27日。
③ 《解放日报》1943年9月20日。

当时，一些投机资本家乘新政权立足未稳之机，扰乱金融，囤积居奇，哄抬物价，多次制造涨价风潮。为了巩固新生的人民政权，平抑物价，安定人民的生活，中国共产党和人民政府同投机资本展开了激烈的斗争，扭转了险恶的形势，掌握了财政经济工作的主动权，建立起了新的经济秩序。稳定金融和物价的斗争沉重地打击了投机资本在经济领域的干扰与破坏，扫除了恢复和发展国民经济的一大障碍；剥夺了投机资本的非法所得，充实和加强了国家财政；巩固了新中国的经济基础，加强了国营经济的主导地位；稳定了物价，缓和了供求矛盾，改变了投机资本造成的市场供应紧张的混乱局面；为统一财经创造了有利条件，巩固了工农联盟和人民民主专政。稳定金融和物价是新中国在经济战线上取得的第一个巨大胜利，具有重要的政治和经济意义。毛泽东曾指出，这个胜利，意义不亚于淮海战役。刘少奇在1950年4月29日北京庆祝五一国际劳动节干部大会上的演说进一步指出了其伟大意义：“中国的财政经济，在历史上是没有统一过的。国家财政收支，在过去数十年中也没有平衡过，反动政府每年必须发行巨额的钞票和举借巨额的内外债才能过日子。中国的金融物价也是十二年来没有稳定过的，人民必须在通货膨胀的损失中付出巨额的资金。但是人民政府在战争尚未结束与发生灾荒及帝国主义封锁等情况之下，在很短的时期内，就实现了这些重大的措施，并达到这样的成绩。……这是我们国家一个极为重大的进步。”①

以民为本，还体现在减轻人民负担上。减轻人民负担，重点是减轻农民负担，财税政策向农业倾斜。1950年5月30日，政务院第三十四次政务会议通过并于次日公布《关于一九五零年新解放区夏征公粮的决定》，对尚未进行土地改革的新解放区的夏季公粮征收政策作了具体规定，以常年应产量作为农业税征收标准，对农民由于努力耕作而超过常年应产量的部分不加税，鼓励了农民的积极性。实行区分不同的阶级成

① 刘少奇：《在庆祝五一劳动节大会上的演说》，《刘少奇选集》下卷，人民出版社1985年版，第15—16页。

分在夏粮征收上规定不同的累进税率制度，体现了党在农村的阶级路线。9月5日，政务院公布了《新解放区农业税暂行条例》，该条例是《共同纲领》所规定的税收政策与新解放区农村实际情况相结合的产物。此后，1951年、1952年又对农业税收进行了适当调整。这些调整对促进土地改革、发展农业生产、保护广大劳动农民利益，调动农民的生产积极性有积极作用。农业合作化初期，国家对新解放区的农业税仍实行累进税制。农业合作化高潮以后，全国农业税一律改为比例税制。国家实现了财政经济状况根本好转以后，立即采取了稳定农民负担的政策。政务院在《关于一九五三年农业税工作的指示》中正式宣布，从1953年起，三年内全国农业税的征收指标稳定在1952年的实际征收水平上，不再增加，税率按1952年的规定执行，以减轻农民的负担，巩固工农联盟。在“一五”时期，农业税的征收工作坚决贯彻执行了党和人民政府的指示，农业税负担数额是稳定的（见表1－2）。由于农业税征收额的基本稳定，而农业生产又逐年增加，这就意味着农民的负担相对减轻①。

表1－2　　全国农业税负担情况（1952—1957年）　　单位：亿斤细粮

年份	农业实际产量	实征农业税			农业税占实际产量%	
		合计	正税	附加	合计	正税
1952	2924	358	352	6	12.2	12.0
1953	2892	344	328	16	11.9	11.3
1954	2988	371	342	29	12.4	11.5
1955	3297	384	351	33	11.6	10.6
1956	3409	367	319	48	10.8	9.4
1957	3450	400	355	45	11.6	10.3

资料来源：陈如龙主编：《当代中国财政》（上），中国社会科学出版社1988年版，第92页。

国家财政在大力投资发展工业的同时，对农业也给予了直接的投

① 陈如龙主编：《当代中国财政》（上），中国社会科学出版社1988年版，第92页。

资，这是巩固和发展农业生产合作社的一个重要条件。1956 年，毛泽东召集最高国务会议，讨论中共中央提出的《一九五六年到一九六七年全国农业发展纲要（草案)》，同时提出农业发展的指标。为了扶持农业发展，国家财政加大了对农业的投资，重点支持兴修农田水利、推广新式农具、扩大优良品种等。据统计，在“一五”期间，财政安排的支农资金总数达 99. 58 亿元，占财政支出总额的 7. 4% 。五年中，财政支农资金最多的是 1956 年，总计达 29. 14 亿元，比 1952 年增加 2. 2 倍，其中农林水气基本建设拨款 13. 63 亿元，比 1952 年增加 2. 5 倍。在农林水气基本建设拨款中，水利基本建设拨款 8. 11 亿元，占总额的 59. 5% 。五年中，水利基本建设取得了巨大成绩。国家集中力量治理了水患严重的淮河水系、海河水系、黄河水系和长江水系，相继建设了梅山水库、佛子岭水库、官厅水库和三门峡水利枢纽工程。“一五”时期共扩大灌溉面积 733 万公顷，平均每年增加 147 万公顷。所有这些水利建设，对于防洪蓄水，减轻水旱灾害，促进农业生产发展，都发挥了巨大的作用。

国家银行当时的农贷任务，主要就是促进农业合作化，推动农业生产的发展。“一五”期间，国家银行共发放农业贷款 76 亿元，其中大部分是在 1955 年和 1956 年发放的。1956 年各种农业贷款总计近 30 亿元。国家银行农业贷款的利息一般是较低的，1952 年 6 月规定，一般农贷月息为 1%—1. 5% 。1955 年 10 月国家银行对农业生产合作社贷款的月息降为 0. 6% ，对农业互助组贷款和设备贷款月息为 0. 75% ，对个体农业生产贷款月息为 0. 9% 。大量的农业贷款以及大幅度降低农业生产合作社贷款和设备贷款的利率，对于打击高利贷、发展农业生产和推动农业合作化运动，具有重大作用。这期间，除发放一般农业贷款外，国家每年还发放了为数不少的无息的预购订金，五年累计达 20 亿元，保证了农村生产和消费资金的周转，促进农民走组织起来的合作化道路，并保证了主要农副产品收购计划的实现。五年里，国家在农村采购的农副产品总额达 744 亿元，供给农村各种生产资料达 142 亿元。

四、财政是“生财、聚财、用财”的辩证统一

财政是国家治理的基础和重要支柱，也是党的执政的基础和重要支柱，这是一个问题的两面。财政既是经济范畴，更是政治范畴，执政党的运行和党的事业都依靠财政支撑，而掌握政权、稳定政权的关键在于生财、聚财、用财，财政则是三者的辩证统一。“三财”之道，生财是根本，聚财要有度，用财讲效益。这一点无论是革命时期还是新中国初期都同样存在规律性。

从“生财”的角度看，解放生产力扩大财源是解决财政困难的根本出路。财政出现困难，根本出路是解放和发展生产力，促进经济发展，进而增强财政实力。在革命时期，中国共产党始终坚持把发展经济作为解决财政困难的根本路径，把解放生产力扩大财源作为发展经济的主抓手，把生财作为财政问题的重中之重，从而彻底解决了根据地的财政困难，解放了生产力，促进了民生改善，取得了革命的胜利。

通过解放生产力扩大财源解决财经问题，是毛泽东经济思想的主要组成部分，也是革命时期和建设时期中国共产党领导财经工作始终坚持的一个宗旨。为什么要依靠解放生产力？这是中国革命时期所处的基本国情决定的。马克思主义指导下的革命运动，是要按照社会自身的性质和发展规律促进社会变革和发展。要促进中国社会的变革和发展，首先必须认清中国社会的性质，“就是说，认清中国的国情，乃是认清一切革命问题的基本的根据。”① 毛泽东创造性地运用马克思主义的立场、观点、方法，观察认识中国的社会和经济，到1939年年底和1940年年初，在《中国革命和中国共产党》和《新民主主义论》中对中国近代

① 毛泽东：《中国革命和中国共产党》，《毛泽东选集》第二卷，人民出版社1991年版，第633页。

社会经济形态的性质有了完整的科学认识和表述，指出外国资本主义的入侵不仅把中国变成了半封建社会，而且把一个独立的中国变成了一个半殖民地的国家。中国社会形态的这种性质和状况，决定了其主要矛盾是帝国主义和中华民族的矛盾，封建主义和人民大众的矛盾，决定了中国革命的主要对象是帝国主义、官僚资本主义和封建主义。

中国共产党领导的新民主主义革命，目的就在于解放生产力。因而在确定这一革命的阶段性和对象时，是严格依据生产力发展要求的。毛泽东指出："中国一切政党的政策及其实践在中国人民中所表现的作用的好坏、大小，归根到底，看它对于中国人民的生产力的发展是否有帮助及其帮助之大小，看它是束缚生产力的，还是解放生产力的。消灭日本侵略者，实行土地改革，解放农民，发展现代工业，建立独立、自由、民主、统一和富强的新中国，只有这一切，才能使中国社会生产力获得解放，才是中国人民所欢迎的。"①

正是基于解放生产力的目标，中国共产党在新民主主义革命时期形成了三大经济纲领，并依据三大经济纲领采取了相应的财经政策。毛泽东在 1947 年 12 月 25 日明确提出："没收封建阶级的土地归农民所有，没收蒋介石、宋子文、孔祥熙、陈立夫为首的垄断资本归新民主主义的国家所有，保护民族工商业。这就是新民主主义革命的三大经济纲领。"② 封建土地制度的变革是新民主主义革命的基本任务之一，是中国社会的基础结构具有巨大历史意义的变化，为中国由长期处于停滞状态的农业国向工业国的转变，创造了必要的前提。这是促进生产力解放的根本手段。在三大经济纲领中，毛泽东着重分析了官僚资本和民族资本的不同性质及其对生产力发展的不同作用，在此基础上，规定了对待官僚资本和民族资本的不同政策。依据"剥夺剥夺者"的原则提出消灭官僚资本，是从整体上铲除腐朽的生产关系、扭转整个国民经济发展

① 毛泽东：《论联合政府》，《毛泽东选集》第三卷，人民出版社 1991 年版，第 1079 页。
② 毛泽东：《目前形势和我们的任务》，《毛泽东选集》第四卷，人民出版社 1991 年版，第 1253 页。

方向的一项极其重要的纲领。保护民族工商业这一经济纲领是中国共产党对民族资本在半殖民地半封建社会以及向未来社会转变过程中的地位和作用的认识的集中概括。

在新中国成立前夕党的七届二中全会上，毛泽东再次指出：由于中国的经济遗产是落后的，所以新民主主义革命胜利之后的一个相当长的时期内，必须谨慎地、逐步地而又积极地引导分散的个体农业经济和手工业经济，向着现代化和集体化的方向发展，大力发展经济，使中国稳步地由农业国转变为工业国，创造出雄厚的经济基础，否则就不可能由新民主主义社会发展到将来的社会主义社会。

1949年新中国成立后，刚刚成为执政党的中国共产党面临着半殖民地半封建社会向社会主义过渡的问题，毛泽东就此继续强调发展生产力的重要性。他提出，我们的根本任务就是保护和发展生产力，建立新的生产关系的目的也是为了发展生产。共产党人继承了革命时期解放生产力的思想，把解放生产力作为推动经济发展和巩固政权的基本路径。

到1952年年底，我国完成了国民经济恢复任务，但经济生活中也出现和积累了一些新矛盾，主要表现在土改后农民分散落后的个体经济难以满足城市和工业对粮食和农产原料不断增长的需要，而贫富分化的出现又使共产党人不能不考虑个体经济究竟向哪个方向发展的问题。而在城市中，工人阶级和国营经济同资产阶级之间限制和反限制的斗争时起时伏，工业化的大规模发展加剧了这些矛盾。正是在这样的背景下，中央提出了党在过渡时期的总路线。党在过渡时期的总路线，是发展生产力和变革生产关系的有机统一，是一条社会主义建设和社会主义改造同时并举的路线。逐步实现国家的社会主义工业化，发展生产力，是主体；对农业、手工业和资本主义工商业的社会主义改造是变革生产关系，是两翼，是为实现工业化服务的。

1956年1月，毛泽东在最高国务会议第六次会议上讲话提出，社会主义革命的目的是为了解放生产力，农业和手工业由个体所有制变为社会主义的集体所有制，私营工商业由资本主义所有制变为社会主义所有制，必然使生产力大大地获得解放，这样就为大大地发展工业和农业的生产创造了社会条件。4 月，毛泽东在《论十大关系》中提出处理好社会主义经济建设和社会发展中的十个重大关系的思想。在此基础上，党的八大把国内的主要矛盾定性为人民对于建立先进的工业国的要求同落后的农业国的现实之间的矛盾，人民对于经济文化迅速发展的需要同当前经济文化不能满足人民需要的状况之间的矛盾，而且针对着这个主要矛盾确立了全党和全国人民的主要任务是集中力量发展社会生产力，实现国家工业化，逐步满足人民日益增长的物质和文化需要。

1957 年 6 月 19 日，毛泽东对最高国务会议第十一次（扩大）会议上的讲话加以整理，作了若干补充，在《人民日报》发表《关于正确处理人民内部矛盾的问题》，运用对立统一规律剖析社会主义社会，创立了关于正确处理人民内部矛盾的学说。毛泽东肯定了矛盾仍然是社会主义前进的动力，指出社会主义社会的基本矛盾仍然是生产关系和生产力、上层建筑和经济基础的矛盾。它们之间既有基本适应的一面，又有不适应的一面，可以通过社会主义制度本身，不断得到解决。这一思想为以后的经济体制和政治体制改革奠定了基础。

从“聚财”的角度看，强调“合理负担”是处理好各方面利益关系的关键之招。一个政权存在和发展，需要必要的运转资金，这就有赖于国家的税收，对人民合理有度地征税是政权运行的必要前提。革命时期，在取之于民的税收政策框架中，共产党人一直强调“合理负担”，即通过阶级性原则合理安排不同阶层的财政负担。为了贯彻以民为本的理财思想，根据地财政有一个突出的特点，即财税政策的阶级性。“苏维埃的财政政策，建筑于阶级的与革命的原则之上”，“苏维埃把主要财政负担放在剥削者身上”，“税收的基本原则，同样是重担归于剥削者”①。这些政策原则是从武装斗争、土地革命斗争的实践中逐渐形成的，又同解决土地问题所施行的斗争策略紧密联系。

① 《毛泽东在中华苏维埃共和国中央执行委员会与人民委员会对第二次全国苏维埃代表大会的报告》，《红色中华》第 3 期，1934 年 1 月 26 日。

按照阶级原则征收土地税，是1930年5月全国苏维埃区域代表大会通过的《土地暂行法》最初提出的。《土地暂行法》规定："分有土地的农民，应缴纳相当的公益费，其数目由当地苏维埃政府按照累进税的原则规定之"；"累进税的原则是所得愈多者，缴纳公益费的比例应同时增加。特别是雇用雇农耕种的富农，缴纳公益金的比例，必须比独立劳动的农民增多。"同年6月，红四军前委、闽西特委联席会议通过的《富农问题》决议，更明确提出了土地税征收的阶级原则：为了斗争的财政需要，贫农自不能不出相当的土地税，但必须收得很轻，极贫的应该免税。中农出税较贫农可以多一点，但须不违背联络中农的原则，不能太重。对于富农，可以抽收高至15%的土地税，为了斗争的紧急需要，得向富农无代价征收剩余粮食。到了1934年，毛泽东总结土地斗争的经验，完整地提出了税收的阶级原则。他在《红色中华》发文详细解释了这一原则："农业税依靠于农民的革命热情，使之自愿的纳税，同样是累进原则的征收法。家中人口少分田少的税轻，家中人口多分田多的税重。贫农中农税轻，富农税重。雇农及红军家属免税。被灾区域按灾情轻重减税或免税。"① 这个原则，后来一直是税收问题上处理人民内部各阶级关系的一条基本准则。

新中国成立初期，中央人民政府根据《共同纲领》中"国家的税收政策，应以保障革命战争的供给，照顾生产的恢复和发展及国家建设的需要为原则，简化税制，实行合理负担"的规定，以及毛泽东提出的"调整税收，酌量减轻民负"的原则，要求在短期内将全国税政统一起来，以利于保障革命战争的胜利，恢复和发展生产。1950年下半年调整税收之后，人民政府为休养民力，减轻了农民的农业税负担。抗美援朝战争爆发后，鉴于国民经济尚未全面恢复，生产不可能有较大增长，财政收入的增长只能用"挤牛奶"的办法，适当增加农民的赋税和城市税收。在农村，向农民征收"公粮附加"，农民的负担有一定增加。

① 《毛泽东在中华苏维埃共和国中央执行委员会与人民委员会对第二次全国苏维埃代表大会的报告》，《红色中华》第3期，1934年1月26日。

在城市，人民政府也适当增加了一些税收，如开征契税，增加若干产品的货物税和进出口税等。1951 年 4 月，开征棉纱统销税，对棉纱棉布存货予以补税，税率均为 6%。8 月，政务院颁发《城市房地产税暂行条例》，规定城市房地产税由产权所有人交纳，房产税率为 1%，地产税率为 1.5%。9 月，财政部公布《临时商业税稽征办法》，规定对无固定营业场所的行商和固定工商业在外埠销售本业以外货品的，均征收临时商业税。

从"用财"的角度看，精兵简政、厉行节约是克服财政困难的必要手段。革命根据地的财政工作，是在极端困难的条件下进行的，为了保证革命战争和经济建设的需要，必须实行厉行节约的方针，"节省每一个铜板"。土地革命战争时期，为节约经费开支，根据地开展了节省运动，在红军和党政人员中实行维持最低生活标准的供给制度。1934 年 1 月，毛泽东在第二次全国工农兵代表大会上，阐明了节省方针："财政的支出，应该根据节省的方针。应该使一切政府工作人员明白，贪污和浪费是极大的犯罪。反对贪污和浪费的斗争，过去有了些成绩，以后还应用力。节省每一个铜板为着战争和革命事业，为着我们的经济建设，是我们的会计制度的原则。"① 3 月，人民委员会提出在九个月内节省 80 万元的号召，节省运动在许多地方开展起来。在政府方面，掀起了节省行政经费、节省粮食、自带伙食等运动；在群众中，则开展每人捐助红军三升米的群众运动。结果，节省的资金交到金库的达到 609 万元。进入抗战时期，除了继续实行生活费供给制和开展节约运动外，主要实行了精兵简政。1942 年 12 月，毛泽东在陕甘宁边区高干会议上提出，为克服物质困难，必须实行精兵简政政策。他说："这一次精兵简政，必须是严格的、彻底的、普遍的，而不是敷衍的、不痛不痒的、局部的。在这次精兵简政中，必须达到精简、统一、效能、节约和反对官僚主义五项目的。这五项，对于我们的经济工作和财政工作，关系极

① 毛泽东：《我们的经济政策》，《毛泽东选集》第一卷，人民出版社 1991 年版，第 134 页。

大。精简之后，减少了消费性的支出，增加了生产的收入，不但直接给予财政以好影响，而且可以减少人民的负担，影响人民的经济。”① 陕甘宁边区高干会议后，各根据地根据“少而精”原则，紧缩编制，因职设人，取消空头机关，编余人员主要是加强基层、转入生产战线，或自愿解甲归田。到了解放战争时期，则是重点贯彻厉行节约方针。1946年7月，党中央在《以自卫战争粉碎蒋介石的进攻》指示中强调指出，必须作持久打算，十分节省地使用人才资源和物质资源，力戒浪费。1947年元旦指示再次指出，必须一面发展生产，一面用大力量整理财政，缩减一切可缩减的人员，节省一切非必要的开支，降低干部生活水平，表扬艰苦奋斗的作风，严禁铺张浪费、贪污腐化。1948年10月，中央针对解放区比较困难的财经状况又指出，在克服困难的斗争中，前线和后方都必须反对浪费，厉行节约②。事实证明，党中央在根据地采取的厉行节约、精兵简政措施，起到了积极作用，有助于根据地克服财经困难，并取得革命战争的最终胜利。

新中国成立后，为巩固新生政权，克服财经困难，我国仍然坚持沿用厉行节约、精兵简政的原则。1951年12月，党中央发布“精兵简政，增产节约”的指示，随后全国范围内掀起了群众性的增产节约运动。增产节约运动的主要措施有：一是在国营企业实行经济核算制，推行定员定额制度，通过降低成本为国家上交更多的利润；二是在工农业各领域掀起了劳动竞赛热潮；三是机关、部队、学校、人民团体，在不妨碍工作和不损害工作人员健康的前提下，力求节约；四是在党政机关工作人员中开展“三反”（反贪污、反浪费、反官僚主义）和在私营工商业者中开展“五反”（反行贿、反偷税漏税、反盗骗国家财产、反偷工减料、反盗窃国家经济情报）的斗争。

---

① 毛泽东：《抗日时期的经济问题和财政问题》，《毛泽东选集》第三卷，人民出版社1991年版，第895页。

② 左春台、宋新中主编：《中国社会主义财政简史》，中国财政经济出版社1988年版，第22—29页。

在增产节约运动的同时，人民政府为应对抗美援朝战争，还采取了削减支出的办法。1953 年 8 月，中共中央发出《关于增加生产，增加收入，厉行节约，紧缩开支，平衡国家预算的紧急通知》，号召全党全国人民通过增加生产、扩大收购和销售、加速资金周转等来增加收入，同时大力压缩军费开支和行政管理费用。当时的宗旨是：除了与战争有直接关系的军工投资、对增加财政收入有直接帮助的经济建设投资和对稳定市场有密切关系的投资外，其他经济建设投资“可削则削，可减则减，可推则推”，文教卫生、公用事业和军政经常费用也大大缩减，对国家公职人员则继续实行供给制和低薪制。对于军费开支，也不是采取“有多少用多少”的方针，而是对每笔用款详加审核，做到有计划、有步骤地使用。

五、正确处理财政与经济的关系是财政发挥基础性作用的前提

财政是国家治理的基础，这个基础作用的发挥有一个基本前提，即正确处理财政与经济的关系，正确认识经济发展之于财政的重要性。经济是财政的基础，财政发展对经济起到促进作用，这是财政与经济关系的基本判断。加强根据地的经济建设，是中国共产党领导根据地财政始终坚持的一个重要原则。没有根据地的经济建设，要支援革命战争、改善人民生活和巩固红色政权，都是不可能的。“必须从发展国民经济来增加财政收入”，成为根据地财政一直秉持的基本原则。

抗战初期，陕甘宁边区财政主要靠外援，广大军民对发展经济不重视。进入抗战相持阶段，国民党掀起反共高潮，外援不断减少，加上日军的扫荡和严重自然灾害，最终导致 1940 年到 1941 年的严重财经困难。为克服困难，边区政府贯彻党中央和毛泽东的指示，采取减租减

息、发放贷款、开源节流、精兵简政等一系列有力措施，推动边区的大生产运动，解决了边区“粮食不足，油盐不足，被服不足，经费不足”的问题，使边区掌握了足够的物资，解决了“鱼大水小”的财政困难。陕甘宁边区等抗日根据地的大生产运动和经济建设，为渡过严重困难，巩固根据地抗日民主政权，争取抗日战争的胜利，奠定了物质基础。

财政支持党的革命使命的完成，根本上需要经济的发展，必须把发展经济作为解决财政困难和完成党的使命的根本出路，共产党人不仅在实践中这么做，而且在思想认识上也不断深化。毛泽东十分注重经济发展问题，对经济发展之于财政的重要性有着深刻认识。土地革命时期，苏维埃政权向农民征收土地税，其间一度出现为缓解财政压力向农民增税的情况。毛泽东对此表示反对，他强调指出，革命战争的激烈发展要求我们进行必要和可能的经济建设事业，“只有开展经济战线方面的工作，发展红色区域的经济，才能使革命战争得到相当的物质基础，才能顺利地开展我们军事上的进攻，……也才能使我们的广大群众都得到生活上的相当的满足，而更加高兴地去当红军，去做各项革命工作。”①

抗战时期，党中央对毛泽东关于经济是财政基础的论断有了更深刻的认识，也更加注重组织发展公营经济解决财政困难。1942 年 12 月，毛泽东在陕甘宁边区高级干部会议上作了《经济问题与财政问题》的报告，明确提出“发展经济，保障供给，是我们的经济工作和财政工作的总方针”。在这份报告中，毛泽东批评了不顾人民困难竭泽而渔式的取之于民的行为，以及一味依靠节支的保守做法，提出必须依靠经济发展来根本解决财政问题。他经典地论述了经济与财政的关系问题：“但是有许多同志，片面地看重了财政，不懂得整个经济的重要性；他们的脑子终日只在单纯的财政收支问题上打圈子，……这是一种陈旧的保守的观点在这些同志的头脑中作怪的缘故。他们不知道财政政策的好坏固然足以影响经济，但是决定财政的却是经济。未有经济无基础而可以

① 毛泽东：《必须注意经济工作》，《毛泽东选集》第一卷，人民出版社 1991 年版，第 120 页。

解决财政困难的，未有经济不发展而可以使财政充裕的。”“财政困难，只有从切切实实的有效的经济发展上才能解决。忘记发展经济，忘记开辟财源，而企图从收缩必不可少的财政开支去解决财政困难的保守观点，是不能解决任何问题的。”① 在党中央的号召下，各抗日根据地迅速掀起发展经济、保障供给的高潮，陕甘宁边区政府等按照中央指示，自己动手建立贸易公司等公营经济，办理一些自给工业；部队、机关、学校掀起了轰轰烈烈的大生产运动，并发展以自给为目标的农工商业。正是这种大胆创新的发展经济模式，解决了抗战所需的部分甚至大部分粮款问题，同时也减少了向人民的索取，赢得了人民拥护，终于取得了抗战的伟大胜利。

坚持经济是基础，也必须同时重视财政发展对于经济的反作用力，财政要基于经济并有利于经济发展。毛泽东在同英国记者斯坦因的谈话中说，要制定“有利于整个中国经济发展的财政经济政策及其实施办法”。延安时期，边区政府坚持金融货币独立自主，以发展经济和贸易为根基，发行边币，切断与法币的联系，从而保护了边区经济的安全稳定，使边区人民免受法币贬值的损失。

大生产运动，是经济与财政关系良性互动的经典实践：一方面，通过大生产运动解决了财政困难，增强了根据地的财力；另一方面，财政实力的增强反过来也有利于红色政权夯实经济基础，遵循以民为本的理财观。这一经典实践告诉我们，必须统筹看待经济与财政的关系，坚持经济是基础，发展生产力扩大财源是解决财政问题的根本出路，而财政实力的增强客观上又会对经济发展起到促进作用。

新中国成立后，共产党人坚持革命时期统筹看待经济与财政的做法，当时还比较困难的财政没有盲目追求增加税收，而是着眼于经济建设的长远，千方百计积极支持工业化奠基和恢复国民经济，而工业化的奠基和国民经济的恢复又推动了财政的稳步发展，两者形成良性循环。

① 毛泽东：《抗日时期的经济问题和财政问题》，《毛泽东选集》第三卷，人民出版社 1991 年版，第 891—892 页。

从1953年起，新中国开始了大规模经济建设的第一个五年计划。实现国家工业化是一项极其艰巨和复杂的任务，除了要有先进的技术、丰富的资源和有效的管理外，还必须有巨额的资金，资金问题是工业化建设中的一个十分重要的问题。在新中国成立初期，资金严重缺乏，抗美援朝战争还没有结束，军事开支巨大，资金需要也就更为迫切。这一问题不解决，会直接影响到工业化宏伟蓝图的实现。

世界各国为工业化筹集资金有各种不同的途径，当时中国确立的方针是“自力更生为主，争取外援为辅”。如果不是主要依靠自己的力量，而是依靠外力，那么一方面在当时复杂的世界政治格局下容易沦为霸权主义的附庸，另一方面也没有任何外力能够满足中国这样一个大国的工业化资金需要。因此，我们的立足点必须放在独立自主、自力更生的基点上，但如果在有利于我们建设而不损害国家独立自主的前提下，也应该适当借助外援。为实现工业化，中国除了自力更生为主，还充分依靠人民，发行了公债，并向苏联等国借用了外债。

“自力更生为主”就是立足国内，依靠发展社会主义经济，厉行节约，积累工业化资金。“一五”计划的基本任务之一就是集中主要力量进行以苏联帮助中国建设的156项为中心的、由限额以上的694个建设单位组成的工业建设，建立中国的社会主义工业化的初步基础。为了完成这个艰巨的任务，仅全民所有制基本建设投资就达611.58亿元，折合黄金6亿两以上。这些资金，主要是国内自力更生积累起来的，外援只占很小比例。“一五”时期，中国国外的借款收入共36.35亿元，仅占财政总收入的2.7%。可见自力更生的财政资金是国家工业化资金的主要来源。

依靠自力更生，利用财政积累工业化资金，当时并没有增加人民的负担，这主要体现在三个方面：首先，看财政积累的增长是否超过生产发展和国民收入的增长。“一五”期间，工农业总产值由1952年的827亿元增加到1957年的1388亿元，增长了67.8%；同期国民收入增长了53%（均按可比价格计算），财政收入增长了74.3%。由此可见，财政收入和工农业总产值的增长基本一致，比国民收入的增长虽然稍快一些，这是由于财政收入是按当年价格计算的，增长速度要稍大一些。其次，看农民的财政负担。“一五”期间向农民征收的农业税和农村其他税收，只占财政收入的9.8%。1952—1957年，农业生产总值增长了24.8%，而农业税总额却一直稳定在30亿元左右。农民的整体负担（包括农业税、地方附加和农村其他税收）占农业总产值的比重由1952年的7.1%下降到1957年的6.4%，因此农民的负担不但没有加重，而且相对减轻了①。最后，看物价影响。总的来看，这一时期中国零售物价指数是稳定的，农产品的收购价格还有些提高。这样，由于工农业产品价格差异的缩小，农民从价格方面得到了不少好处。职工的年平均工资也由1952年的446元提高到1957年的637元。由于城乡居民生活的逐步改善，他们的储蓄存款1957年也比1952年增长了2倍多。从以上三个方面不难看出，国家在依靠自力更生为工业化筹集资金的同时，没有加重人民的负担，这也从另一个角度阐释了共产党人以民为本的理财观。

为筹集资金进行社会经济建设，加快工业化和现代化的步伐，中国在从苏联引进资金、技术、设备的同时，从1954年开始还发行了国内公债——“国家经济建设公债”，以后又连续四年发行。1954—1957年计划每年发行6亿元，实际发行分别为8.36亿元、6.19亿元、6.07亿元和6.84亿元。1958年计划发行6.3亿元，实际发行7.98亿元。五期实际发行数共计35.44亿元，超过计划总额的16.96%，相当于同期国家预算支出总数862.24亿元的4.11%②。这五期国内公债，虽然数额不算很大，但这些债务收入主要被用于当时的国家重点经济建设，所以，它对“一五”时期以及以后建设事业所起的巨大作用，远远超过了这个单纯数字所能显示的作用。

---

① 陈如龙主编：《当代中国财政》（上），中国社会科学出版社1988年版，第120—121页。

② 财政部综合计划司编：《中国财政统计（1950—1985）》，中国财政经济出版社1987年版，第50、60页。

实践表明，共产党人在“一五”时期正确处理了经济与财政的关系，不仅推动了工业化的奠基和经济发展，也为财政的稳定发展奠定了基础。“一五”期间，中国国民经济全面高速增长，各种经济指标都发生着显著的变化。社会总产值1957年比1952年增长了70.9%，平均每年增长11.3%，工农业总产值增长了67.8%，年均增长10.9%。特别是工业总产值1957年比1952年增长了128.6%，年均增长18%，突出地反映了工业发展的速度。同时，工农业产量也刷新了以往的历史记录。尤其是钢的产量1957年比1952年增长296%，发电量增长了166%，生产资料增长了210%，是新中国经济建设中一个良好的开局。随着全国工业化的逐步实施，社会经济的不断发展，国家财政与解放初期相比发生了巨大变化。“一五”期间，财政总收入共计1354.88亿元，财政总支出共计1345.68亿元，收入大于支出9.2亿元①。这期间，除1956年由于处于社会主义改造高潮阶段支出较多稍有赤字外，其余年份均为结余年，总的来看财政收支是基本平衡的。

本篇小结

中国共产党成立后，在中华民族内忧外患的危亡之际，创建红色政权，扛起革命大旗，肩负起民族独立和人民解放的历史使命。在党的领导下，根据地财政坚持以保障革命战争为第一要务，以人民利益为根本出发点，以积极合理生财为核心任务，从而赢得了民心，完成了历史赋予的伟大使命，最终化解了民族危亡的风险，建立了新中国，而根据地财政积累的丰富经验和理财观也为新中国财政奠定了基石。

“明镜所以照形，古事所以知今。”历史不仅是一面镜子，让我们借古鉴今，更是一条缓缓流淌的长河，让我们知道今源于昨。西汉哲学家董仲舒曾引用古人之言曰：“不知来，视诸往。”意思是说，今天如何发展，明天走向何处，感觉到困惑和迷惘之时，有必要回头看看已经

① 财政部综合计划司编：《中国财政统计（1950—1991）》，科学出版社1992年版，第13页。

成为过往的昨天。习近平总书记在论述改革开放前后两个历史阶段的关系时曾说，不能用改革开放后的历史时期否定改革开放前的历史时期，新中国成立之后的前 30 年为改革开放 40 年的成就奠定了基础。同样道理，我们也不能否认革命时期根据地财政之于新中国建设财政的奠基之功。只有深刻理解了根据地财政的筚路蓝缕，才能懂得新中国财政的不懈探索，才能真正把握新中国财政 70 年的发展脉络。这是辩证唯物主义的态度，也是科学的历史观。

第　二　篇

高度集中体制下的财政变迁

新中国成立以后，中国面临一穷二白、百废待兴的形势，新生政权能否稳定成为主要风险。为了恢复生产、推动工业化，以苏联为榜样，中国逐步建立起高度集中的计划体制。但苏式计划经济并不适合中国，中国开始探索符合本国国情的社会主义建设道路，尤其是1956年毛泽东作了《论十大关系》报告之后，财政制度在探索中不断调整、变迁。与高度集中的体制相适应，这一阶段中国的财政体现了统收统支、城乡分治、财政体制收权与放权的循环、税制逐步走向极端简化等特征。“统收统支”是高度集中体制下财政的首要特征，这不仅与计划体制相适应，也是在资金匮乏、技术落后的条件下，集中资源进行国家建设的必然之举。“基于所有制的财政”是这一时期财政的一个显著特点。财政支持城市工业化的发展，呈现城乡分治的财政特征，财政支出主要用于城市建设和国营企业发展，而农村积累与农民福利主要是由农村内部解决。为了支持工业化，实行财政集中，建立了适应国家集中财力的财政管理体制，此后，根据计划经济体制的建立和调整，中国财政体制进入了收权与放权的循环。从税制建设上来看，这一时期的税制建设受苏联“非税论”的影响，税收的功能被严重限制，税制逐步走向极端简化。“综合平衡”是计划体制下中国经济管理理论的创新，对于国民经济健康运转发挥了重要作用。

第四章
统收统支的财政

“统收统支”是高度集中体制下财政的首要特征。实行统收统支的财政，不仅是新中国建立之初，应对执政考验，争取财政经济状况根本好转的需要，也是计划体制下，集中资源进行国家建设的必然之举。新中国成立之后的财政重建，以及统一国家财政经济工作，初步建立了统收统支的财政。此后，“统收统支”一直成为贯穿整个计划经济时期财政的基本特征。

一、执政面临巨大考验

1949 年 10 月 1 日，中华人民共和国成立，中国历史进入了新纪元。虽然中国人民在政治、军事战线上取得了巨大的胜利，但是在财政经济战线上却面临着严重的困难和严峻的形势，国家饱受战争创伤，财政经济极为困难，新生人民政权受到严重威胁，执政面临巨大考验。

一穷二白、百废待兴

新中国成立之初，国民党政权留下的是一个民不聊生、百业凋敝、千疮百孔的经济烂摊子，工农业生产、交通运输、贸易和投资都遭受严重破坏，通货膨胀严峻，人民生活困苦。毛泽东曾形象地将这种情况描述为“一穷二白”——“我曾经说过，我们一为‘穷’，二为‘白’。‘穷’，就是没有多少工业，农业也不发达。‘白’，就是一张白纸，文化水平、科学水平都不高。”①

首先，工农业生产遭受严重破坏。解放前，中国还是一个贫穷落后的农业大国，经济水平不仅远远落后于欧美国家，就是与许多亚洲国家相比也有一定的差距。1949 年，人均国民收入不到 30 美元，相当于亚洲国家平均值的 2/3。工业基础非常薄弱，基本上没有像样的制造业，工业商品大都是“舶来品”。连年的战争，基本摧毁了本来就比较薄弱的工业，许多工厂成为一堆废墟，无法进行正常生产，大批工人失业，工业产值严重萎缩，通货膨胀，物价飞涨，人民生活遇到极大的困难。1949 年发电量仅为 1941 年（59. 5 亿度）的 70%，生铁为 1943 年产量（180 万吨）的 14%，钢为 1943 年产量（92 万吨）的 17%，原煤为 1942 年产量（6187. 5 万吨）的 50%，棉纱、棉布分别为 1936 年产量（244. 7 万件、4500. 8 万匹）的 74% 和 47%②。

农业生产破坏也非常严重，农田水利设施年久失修，大量河堤被毁，农业生产力相当落后。与抗战前的 1936 年相比，1949 年全国牲畜比战前减少了 26%，主要农具减少了 30%。粮食作物总产量由 1936 年的 15000 万吨下降至 1949 年的 11218 万吨，棉花产量由 1936 年的 84. 9 万吨下降至 1949 年的 44. 4 万吨，油料产量由 1933 年和 1934 年的 507. 8 万吨下降至 1949 年的 256. 4 万吨③。1949 年，全国被淹耕地达 1. 22 亿亩，灾民 4000 万人，减产粮食 100 亿斤以上，人们生活困苦不堪。

---

① 毛泽东：《论十大关系》，《毛泽东文集》第七卷，人民出版社 1999 年版，第 43—44 页。
② 陈光焱：《中国财政通史（第十卷）·中华人民共和国财政史》上，湖南人民出版社 2013 年版，第 23 页。
③ 谢旭人：《中国财政 60 年》上卷，经济科学出版社 2009 年版，第 46 页。

其次，基础设施破坏严重，交通运输能力大幅下降。战争给交通运输、通讯等基础设施造成了严重的破坏，交通运输能力非常弱。上万公里的铁路线路、3200 多座桥梁和 200 多条隧道（总长 40 多公里）遭到严重破坏。津浦、京汉、粤汉、陇海、浙赣等主要干线没有一条能全线通车，机车则有 1/3 因破损无法行驶；尽管已经抢修了 26284 公里的公路，但是到 1949 年年底能通车的仍不足原有线路的 80%。在海运和空运方面，无论是机器和运输设备，还是相关的技术人才，都非常匮乏，运输能力微乎其微。例如，华北海轮全被国民党劫走，上海留下可行驶的轮船的吨位只有 14.5 万吨①。

此外，内外贸易受阻，无法满足人们的生产生活需要。由于国内交通运输基本处于瘫痪状态，交通运输能力大幅下降，1949 年全国机械化运输的货物周转量只有 229.6 亿吨/公里，仅及战前最高水平 1936 年的 42.7%，从而导致物资运输、周转不畅通，造成了严重的物资短缺、通货膨胀，严重影响了人们的生活水平。例如，1949 年人民政府接管上海时，上海的粮食、煤炭等基本生活品的供应已难以为继，私营纱厂的存棉只能满足一个月的生产量。

新生人民政权受到严重威胁

虽然革命战争已经取得决定性胜利，中华人民共和国宣告成立，但新生人民政权受到严重威胁。新生政权能否稳固，成为新中国成立后的首要风险。

从军事上来看，人民解放战争还没有完全结束。100 多万残余的国民党军队还盘踞在西南、华南数省和台湾、海南岛等岛屿，负隅顽抗，妄图伺机反扑。在新解放地区，国民党溃逃时有计划地留下了数以百万计的土匪、特务，与人民政权对抗，他们的破坏活动十分猖獗，严重危及社会秩序和新政权的稳定。在海上，残余的国民党军队在海上设兵舰

① 谢旭人：《中国财政 60 年》上卷，经济科学出版社 2009 年版，第 47 页。

和据点，封锁各海口，扼制海上交通线，阻扰航行、掠夺物资、炸沉船舶，并对上海等大城市进行了持续轰炸，破坏新中国的经济恢复和建设。例如，1950年2月6日对上海发电厂的轰炸，使整个上海电力供应陷于瘫痪，原本就举步维艰的上海工业雪上加霜，许多工厂停产甚至倒闭。国民党的这些海上封锁和空中轰炸，对新中国的经济恢复工作造成了严重破坏。

从经济上看，在工农业生产遭受战争严重破坏的情况下，由于内外贸易受阻、资质匮乏，引发了通货膨胀，一些不良商人哄抬物价、囤积居奇，造成了市场的混乱，也给新生人民政权的稳定带来严重影响。例如，1949年7月，上海解放后，投机资本利用国民党残兵对新中国政权封锁、破坏和一些地区发生的自然灾害，操纵市场，以米价带头，纱布跟进，带动物价全面上涨。从6月27日起到7月30日止，上海物价共波动33天，批发物价指数7月比6月上升了153.6%，而粮价更是上涨了4倍多①。再如，从1949年10月中旬开始，北京奸商先以粮价带头，接着上海投机资本以纱布、五金带头，带动全国物价上涨。资本投机、通货膨胀，破坏了国民经济的正常运转，威胁着广大人民群众的生活，使整个经济形势趋于恶化。

此外，新解放区的土地改革还没有完成，封建半封建的土地所有制还严重束缚着农业生产力的发展。总之，新生人民政权能不能稳固，能否把生产恢复起来、把经济形势稳定下来，使我们的党和政府真正在政治上经济上站住脚，成为一个严峻的考验。

国际环境的封闭与“一边倒”

新中国的诞生，打破了帝国主义在东方划定的势力范围，以美国、英国为首的西方资本主义国家企图通过实行强硬的对华政策，即政治上孤立、经济上封锁、军事上威胁的政策，从根本上搞垮新中国，从而使

① 赵德馨主编：《中华人民共和国经济史》，河南人民出版社1989年版，第75页。

新生人民政权面临严峻的国际环境。

在政治上，美国拒绝承认并竭力阻挠其他国家承认新中国，阻挠恢复中华人民共和国在联合国的合法席位，对新中国实行政治孤立。在经济上，美国为首的西方资本主义国家对中国实行封锁和禁运，大量的物资和资金被冻结、扣留，尤其是朝鲜战争爆发之后，美国对中国的封锁禁运逐步升级。在军事上，美国等西方国家在支持国民党残余军队进行破坏和封锁之外，1950 年 6 月，美国公然出兵朝鲜，并在包围封锁中国的形势下进一步威胁中国东北地区。

能不能冲破以美国为首的帝国主义国家的政治孤立和经济封锁，创造有利于建设国家的外部环境，这是又一个严峻考验。为彻底摧毁帝国主义对中国的控制，打破政治孤立和经济封锁，1949 年春夏，毛泽东综合判断复杂的国际关系和世界发展大势，在新中国成立前夕先后提出"另起炉灶"、"打扫干净屋子再请客" 和"一边倒"的三大外交方针。"另起炉灶"，就是同旧中国的屈辱外交彻底决裂，在新的基础上同世界各国建立新的外交关系，不承认旧中国同其他国家建立的外交关系。"打扫干净屋子再请客"，就是要在彻底清除旧中国遗留下来的帝国主义在华特权和残余势力之后，再请客人进来，以免敌对者"钻进来"捣乱。"一边倒"，即倒向社会主义一边。三大外交方针，为确定新中国的外交原则提供了战略指导，不仅使我国赢得了国家独立，彻底摆脱了半殖民地的屈辱地位，扩大了国际影响，而且巩固了新生政权，保障了国家安全，打破了帝国主义的政治孤立和经济封锁。

财政极为困难

由于久经战争，新中国成立后国库羸弱，面临着军费、行政费开支庞大、财政收入增加缓慢、财政收支脱节、财政赤字过大等一系列财政经济困难。

其一，军费、行政费开支庞大。由于当时解放战争并没有结束，各地土匪猖獗，为了解放全中国，巩固新生政权，人民政府必须支付巨大的军费。1949年军费开支占财政收入的50%以上，1950年仍占41.1%。随着解放区的扩大，国家行政管理机构随之增加。尤其是为了稳定社会秩序，促进企业生产和机关业务的迅速恢复与正常进行，人民政府对愿意为人民工作的旧军政人员采取“包下来”的政策，即毛泽东所讲的“三个人的饭五个人吃”。到1950年3月，连同老解放区在内，全国脱产的军政公教人员数量高达900万人。这在财政上无疑是个沉重的负担，为此大约每年要多付出相当于600万吨小米的开支，相当于1949年国家财政收入的39.6%①。

其二，财政收入增长缓慢，财政收支矛盾尖锐，财政赤字过大。新中国成立之后，财政收支矛盾非常尖锐。一方面，军费、行政费开支庞大，以及经济恢复需要巨额资金，使财政支出急剧增加。为修复基础设施，恢复工业、农业与交通运输事业，需要巨额投资。据不完全统计，1949年各解放区在工业上的投资约合细粮350万吨，交通事业的投资约合细粮150万吨。在1950年的预算中，用于经济建设的支出已达到概算支出的23.9%。此外，救灾、失业救济也需要庞大的财政资金予以支持和保障。另一方面，财政收入受多种因素影响，增长缓慢，远远满足不了支出的需要。其因素主要表现在：由于受战争的创伤，国民经济遭到严重破坏，工农业生产还未完全恢复正常生产，因而财源受到极大影响和破坏；解放战争虽然进展迅速，但税收制度来不及建立，致使征粮征税征得少、征得慢，并且由于经验不足，影响了税收的征收。此外，由于交通尚未完全恢复，土匪也未肃清，城乡物资交流不畅难以一时改变，导致城市税源不旺，影响了财政收入的增长。由于财政收支矛盾尖锐，出现了较大的财政赤字。例如，1949年财政收入只有303亿斤小米，赤字却达264亿斤小米②。由于当时弥补财政赤字没有别的办法，只有靠发行通货，加上投机资本从中兴风作浪，导致通货膨胀，物价急剧上涨。

---

① 谢旭人：《中国财政60年》上卷，经济科学出版社2009年版，第50页。

② 陈如龙主编：《当代中国财政》（上），中国社会科学出版社1988年版，第35页。

其三，财政收支脱节，财力分散。随着解放事业的不断推进，军队向新解放区挺进，原有的由各自根据地支援部队的做法已经无法实行，保证军队供给必须由中央来统一调度。但是，由于各地财政和经济工作存在征收制度和管理上的不统一，财政收支脱节较为严重，使中央不可能灵活调动现金和物资，尤其是税制的不统一，不仅与经济发展的形势不相适应，制约着财政收入规模的扩大，而且不利于平衡财政收支，不利于中央集中财力、统一调度。

总之，新中国成立之初，财政经济极为困难，执政面临巨大考验。正是在这种情况下，我们党和政府毅然肩负起恢复国民经济、争取财政经济状况根本好转的重任，实现财政重建，建立新的财政制度，集中财力搞好国家建设。

二、财政重建

面对当时的财政经济困难和严峻挑战，党和政府发动了著名的“银元之战”和“粮棉之战”两大战役，采取了一系列的行政和经济措施，沉重打击了投机资本，掌握市场领导权，稳定了金融和物价。与此同时，为了巩固新生政权，恢复生产，新中国实行财政重建，组建财经管理机构，编制第一本国家预算概算，统一全国税政，国民经济走上了正常运行的轨道，从而实现了国民经济的尽快恢复和人民政权的巩固，也为随后的经济发展和社会主义改造提供了条件。

组建财经管理机构

早在革命战争时期，我们党就重视培养干部和组织机构建设，尤其是随着解放战争的节节胜利，我们党开始培养财经干部，着手统一、组建解放区的财经管理机构，并积累管理经验，为建立新中国统一财政工作做准备。

1947年，华北、华东、西北三大解放区逐渐连成一片，统一协调管理成为现实需要。为了改变各解放区各自为政、相互分割的局面，1947年3月，成立了华北财经办事处，由董必武领导，负责统一协调华北、华东、西北各解放区的财经工作。1948年7月，中央决定撤销华北财经办事处，成立中央财政经济部，董必武任部长，在更大范围、更高层次上统一领导各大解放区的财政经济工作。1948年9月26日，华北人民政府正式成立，同时撤销了晋察冀边区行政委员会和晋冀鲁豫边区行政委员会。华北人民政府设立了秘书厅、民政部、财政部、教育部、工商部、农业部、中国人民银行等正规化的政府机构。此后，新中国的中央人民政府就是在这个基础上组建起来的。

专栏2-1：

中央财政经济委员会的成立

1949年3月，为了进一步推进全国财经工作的统一，中共中央召开七届二中全会决定建立全国财经工作的统一指挥机构——中央财政经济委员会。同年5月31日，中共中央发出由刘少奇起草、毛泽东审定的《关于建立中央财政经济机构大纲（草案）》，提出成立中央财政经济委员会及下属机构。这一大纲虽然强调集中统一，但在设计财经机构时，考虑“需要”与“可能”，由于当时仍是军事时期，中国地方又太大，交通不便，需要地方机构与中央配合，仍把地方经济放在必要的地位，建立大区、省、大中城市财政经济委员会。7月12日，由中共中央财政经济部与华北财政经济委员会合并组成中央财政经济委员会，陈云任主任，薄一波、马寅初任副主任，薛暮桥任秘书长。

新中国成立后，10月21日，根据中央人民政府组织法，该委员会正式称为中央人民政府政务院财政经济委员会，仍简称中财委，作为政务院所属行政机构，统一领导全国财政经济工作。中财委包括两个部分：一是财政经济委员会，由53人组成，包括党的高级经济管理干部、中央人民政府经济部门高级干部、工商企业家和著名经济学家，通过讨论决定重大经济问题。二是日常办事机构，在中财委主任、副主任的领导下，处理日常事务。日常办事机构包括：财经计划局、技术管理局、财经统计局、私营企业管理局、外资企业管理局、合作事业管理局、财贸人事局、编译室等。在中财委之下，设立了财政部、贸易部、重工业部、燃料工业部、纺织工业部、食品工业部、轻工业部、铁道部、邮电部、交通部、农业部、林垦部、水利部、劳动部、中国人民银行、海关总署。

（根据有关资料整理）

中央人民政府财政部在华北人民政府财政部的基础上正式成立。当时设立的主要机构有：秘书室、人事室、机要室、总务科、研究室、第一处、第二处、第三处、第四处、第五处、北京市供应局、华北税务总局、酒业专卖公司、长芦盐务管理局、北京物资清理处、天津物资清理处和中央税务学校。1950 年元旦，在原华北税务总局的基础上成立中华人民共和国财政部税务总局。税务机关的组织结构是：大行政区设税务管理局；省、直辖市设税务局；专区及省辖市设税务局；县、旗、市、镇分别设税务局和税务所等六级税务机构，均受中央人民政府财政部领导，总局以次各级局、所，除受其直属上级税务机关的领导外，大行政区税务管理局受同级财政部门的领导。当年 1 月底，又成立了财政部盐务总局。

1950 年 11 月 15 日，财政部发布《中央人民政府设置财政检查机构的办法》，设置各级财政检查机构。中央人民政府财政部设财政检查司，各大行政区财政部设财政检查处，各省市财政厅、局设财政检查处或科，各专署及省属市财政局、科设财政检查科或股，各县设财政检查员。财政检查司主持全国财政检查事宜。至此，中央财经管理机构有了一个相对完整的组织框架，为之后中国的财经管理工作奠定了组织基础。

编制新中国第一部概算

预算是国家基本的财政收支计划。在新中国成立之前，各解放区和根据地曾就各自所辖地区的情况自行编制过财政收支计划，由于全国还没有解放，因此也不可能编制全国统一的财政预算。在全国革命胜利即将到来之时，编制统一的国家财政预算，已经成为保障新中国经济社会发展的必然需要。1949年8月，受党中央委托，负责财经工作的陈云依据天津市的税收情况，按解放区4.45亿人口的规模，曾提出了1950年全国财政收支计划的初步设想，为编制新中国第一部概算积累了经验。

新中国成立之后，依据《中国人民政治协商会议共同纲领》第四十条中“建立国家预决算制度，划分中央和地方的财政范围，逐步平衡财政收支，积累国家生产资金”的规定，即着手编制1950年全国的财政收支概算。1949年12月2日，在中央人民政府委员会第四次会议上，时任财政部部长薄一波作了《关于一九五零年度全国财政收支概算草案编成的报告》，中央人民政府批准了这个概算草案。虽然这一概算草案是根据不完全的材料加上经验推算估计所编成的，它只能画出一个轮廓、一个基本方向出来，但它是新中国的第一部概算，对于保障革命胜利、巩固新生政权、促进经济社会发展发挥了重要作用。值得一提的是，在这次会议上，毛泽东在谈到预算问题时指出：“国家的预算是一个重大的问题，里面反映着整个国家的政策，因为它规定政府活动的范围和方向。”①

这部概算的基本精神是：保证战争胜利，逐步恢复生产。编制的基本原则是：量出为入与量入为出兼顾，取之合理，用之得当。在这部概算中，收入项主要有：公粮收入占41.4%，各项税收占38.9%，企业收入占17.1%，清理仓库收入占2.4%，其他收入占0.2%。在支出项

① 毛泽东：《有困难，有办法，有希望》，《毛泽东文集》第六卷，人民出版社1999年版，第24页。

中，军费占支出概算的 38.8%，是草案中所占百分比最大的一项，所以这个概算草案基本上仍然是以保证战争胜利为主要任务；行政费占 21.4%，其中主要的项目是公教人员的生活费和公杂费，1950 年度全国估计需养活军政公教脱离生产人员九百万人，约占全国人口的 2%；经济建设的投资占支出概算的 23.9%，百分比不算很大，但在战争时期能有这样百分比，也算不错了；文教卫生费用占支出概算的 4.1%。这部概算，收入总额仅合支出总额的 81.3%，其余的 18.7% 则是赤字即亏欠。解决赤字的办法有两个：一个是依靠银行透支，即发行货币，解决赤字的 61.6%；另一个是依靠发行公债，解决赤字的 38.4%①。

这部概算，体现了人民政府的大政方针，总的方向是开源节流。开源主要依靠人民，坚持“取之合理”。首先，继续要求农民担负。在概算中，公粮收入仍占第一位，全国农民平均负担占其农业总收入的 19% 左右，而老解放区则占其农业总收入的 21%。为了胜利与恢复经济，农民负担一时无法减轻。同时，要求工商业者担负。各项税收是收入的第二位。按抗战前各种材料统计，税收的比例数还应该增大，但由于各大城市解放不久，经济尚未完全恢复，加上征收工作人员数量少、经验差，一时还做不到。税收中有不少部分如盐税、关税、货物税、交易税、屠宰税等，基本上是由消费者负担的，其中主要还是农民。在节流方面，主要依靠支出的节约。不仅要求所有公营企业经营人员精打细算，实行成本会计与经济核算制，把企业办好，减少浪费，而且要求军政公教人员认识胜利中的困难，节约支出，保证不突破支出概算。

在做好税收征收工作的同时，我国还采取了发行公债的办法，弥补财政收支概算中的一部分赤字。同样是在中央人民政府委员会第四次会议上，陈云提出了发行人民胜利折实公债的议案，会议正式通过了《关于发行人民胜利折实公债的决定》，决定在 1950 年内发行两期公债，每期发行一亿分，以实物计算，年息五厘，分五年还清。当前 12 月 26

① 陈如龙主编：《当代中国财政》（上），中国社会科学出版社 1988 年版，第 39 页。

日，正式颁布《1950年第一期人民胜利折实公债条例》，第一期公债发行额为1亿分，并按大行政区城市的多少、大小，人口的多少及政治经济情况，分配推销任务。这次公债发现的一个突出特点就是购买与偿还都是以“分”为单位，均折实物计算。每分以上海、天津、汉口、广州、重庆和西安六大城市的大米（天津为小米）6市斤、面粉1.5市斤、白细布4市尺和煤炭16市斤的平均批发价的总和计算①。之所以采取折实发行的办法，一方面，在物价波动较大的情况下，人民政府为了保证购买者的利益；另一方面，也便于推销。这次发行公债，符合人民群众的利益，因而得到广泛支持，保证了第一期公债发行额的超额完成，达到了原定两期发行总额的70.4%。后因国家财政状况已基本好转，第二期公债未再发行。这次公债发行数量虽然不大，但对弥补财政赤字，回笼货币，调节现金，稳定金融物价等，都起了很好的作用。

由于这部概算是根据不完全的材料加上经验推算编制的，因而并不是完全准确，只是一个大致的基本方向。为了便于概算的执行，我国分别在在1950年6月、8月和年底对其做了三次调整。此后，在总结经验的基础上，政务院对预决算的编制时间和程序、编报预算的具体方法作了规定和要求。1950年12月1日，政务院颁布了《关于预决算制度、预算审核、投资的施工计划和货币管理的决定》，决定实行预算审核制度和决算制度。1951年7月20日，政务院又发布了《预算决算暂行条例》，这是新中国成立以来第一个预算方面的正式法规。至此，新中国的预算制度初步建立起来。

制定新中国税收法规

新中国成立之初，全国的税收制度不统一。新解放区大都暂时沿用国民党政府时期“多如牛毛”的旧税制，老解放区实行的是以比例税制为特征的农业税法，并且征收方法也有区别。税制的不统一，不仅与

---

① 陈如龙主编：《当代中国财政》（上），中国社会科学出版社1988年版，第42页。

经济发展的形势不相适应，制约着经济活动和财政收入规模的扩大，不利于加强税收管理，而且不利于集中力量进行新中国建设。随着组建财经管理机构、编制财政收支概算等工作有序推进，统一税收法规显得迫切而重要。

《中国人民政治协商会议共同纲领》明确提出："国家的税收政策，应以保障革命战争的供给、照顾生产的恢复和发展及国家建设的需要为原则，简化税制，实行合理负担。"这成为新中国税制建设的指导思想，是国家税收政策的基本方针。实际上，在 1949 年 8 月陈云主持召开的上海财经会议上，就具体讨论了统一货物税的问题。1949 年 11 月 20 日至 12 月 9 日，首届全国税务会议召开。中华人民共和国副主席朱德、政务院副总理兼中财委主任陈云、政务院中财委副主任兼财政部部长薄一波在会上作了报告。薄一波就统一全国的税法、税率、制度等诸多方面提出了原则和对策，指出税收工作要注意国家财政的需要，在确定税率的时候要注意奖励和限制政策，但又不是单纯地从增加收入出发，"要注意打击哪些、限制哪些、照顾哪些、发展与保护哪些，'公私兼顾、劳资两利、城乡互助、内外交流'的原则必须掌握住"。同时，要简化税制，实行合理负担，特别是在城市中应当保证一定的收入。首届全国税务会议的召开，对于加快推进新中国税制建设，统一全国税收，建立税务系统的组织机构，全面加强和提升税收工作，做出了历史性的贡献。

1950 年 1 月 30 日，政务院第三号通令颁布《关于统一全国税政的决定》，并附发了《全国税政实施要则》、《全国各级税务机关暂行组织规程》、《工商业税暂行条例》和《货物税暂行条例》四个文件。《全国税政实施要则》提出了统一全国税政，平衡城乡负担的必要性，指出对全国各地所实行的税政、税种、税目和税率极不一致的状况，应迅速加以整理，在短期内逐步实施，达到全国税政的统一。《全国税政实施要则》对于建设新税制，提出了统一规划，规定全国暂定统一征收 14 种中央及地方的税种，即：货物税、工商业税（包括座商、行商、摊贩之营业课税及所得课税）、盐税、关税、薪给报酬所得税、存款利息所得税、印花税、遗产税、交易税、屠宰税、房产税、地产税、特种消费行为税（筵席、娱乐、冷食、旅店）、使用牌照税。

《全国税政实施要则》规定了各级税收立法权限。其主要内容包括：凡有关全国性的税收条例法令，均由中央人民政府政务院统一制定颁布实施，各地区应切实遵照执行，如有意见可建议中央考虑，在中央未修改前，不得自行修改或变更；凡有关全国性之各种税收条例之施行细则，由中央税务机关统一制定，经财政部批准施行；各区税务管理局得根据中央颁布之税法章则精神制定稽征办法，经大行政区财政部批准施行；凡有关地方性税收之立法属于县范围者，得由县人民政府拟议报请省人民政府核转大行政区人民政府或军政委员会批准，并报中央备案，其属于省（市）范围者，得由省（市）人民政府拟议报请大行政区人民政府或军政委员会转中央批准。此外，还对纳税义务、有关税务机关的职权和任务以及税务机构的组织领导、工作制度等作了明确规定。

《全国各级税务机关暂行组织规程》对税务机关的设置做出了规定，即：中央财政部设税务总局；大行政区设税务管理局；省、直辖市设税务局；专区及省辖市设税务局；县、旗、市、镇分别设税务局和税务所等六级税务机构，均受中央财政部领导，总局以次各级局、所，除受其直属上级税务机关的领导外，大行政区税务管理局受同级财政部门的领导。此后，各地撤销了大区税务总局，组建大区管理局，大区管理局之下的各级税务机构也陆续整顿、改组和建立。截至1950年年底，在全国税务机构中，大区管理局6个，省（市）局55个，专区（市、盟）局和分局339个，县（市、镇、旗）局1973个，税务所（卡、站）及驻厂办事处11791个，总计14164个单位。

此后，新中国在税制建设方面不断推进，逐步完善工商税制以及相关的征收管理办法。例如，1950年4、5月间，财政部先后发布了印花税、利息所得税、特种消费行为税、使用牌照税、屠宰税、房产税、地产税等7种条例；1950年12月，政务院相继颁发了《印花税暂行条例》、《屠宰税暂行条例》和《利息所得税暂行条例》；1951年，政务院又公布了《特种消费行为税暂行条例》、《城市房地产税暂行条例》和《车船使用牌照税暂行条例》；财政部先后公布了《棉纱统销税征收办法》、《临时商业税稽征办法》、《摊贩业税稽征办法》和《合作社交纳工商业税暂行办法》。与此同时，新中国还建立了关税制度。1951年5月，政务院颁布了《中华人民共和国海关进出口税则》、《中华人民共和国海关进出口税则暂行实施条例》和《中华人民共和国暂行海关法》，建立了真正独立自主的新中国关税征收制度。在统一税法和税收组织机构的同时，新中国相应建立了计划、会计、统计、检查监督等各项管理制度，保障了税务工作基本制度的建立与贯彻，对于加强税收征管、增加税收收入提供了重要保证。

总之，《全国税政实施要则》和《全国各级税务机关暂行组织规程》的颁布，以及后续各种税收法规的出台，适应新形势下经济社会发展需要的税收制度日益健全和完善，结束了中国税政长期不统一的局面，为新中国的发展奠定了税制基础。

三、统收统支

为了克服财经困难，平衡财政收支，更为有效、灵活地调动并集中使用现金和物资，按照“先大公后小公”的原则，统一国家财政经济工作，实行统收统支。统收统支，不仅是实现财政重建、克服财政困难的需要，也是与计划体制相适应的制度安排，是集中财力进行工业化建设的必然要求。

统一全国编制与待遇

新中国成立之前，由于各个解放区处于被分割的状态，战时的财经工作都是分散的，各有货币，各管收支，存在管理上的不统一、收支机关脱节等严重混乱的现象。随着解放战争的胜利推进，解放区不断扩大，财经工作统一的范围和程度也随之增加。先是货币的统一，然后根据各解放区和根据地财经机关的要求，又陆续地统一了税则、税目、税率等，国营工厂的生产经营、物质调拨、原料采购、产品销售等都在一定程度上实现了统筹。但就财经工作的全局而言，基本上仍是分散经营的。随着形势的发展，统一财经工作显得重要而迫切。陈云、薄一波在1949年12月28日给华东财委的电报中指出："目前许多地区是新解放区，实行财政、税收、公粮、贸易及各主要经济部门管理的基本统一，在工作进度上是带跳跃性的，一定有许多困难。但从客观情况来看，如不作基本统一，则困难程度、危害之烈将更大。"①

1950年2月13日，中财委召开全国财经会议，针对一月份财政收入没有完成、支出超出概算的情况，认为财政困难的原因很大程度上是各地自收自用，财政、现金、物资管理制未建立以及收支不统一造成的。为此，这次会议主要讨论了统一财经、紧缩编制、现金管理、物资平衡四大问题，并作了具体部署。1950年3月3日，中央人民政府政务院第二十二次会议通过并颁布了《关于统一国家财政经济工作的决定》。同日，中共中央发出了《关于全党保证实现〈中央人民政府政务院关于统一国家财政经济工作的决定〉的通知》，拉开了统一财经工作的序幕。

统一全国编制与待遇，是统一财经工作的首要一环。1950年3月，中财委成立了以薄一波为主任、聂荣臻为副主任的全国编制委员会，各大区、省、市均分设编制委员会，制定并颁布各级军政人员、马匹、车辆等编制与供给标准。各机关不经批准不得自行增添人员，编外和编余人员由全国和各地编制委员会统一调配，建立了编制有定员、供给有标准、经费有定额的管理制度。

---

① 《陈云文选》(1949—1956年)，人民出版社1984年版，第48页。

统一全国财政收支管理

统一全国财政收支管理，包括统一财政收入和统一财政支出两个方面，其中重点在于统一财政收入。主要是公粮、城市税收以及国营企业利润。

公粮，是军需民食、国家机构运转的基本保障，也是国家回笼货币的主要手段。新中国成立之初，公粮主要掌握在省、市、县各级政府手里，收入的具体状况，中央无法及时掌握。统一财政收入，必然要求征收公粮的税则、税率以及征收任务由政务院统一作出规定或安排，即除5%—15%的地方附加粮外，所有公粮的征收、支出、调度，均统一于中央，并规定了严格的公粮入库制度、支付制度、保管制度和调度制度。各地附加征收的地方公粮的比例不能超过15%。所定比例，须报省审查后转报大行政区批准。超额完成任务之后，对超收部分实行“二八分成”，即20%上缴中央、80%留归地方。在新解放的农村，规定对不同的阶级实行不同的累进税制度。除地方附加粮之外，公粮全部归中央统一调度使用，并由中财委制定统一的使用、调拨计划。除人马口粮和集中起来的残废军人优待粮、救济粮、婴儿保育粮之外，各地不得不经批准以公粮拨作经费。财政部发出的调拨命令，各地必须执行，不得拒绝调运。

税收是除公粮之外的最为重要的财政收入。为了统一财政收入，中央统一制定税则、税目和税率，不经批准不得自行增减和变动。同时规定，所有关税、盐税、货物税、工商税的收入，均归中央人民政府财政部统一调度使用。为了统一国家财政收支，我国设立了中央金库。中央人民政府设立中央总金库，各大行政区设中央区金库，各省（市）设中央分金库，各县（市）设中央支金库，中央所属各级金库均由人民银行代理。所有税收款项均逐日入库，禁止延期缴库、挪借。超额完成税收任务，对超收部分实行“三七分成”，即30%上缴中央、70%留归地方。

除公粮、税收之外，所有中央政府或地方政府所经营的国营企业除需按时纳税外，并需将利润及基本折旧金的一部分，按企业隶属关系如期分别交中央或地方金库。上述各项财政收入，没有中央人民政府财政部的支拨命令，不得动支。统一财政收入，对于完成征收工作、调节市场供求、稳定物价、克服财经困难都起到了重要作用。

统一支出管理，主要是指在厉行节约的原则下，保证军队与地方人民政府的开支及恢复国家经济所必需的投资。1950年6月6日，毛泽东在《为争取国家财政经济状况的基本好转而斗争》一文中指出："要获得财政经济情况的根本好转，需要三个条件，即：（一）土地改革的完成；（二）现有工商业的合理调整；（三）国家机构所需经费的大量节减。"① 统一支出管理，是以厉行节约、提高财政资金使用效率为前提和基础的。为了控制支出，统一了全国编制与供给标准。除了国家机关和公立学校，所有国家工厂和企业，除规定的职工人数及生产产品的数量和质量外，必须实行原材料消耗的定额制度，消除囤积物资和材料的浪费行为。节省一切可能节省的开支，缓办应该缓办的事项。同时，严格执行预决算、审计会计制度和财政监察制度。所有各项费用，分别轻重缓急进行统筹安排，重点保证军队和各级政府的开支及恢复国民经济所必需的投资，以便集中财力用于保证军事上和经济上的重点需要。由于实行了一系列的统一、节约财政支出的措施，使行政费节俭了4.5%，对平衡财政收支起到重要作用。

总之，全国财政收支由中央统一调度，各项收入迅速增加，行政费用有所节减，赤字大为减少，全国的市场物价基本稳定，结束了国民党政府遗留下来的物价飞涨、市场混乱的局面。

统一全国物资调拨

统一全国的物资管理，要把国家的所有重要物资，如粮食、纱布、

---

① 《毛泽东文集》第六卷，人民出版社1999年版，第70页。

工业器材等，从分散的状态下集中起来，变为有效的力量，用于国家的急需方面。解放前，各地仓库中堆积着许多属于国家的物资和器材。解放后，为了能够迅速清理这些物资器材，合理地加以利用，有利于支持国家建设，防止物资浪费。为此，1950 年 3 月，成立了以陈云为主任、杨立三为副主任的全国仓库物资清理调配委员会，各大行政区、省、市、县、各后勤部，各工商企业及工厂，均分设仓库物资清理调配委员会。由仓库物资清理调配委员会负责全面清仓查库工作。所有仓库物资由政务院财政经济委员会统一调度、统筹安排。到 1950 年 6 月，基本查清了所有仓库存货。各工矿交通部门及其所属企业，除依照规定应保有之一定数量的固定资金及周转资金或物资器材外，其余不应保有之物资器材，均交政务院财政经济委员会调配。中央人民政府贸易部统一规定各地国营贸易机构的业务范围和统一负责物资的调配，而不受地方政府的干预，各地不能改变贸易部的业务计划，一切部队、机关不得自行经营商业。统一全国物资调拨，对于调节国内供求，有效使用各类物质，支持国家建设，发挥了重要作用。

统一全国现金管理

1950 年 3 月，政务院指定中国人民银行为国家现金调度的总机构。国家银行增设分支机构，代理国库。外汇牌价和外汇调度均由人民银行统一管理。各公营经济部门及各机关请求外汇，统由政务院财政经济委员会审核。私人请求外汇办法仍旧。一切军政机关和公营企业的现金，除留若干近期使用者外，一律存入国家银行，不得对私人放贷，不得存入私人行庄，违者处罚。国家银行应尽量吸收公私存款，但国家银行本身业务上使用这些存款的限度，亦不能超过政务院财政经济委员会的规定。统一全国现金管理，把所有分散在各企业、机关、部队的现金，统由中国人民银行管起来，集中调度，避免了通货过多的现象，增加了国家能够使用的现金。

统购统销

统购统销，即“计划收购、计划供应”的简称，是新中国成立之后应对资本投机、稳定物价、集中力量进行国家建设的必然选择，是防范重大风险的有效措施，并成为计划体制下配置资源的一个显著特征。

新中国成立之初，一些投机资本家乘新中国立足未稳之机，囤积居奇，哄抬物价，扰乱金融，多次制造涨价风潮。为了巩固新生的人民政权，平抑物价，安定人民的生活，我们的党和政府实施了一系列有利措施，打击了投机资本，掌握了财政经济工作的主动权，建立起了新的经济秩序。抗美援朝战争爆发后，新中国承担着巨大的军事、经济压力。随着军费突然增加，社会上“重物轻币”的心理重新抬头，市场供应紧张，本来已经降低了的物价又开始回升。为了应对这种状况，1950 年 11 月冻结部队、机关、团体的存款，冻结期为一个月，将这笔存款全部抵作 1951 年的预算拨款。同时，及时调整了货币信贷政策，采取控制现金、紧缩信用的紧急措施，从而缓解了物价上涨的压力。

虽然冻结存款解决了一些问题，但一些不法奸商囤积居奇，抢购货源紧缺的粮食和纱布，物价上涨的危险依然存在。为此，人民政府决定控制和集中主要物资，实行生活必需品的“票证”供给制。1951 年 1 月，中央人民政府政务院颁布了《关于统购棉纱的决定》，对棉纱棉布实行统购统销政策，规定“凡公私纱厂自纺部分的棉纱及自织的棉布，均由国营纱布公司统购”。在保证资本家取得部分利润的前提下，根据供销情况进行合理的统购与配售。这是“统购统销”的雏形。

真正的统购统销政策是从粮食的统购统销开始的。随着人民生活水平提高导致消费量增大，加上 1953 年前后的自然灾害、农民惜售、粮贩哄抬粮价，粮食供求状况很紧张。面对粮食短缺的尖锐矛盾，中财委开始提出了 8 种方案，最后选定统购统销的方案。“我下决心搞统购统销，钻了两个礼拜。那时候许多同志不赞成……到了十月一号，在天安门城楼上，我跟毛主席讲，不搞这个我们没有出路。”[①]“我现在是挑着一担‘炸药’，前面是‘黑色炸药’，后面是‘黄色炸药’。如果搞不到粮食，整个市场就要波动；如果采取征购办法，农民又可能反对。两个中间要选一个，都是危险家伙。”[②] 1953 年 10 月 2 日晚，毛泽东主持中央政治局扩大会议，听取了陈云的汇报，采纳了陈云的建议。10 月 16 日，中共中央政治局讨论通过了《中共中央关于粮食的计划收购与计划供应的决议》，以后政务院又发布了相关命令和执行办法。“计划收购”被简称为“统购”；“计划供应”被简称为“统销”。所有收购量和供应量，收购标准和供应标准，收购价格和供应价格等，都必须由中央统一规定或经中央批准。生产粮食的农民应按照国家规定的收购粮种、收购价格和计划收购的分配数量将余粮售给国家。农民在缴纳公粮和计划收购粮以外的余粮，可以自由存储和自由使用，可以继续售给国家粮食部门或合作社，或在国家设立的粮食市场进行交易。全社会所需要的粮食全由国家供应。

后来，统购统销的范围又继续扩大到棉花、纱布和食油，并对生猪、鸡蛋、糖料、桑丝、蚕茧、黄红麻、烤烟、水产品实行派购，品种多达一百多种。对这些产品农民都不能自由买卖。价格也由国家统一规定。与之相应，我国也进入了“票证社会”，凭票供给一些基本的生活资料。全国城乡居民所需要的粮食、布匹、食油、猪肉等生活资料全凭国家印发的票证供应，票证多达十几种，成了“第二货币”。

统购统销政策的出台是新中国经济史中最值得关注和影响较为深远的重大事件之 。这一政策，不仅是解决城市粮食问题的手段，对此后中国农产品的生产和流通体制造成深远影响，而且是计划经济体制的基础，并成为新中国成立初期计划经济体制确立的一个重要标志，并与中

① 中央文献研究室：《陈云传》（下），中央文献出版社 2005 年版，第 1618 页。
② 《陈云文选》第二卷，人民出版社 1995 年版，第 208 页。

国的工业化进程密切相关。这一政策，在实施之初对稳定粮价和保障供应起到积极作用，但后来逐渐僵化，阻碍了农业经济的发展。改革开放之后，随着价格改革，该项政策逐步被取消。到1984年年底，统购统销品种从1980年的183种减少38种，实行了32年的统购统销开始瓦解。1992年年底，全国844个县（市）放开了粮食价格，粮食市场形成，统购统销才真正退出了历史舞台。

第五章
基于所有制的财政

基于对“社会主义＝计划经济＋公有制”的传统认识，为了逐步实现社会主义工业化，中国通过“三大改造”，建立起以生产资料公有制为基础的社会主义经济制度，奠定了所有制财政的基础。为工业化积累建设资金，成为财政的一项重要而艰巨的工作，中国走出了独特的积累工业化建设资金之路。同时，财政在支持城市和农村上，存有明显的差别，财政支出主要用于城市建设和国营企业发展，呈现城乡分治的财政特征。

一、财政的所有制基础

恢复国民经济的任务完成以后，党中央提出了过渡时期的总路线。从1953年起，中国开始了大规模经济建设的第一个五年计划，着手逐步实现“三大改造”。运用各项财政、税收政策，促进国家对农业、手工业和资本主义工商业的社会主义改造，从而奠定了社会主义公有制的基础。

“一化三改”

1952年年底，经过统一财经、稳定金融物价、调整工商业、土地改革等工作，中国恢复国民经济的任务已经胜利完成，发展面临新的形势和新的问题。

从工农业发展水平来看，虽然当时的工农业生产已达到并超过了解放前的最高水平，但由于解放前的生产水平极端落后，工农业生产的水平仍然非常低，国民经济非常落后，国家仍然是一个贫穷落后的农业国。例如，1952年，全国钢产量只有135万吨，原煤0.66亿吨，原油44万吨，天然气0.08亿立方米①；汽车、拖拉机、飞机、重型和精密机器基本不能制造，工业产值占比很低。

从国内主要矛盾来看，新民主主义革命在全国胜利和土地制度改革在全国完成以后，国内的主要矛盾已经转变为工人阶级和资产阶级之间、社会主义道路和资本主义道路之间的矛盾。中国当时还是一个五种经济成分同时并存的过渡性社会。据统计，1952年社会主义和半社会主义性质的经济成分加起来在全部国民收入中所占的比重还不到1/4。虽然资本主义工商业的存在和一定的发展，具有积极的一面，但也必然会出现不利于国计民生甚至破坏计划经济建设的消极一面。新中国成立以后所进行的打击投机倒把、争取市场领导权的斗争，调整和改组私营工商业，以及部分商品的统购统销、加工订货、“五反”等，进行限制和反限制的斗争，为把资本主义工商业逐步引上社会主义改造的道路创造了条件。

从农村来看，虽然经过土地改革后广大农民的生活有所改善，但他们中间60%—70%的人生活仍然有困难，合作组织形式主要是互助组，初级合作社还为数极少。如何巩固土地改革的成果，防止重新发生借高利贷、典让和出卖土地，提升农业机械化水平，抗御自然灾害，大力发展农业生产，成为一项重要的任务。

新的形势和新的问题，需要提出新的任务和目标。我们在取得新民主主义革命的伟大胜利之后，必然要求建立社会主义，改变经济落后的状况，逐步实现社会主义工业化，由贫穷落后的农业国转变为富强先进

① 陈如龙主编：《当代中国财政》（上），中国社会科学出版社1988年版，第83页。

的社会主义工业国。党在过渡时期的总路线就是为适应这一社会历史发展的客观需要而提出来的。

专栏2－2：

党在过渡时期的总路线的提出

早在全国解放前夕，1949年3月党的七届二中全会就提出了未来国家建设的目标，即要使中国逐步地由农业国变为工业国，由新民主主义国家变为社会主义国家。1953年6月15日，毛泽东在中央政治局扩大会议上第一次对党在过渡时期的总路线和总任务的内容作了比较完整的表述。1953年9月25日，《人民日报》正式公布了由毛泽东提出的过渡时期的总路线。总路线内容是：要在一个相当长的历史时期内，基本上实现国家工业化和对农业、手工业、资本主义工商业的社会主义改造。这是国民经济发展的基本要求，又是实现三大改造的物质基础；而实现对农业、手工业和资本主义工商业社会主义改造又是实现国家工业化的必要条件。

1953年6月15日召开的中央政治局扩大会议对此作了较为完整的概括，即党在过渡时期的总路线和总任务，是要在十年到十五年或者更多一些时间内，基本上完成国家工业化和对农业、手工业、资本主义工商业的社会主义改造。

当年12月，党中央批准并转发了《为动员一切力量把中国建设成为一个伟大的社会主义国家而斗争——关于共产党在过渡时期总路线的学习和宣传提纲》，标志着总路线的最终形成。1954年2月党的七届四中全会通过决议，正式批准了过渡时期的总路线，并于同年9月载入第一部《中华人民共和国宪法》。

（根据有关资料整理）

党在过渡时期的总路线可简单概括为“一化三改”和“一体两翼”。“一化”，即逐步实现国家的社会主义工业化，这是主体；“三改”，即逐步实现对农业、手工业、资本主义工商业的社会主义改造，这是“两翼”。两者互相联系，互相促进，互相制约，体现了发展生产力和变革生产关系的有机统一。社会主义建设和生产资料所有制的社会主义改造同时并举，是这条总路线的基本特点。两者的同时并举保证了新民主主义向社会主义的顺利过渡。过渡时期的总路线的实质是解决所有制问题。“总路线也可以说就是解决所有制的问题。”① 一方面是社会主义公有制的扩大，即国营企业的新建、扩建；另一方面，是把个体小私有制改造成为社会主义集体所有制，把资本主义私有制改造成为社会主义全民所有制。

总之，党中央从中国的实际情况出发，提出了过渡时期的总路线和总任务，描绘了工业化的宏伟蓝图。过渡时期的总路线是党中央制定的指导全国人民全面开始从新民主主义向社会主义过渡的基本纲领和路线。贯彻过渡时期的总路线，支持“一化三改”，是各条战线的根本任务，也是财税工作的根本任务和重心。

支持公有制建立

适应“一五”计划发展的需要，国家运用财税政策和必要的财力支持，促进对农业、手工业和资本主义工商业的社会主义改造。“三大改造”的顺利完成，财政功不可没，奠定了社会主义公有制的基础。

我们首先来看财政支持农业合作化的情况。20世纪50年代初，中国广大农村分散的和落后的个体经济的存在，限制着农业生产力的发展，它与社会主义工业化之间日益暴露出很大的矛盾。这种落后的小规模农业生产，既不能满足广大农民群众改善生活的需要，也不能适应推动工业化的需要。因此，必须教育和促进农民走合作化的发展道路，对农业实行社会主义改造。1953年，中共中央发布了《关于发展农业生产合作社的决议》，要求采取说服、示范和国家支援的方法来使农民自愿联合起来。1955年10月，党的七届六中全会（扩大）通过了《关于

① 毛泽东：《关于农业互助合作的两次谈话》，《毛泽东文集》第六卷，人民出版社1999年版，第301页。

农业合作化问题的决议》，要求国家财政、经济各有关部门在财政和技术上对于农业合作化运动予以援助。根据这些精神，国家采取了一系列的财政措施积极促进农业合作化运动的发展。

运用税收政策，促进农业合作化发展。这首先表现在农业税的减免政策上。农业合作化初期，国家对新解放区的农业税仍实行累进税制，农业合作化高潮以后，实行累进税制已无必要，一律改为比例税制。实行了稳定农民负担的税收政策。政务院在《关于一九五三年农业税工作的指示》中正式宣布，从 1953 年起，三年内全国农业税的征收指标稳定在 1952 年的实际征收水平上，不再增加，税率按 1952 年的规定执行，以减轻农民的负担，巩固工农联盟。1956 年 9 月 12 日，中共中央、国务院在《关于加强农业生产合作社的生产领导和组织建设的指示》中进一步强调："农业税的征收，已确定去年的水平，不再增加，地方附加也不能增加太多。要使合作社收入的 60% 到 70% 分配给社员，一般应做到 90% 的社员都增加收入"①。此外，对农民兴修农田水利、改良耕地、开垦荒地等都给予一定的减免优惠。

与此同时，运用工商税收政策，促进农业合作化运动的发展。早在 1951 年 9 月 1 日，财政部发布的《临时商业税稽征办法》就明确规定，对农民、渔民、牧民、猎户自产货品持有当地乡（村）以上人民政府证明文件，可免纳临时商业税。随着过渡时期的总路线的贯彻执行，1954 年修正了临时商业税的稽征办法，对农民在一般县城及专辖市以下乡村、集镇销售自产品，无论是否达到起征点，一律免征临时商业税。1953 年 1 月 1 日发布的《关于税制若干修正》中规定，供销合作社营业税税率由原来的 2% 改为 2.5%，但实际上税负并未增加，因为把原来应纳的印花税、营业税附加合并到调整后的营业税税率中去了。调整后，供销合作社的税率仍低于国营和私营商业 3%—3.5% 的税率，体现了扶持供销合作社的政策精神。

---

① 谢旭人：《中国财政 60 年》上卷，经济科学出版社 2009 年版，第 101 页。

增加对农业的投资，发放低息农业贷款，巩固和发展农业生产合作社。为了加快农业发展，国家加大了对农业的财政投资，重点支持兴修农田水利、推广新式农具、扩大优良品种等。国家集中力量治理了水患严重的淮河水系、海河水系、黄河水系和长江水系等，对于防洪蓄水，减轻水旱灾害，促进农业生产的发展，都发挥了巨大的作用。同时，发放低息农业贷款，推动农业合作化。当时国家银行的农贷任务，主要是促进农业合作化，推动农业生产的发展。大量的农业贷款以及大幅度降低农业生产合作社贷款和设备贷款的利率，对于打击高利贷、发展农业生产和推动农业合作化，发挥了重要作用。此外，农业合作化由互助组向合作社发展时，针对有些缺乏牲畜、农具的贫民交纳入社股金有困难的情况，财政专门安排了贫民合作基金，解决了贫民入社的困难。

我们再来分析财政促进手工业的社会主义改造的情况。手工业在当时的国民经济中占有相当重要的地位，对于增加产品的花色品种，弥补大工业的不足，满足人民多种需要方面，起着重要的作用。但个体手工业的生产存在分散、落后、盲目、保守等问题，劳动生产率很低。因此，必须进行社会主义改造。

财政促进手工业的社会主义改造，主要体现在两个方面：其一，利用税收政策支持手工业合作社发展。一方面，根据实际情况照顾个体手工业者的生产生活；另一方面，通过税收监管，引导他们走合作化道路。对于组织起来的手工业合作社，根据不同的情况，在税收上给予各种优惠和照顾。例如，1955年10月财政部发布的《手工业合作组织交纳工商税暂行办法》中规定，对新成立的手工业生产合作社，自开工生产的月份起营业税减半交纳一年。对个别经营仍有困难的合作社，经县市人民委员会批准后，可在应纳营业税税额20%的范围内酌情再给予一定期间的减税优待。其二，给手工业合作社以直接的资金支持。毛泽东在《加快手工业的社会主义改造》一文中指出："国家调拨物资给合作社，要合理作价，不能按国家调拨价格作价。合作社和国家企业不一样，社会主义集体所有制和社会主义全民所有制有区别。合作社开始时期经济基础不大，需要国家帮助。国家将替换下来的旧机器和公私合营并厂后多余的机器、厂房，低价拨给合作社，很好。‘将欲取之，必先与之’。”[①] 在手工业合作化过程中，不仅财政拨给手工业系统各项基金和经费，而且人民银行对手工业合作组织也发放了大量的长短期低息贷款，仅 1956 年一年就有 3.8 亿元[②]。此外，国家在给手工业合作社调拨物资的作价上也给予了优待。

与此同时，财政积极支持资本主义工商业的改造。新中国成立后，我国确定了对民族资本主义工商业采取利用、限制和改造的政策。财政是贯彻利用、限制和改造资本主义工商业政策的一个重要武器。对民族资本主义工商业的社会主义改造，大体上分两个步骤进行：首先是从资本主义经济转变为国家资本主义经济，然后再从国家资本主义经济转变为社会主义经济。国家资本主义又分为初级形式的国家资本主义和高级形式的国家资本主义。财政在这个改造过程中起了有力的促进作用。

在初级形式的国家资本主义阶段，财政主要是促进资本主义工商业接受加工订货、经销代销。税收政策上，私营工商业接受国家的加工订货和经销代销与私营工商业相互之间的加工订货和经销代销有明显的不同。例如，接受国家加工订货和代购代销的私营工商业，工业可以按照所得的加工费、商业可以按照所得的手续费纳税，不按进销货行为纳税，而对私营工业企业之间的加工业务，则限制严格，双方必须先订立加工合同，否则就要视为双方的进销货行为征税。

在高级形式的国家资本主义阶段，国家利用财政政策促进资本主义工商业接受公私合营。公私合营是资本主义工商业进行社会主义改造的具有决定意义的形式。截至 1954 年年底，所实行的公私合营都是单个企业分别进行的（当时称之为“吃苹果”），所选择的企业一般都是发展有潜力、产品有市场的大型企业，加上国家又注入资金，因此这些企业合营后的劳动生产率和利润一般都明显高于合营前。国家对合营企业

---

① 《毛泽东文集》第七卷，人民出版社 1999 年版，第 12 页。

② 陈如龙主编：《当代中国财政》（上），中国社会科学出版社 1988 年版，第 102 页。

的利润，采取“四马分肥”办法，即将企业利润分成四个部分：一是依据税法规定缴纳给国家的所得税，占34.5%；二是作为企业的奖励基金，参照国营企业的有关规定和合营企业原来的福利情况适当提取，占15%；三是作为企业的公积金，占30%；四是其余部分作为股息红利，占20.5%。股息红利按公私股份的比例，在国家和资本家之间进行合理分配。公股分得的股息红利，依照规定上缴国家财政；私股分得的股息红利由股东自行分配。通过上述方法，国家财政的作用范围已经深入到合营企业的内部了，对资本主义工商业的社会主义改造起着显著的作用。

在资本主义工商业的社会主义改造进入全行业公私合营阶段后，资本家原来占有的生产资料归国家所有，由国家统一调配和使用，国家对许多企业实行合并和改组，就不可能再让每个企业各自进行盈利分配，因此必须改变原来的盈利分配办法。经过同资本家商量，资本家所得股息红利就由“四马分肥”办法改为实行统一分配盈利的定息制度。全行业公私合营和定息制度的实行，使企业的生产关系发生了根本的变化。企业的生产资料已全部由国家统一使用、管理和支配，资本家在企业中完全成为管理人员和技术人员，工人摆脱了雇佣劳动地位，成为企业的主人。这时的公私合营企业同国营企业已没有多少差别，基本成为社会主义经济了。

总之，通过运用各项财政、税收政策，国家促进对农业、手工业和资本主义工商业的社会主义改造。到1956年年底，中国基本上完成了“三大改造”任务，从而奠定了社会主义公有制的基础。

二、中国独特的工业化推进方式

“一五”计划初步确立了重工业优先发展的方针，开启了社会主义工业化的征程。实现工业化是一项极其艰巨复杂的任务，建设资金是前提和基本保障。由于新中国成立初期，资金严重缺乏，如何为工业化积累建设资金，成为财政的一项重要而艰巨的工作。中国采取计划配置资源的方式，走出了独特的积累工业化建设资金之路。

采取计划配置资源的方式

在新中国成立之后的国民经济恢复时期，我们曾采用市场的手段调节经济运行和配置资源，尤其是在新中国成立初期有名的“粮棉之战”中，面对投机资本哄抬物价、囤积居奇的情况，一方面敞开抛售紧俏物资，使暴涨的物价迅速下跌；另一方面收紧银根，征收税款，双管齐下，迅速平定涨价风潮，稳定了新生的人民政权。恢复国民经济的任务胜利完成之后，把中国建设成为一个富强的国家，改变工业的落后状况，实现工业化，成为主要任务。但在“一穷二白”、资本匮乏的情况下，靠市场自发的积累，很难快速实现工业化。只能集中资源，采取计划配置资源的方式，才能推动工业快速发展。然而进行全国范围的、有计划的、大规模经济建设，中国当时没有经验，并且我们在选择走社会主义道路之后，必然要向已经取得工业快速发展的社会主义国家——苏联学习。为此，中国以苏联为师，实行财政集中，逐步取消市场，采取计划配置资源的方式。

根据党在过渡时期总路线的精神，国家制定了从 1953 年到 1957 年的发展国民经济第一个五年计划。适应第一个五年计划发展的需要，财政面临重要而艰巨的任务。周恩来在 1953 年 8 月曾经指出①，中国过渡时期财政的任务，必须是合理地从增加生产、扩大物资交流方面培养财源、厉行节约，积累资金，保证国家重点建设，加强国防，不断提高劳动人民的物质和文化生活水平。

与计划配置资源的方式相适应，财政必须采取符合其配置方式的制

① 陈如龙主编：《当代中国财政》（上），中国社会科学出版社 1988 年版，第 88 页。

度安排。例如，预算编制、执行必须服从国家国民经济计划的需要，财政部门要根据国民经济计划中的生产指标、交通运输指标、商品流转指标和各项事业的发展计划进行逐项核算，既要考虑对各部门预算收支指标的核定，也考虑对各地区收支指标的核定然后提出预算方案。再如，统一管理国营企业财务，按照国家规定，年初编制企业生产财务计划，将一切收支统统纳入财务计划管理，并按照批准的计划上缴利润、税收、折旧等，同时依照计划按时下拨投资资金，弥补亏损，或者按计划用利润抵拨支出。各工业、交通、商业部的财务司（局）统一管理本部所属国营企业的财务会计工作，其财会业务归财政部领导。各部门汇总的国营企业财务收支计划和年终决算，按时报送财政部，由财政部审核汇总，将收支数字列入国家财政预算和决算，上报中央人民政府批准执行。

工农业产品价格“剪刀差”

“剪刀差”最初源于“超额税”，这一概念产生于20世纪20年代的苏联，后引入中国，用于描述通过工农业产品价格“剪刀差”的形式为工业化提供积累。工农业产品价格“剪刀差”，一般是指农产品以低于价值的价格，同价格高于价值的工业品相交换，从而形成了价格“剪刀差”。它的本质，是国民收入的一种再分配方式，通过这一形式将农业部门创造的部分国民收入转移到工业部门。

新中国成立初期，中国是一个由农业人口占绝大多数、以手工劳动为基础的农业国，工业基础非常薄弱，国家的财力来源主要是来自农业。为了尽快改变这种落后的状况，中国选择了优先发展重工业的经济发展战略。不过，与传统式的国家工业化相比，中国是在人均国民生产总值较低的基础上启动工业化进程。一般而言，其他国家的工业化大都是在人均国民生产总值200多美元才开始启动的，而中国则在人均国民生产总值仅有50多美元的情况下就已开始。资本积累则成为工业化需要解决的首要问题。

由于当时中国的经济结构基本上是以农业为主导，农业产值占比较高，这就决定了农业应承担起为工业化积累资金的主要任务。1953 年，中国农业净产值和农业劳动力在整个社会中所占的比重，分别为 70.6% 和 83.1%。因此，农业剩余成为工业化初始资本的重要来源。“为了完成国家工业化和农业技术改造所需要的大量资金，其中有一个相当大的部分是要从农业方面积累起来的。这除了直接的农业税以外，就是发展为农民所需要的大量生活资料的轻工业的生产，拿这些东西去同农民的商品粮食和轻工业原料相交换，既满足了农民和国家两方面的物资需要，又为国家积累了资金。”①

农业和农民如何为工业化积累资金呢？中国则是通过工农业产品价格“剪刀差”的形式来实现的，其关键在于实行农产品统购统销制度。国家对主要农产品实行统购统销，即通过国家制定的低价收购农产品政策，以价格差的形式，把一部分农业和农民创造的收入转化为工业化的积累资金。具体而言，一方面，对农民实行一手低价收购农产品、一手低价供应农用生产资料；另一方面，对城市居民则实行一手低价供应食品、一手采取低工资。通过较为平均的分配，不仅保证了全体居民的基本生活需要，而且抑制了农产品供求的剧烈波动对经济社会发展的影响。这样，通过农产品统购统销制度，把农业部门中无偿转移而来的农业收入，最终转化为工业生产的资本积累。与此同时，为了与这种农产品统购统销制度相适应，中国采取了政社合一的农村集体化制度，把农村各级经济组织变成各级行政机构的附属机构，实现了国家对农业生产的直接管理。由于在农村实行了集体化制度，为“剪刀差”方式得以顺利发挥作用提供了组织基础。

总体而言，农民除了缴“明税”（公粮）形式之外，还要以“剪刀差”的形式，上缴“暗税”，即农民为国家的作的贡献分为“明贡献”和“暗贡献”。有关研究表明，“以农业收入形式体现的农业的‘明贡

① 毛泽东：《关于农业合作化问题》，《毛泽东选集》第五卷，人民出版社 1977 年版，第 182—183 页。

献'和以剪刀差形式体现的'暗贡献'相比较，1952年'暗贡献'为全部贡献的38%，1962年'暗贡献'占到全部贡献的69%，1970年'暗贡献'比重上升到84%，1980年又上升到91%，1989年仍为84%。所以，从60年代以后，剪刀差就成为我国农业向国民经济做贡献的主要形式。"①

这种工农业产品价格"剪刀差"形式的工业资本积累为我国工业化的快速推进作出了巨大贡献。但对于以这种工农业产品价格"剪刀差"形式为工业积累了多少资金，不同的算法得出的结论并不一致。例如，据中共中央政策研究室、国务院发展研究中心的农业投入总课题组估计测算，在1950—1978年的29年中，政府通过工农业产品价格"剪刀差"大约取得了5100亿元收入，同期农业税收入为978亿元，财政支农支出1577亿元，政府提取农业剩余净额为4500亿元，平均每年从农业部门流出的资金净额达155亿元②。再如，有学者测算，"1953—1978年计划经济时期的25年间，工农业产品价格剪刀差总额估计在6000—8000亿元。而到改革开放前的1978年，国家工业固定资产总计不过9000多亿元。因此可以认为，中国的国家工业化的资本原始积累主要来源于农业。"③ 可以说，没有"剪刀差"和农民的贡献，就没有现代工业化基础的快速建立，也不会有"两弹一星"。

集中财力办大事

建立独立完整的工业体系，改变工业的落后状况，是过渡时期的总路线的主体和重心。早在1945年4月24日，毛泽东在延安召开的中共七大报告中明确指出："没有工业，便没有巩固的国防，便没有人民的福利，便没有国家的富强。"④ "一五"计划初步确立了重工业优先发展

---

① 赵苹：《"剪刀差"与农业的贡献》，《农业经济问题》1992年第2期。
② 农业投入总课题组：《农业保护：现状、依据和政策建议》，《中国社会科学》1990年第1期。
③ 温铁军：《中国农村基本经济制度研究》，中国经济出版社2000年版，第177页。
④ 毛泽东：《论联合政府》，《毛泽东选集》第三卷，人民出版社1991年版，第1080页。

的方针，开启了社会主义工业化的征程。1953 年成为中国工业化的起点。这一年，中国开始了第一个五年计划（以下简称“一五”计划）建设，其目的是建立比较完整的工业体系，打下工业化的基础。由于旧中国遗留下来的现代工业基本上是以轻工业为主的殖民地、半殖民地经济，重工业成为工业发展的瓶颈。因此，“一五”期间的资源配置主要倾向于工业，在工业中又明显投向重工业。

世界各国为工业化筹集资金有各种不同的途径，但作为社会主义国家，中国既不能依靠掠夺其他国家资源或出卖本国资源获取资金，也不能指望任何外力能够满足中国这样一个大国的工业化资金需要，因此，我们的立足点必须放在独立自主、自力更生的基点上。除了自力更生为主，还充分依靠人民，发行了公债，并向苏联等国借用了外债。在财政资金的使用和管理上，则是集中财力，重点保障发展工业的资金需要（见表 5－1）。

表 5－1　　“一五”时期国家财政收支情况　　单位：亿元

年份	财政总收入	财政总支出	结余
1953	222.86	220.12	+2.74
1954	262.37	246.32	+16.05
1955	272.03	219.29	+2.74
1956	287.43	305.74	－18.31
1957	310.19	304.21	+5.98

资料来源：财政部综合计划司编：《中国财政统计（1950—1991）》，科学出版社 1992 年版，第 13 页。

实践证明，集中财力办大事，重点保障发展工业的资金需要，这一做法是完全正确的，并取得了巨大成功。“一五”计划的基本任务之一就是集中主要力量进行以苏联帮助中国建设的 156 项为中心的、由限额以上的 694 个建设单位组成的工业建设，建立中国的社会主义工业化的初步基础。为了完成这个艰巨的任务，仅全民所有制基本建设投资就达 611.58 亿元，折合黄金 6 亿两以上。这些资金，主要是国内自力更生积累起来的，外援只占很小比例。“一五”时期，中国国外的借款收入共36.35亿元，仅占财政总收入的2.7%①。在整个“一五”期间，国家财政通过自力更生发展生产、厉行节约等措施，为工业化筹集建设资金达1241.75亿元，有力地保证了“一五”计划的胜利完成。“一五”计划的156个大型建设项目遍布国防工业、机械工业、电子工业、化学工业和能源工业等各个方面，搭起了中国整个工业化的骨架，我们打赢了“工业化奠基之役”。需要强调的是，利用财政积累工业化资金，并没有增加人民的负担，这在当时是了不起的成就。

改进企业奖励基金制度

除了财政投资、以工农业产品价格“剪刀差”等形式积累工业化资金外，工业本身的发展和企业自我积累，也是中国工业资本积累的重要途径。为了加快工业化资金积累，鼓励企业增加收入和节约支出的积极性，中国对企业实行了激励措施。

从1952年开始，对企业实行奖励基金制度，即企业创造的利润，可以提取一定的比例作为企业奖励基金，用于对先进职工的奖励和提高职工福利，其余部分全部上缴国家。凡是国家批准生产、销售、财务等项计划的企业，可以根据不同的行业，分别从计划利润中提取2.5%—5%、从超计划利润中提取12%—20%的企业奖励基金。为了防止企业差距过大、形成苦乐不均，还规定提取的最高限额不得超过全年基本工资总额的15%。后来，为了进一步处理好企业之间的分配关系，防止企业之间提取的奖金多寡悬殊，国家又调整了提取比例，即：完成国家下达计划的，可以从计划利润中提起2%—3.5%、从超计划利润中提取12%—20%的企业奖励基金，但工业企业提取的总额不得超过工资总额的4%—12%，商业企业不得超过工资总额的3%—6%。虽然奖励基金制度对于提升职工福利、调动职工积极性起到了一定作用，但由于企业财权仍相对过小，不利于充分发挥企业经营管理的积极性。

---

① 陈如龙主编：《当代中国财政》（上），中国社会科学出版社19988年版，第120页。

1956年，中国又实行新的超计划利润留成制度。国营企业超计划利润以主管部为单位，扣除应提的超计划企业奖励基金和基层企业社会主义竞赛奖金以后，40%留归各主管部使用，60%解缴国家金库。各主管部门可将超计划利润留成的一部分，分给基层企业使用，以进一步调动基层企业的积极性。“一五”时期共提取企业奖励基金和超计划利润留成21.4亿元，占同期企业收入的3.7%①。这一利润分配办法，对集中财力、增加企业积累，进行社会主义工业化建设，发挥了重要作用。

1957年11月，国务院发布《改进工业管理体制的规定》中，对企业利润分成作了新的规定。1958年5月，国务院又发布了《关于实行企业利润留成制度的几项规定》，决定自1958年起，在国营企业实行利润全额分成制度，企业留成比例由各个管理部门核定，即：按各部在“一五”期间领取的四项费用（技术措施费、新产品试制费、劳动保护费和零星固定资产购置费）和商业简易仓棚建筑费、提取的企业奖励基金和社会主义竞赛奖金、40%的超计划利润等占同一时期实现的利润总额的比例，即为主管部门利润留成比例。在此范围之内，由主管部门分别核定对所属企业的留成比例，各企业的留用利润在国家规定的范围内自行安排使用。1958—1961年，共提取企业利润留成资金146.7亿元。

1961年1月23日，中央批转财政部《关于调低企业利润留成比例，加强企业利润留成资金管理的报告》，决定调低企业利润留成比例。全国企业平均利润留成比例从1960年的13.2%降低到6.9%，调低了48%，并明确规定企业利润留成资金必须绝大部分用于“四项”费用，进行技术革新、技术革命和实行综合利用所需的支出，同时按照国家的规定安排奖金和职工福利开支。企业主管部门集中的留成资金，不得超过企业留成资金总额的20%，并且只能用于企业之间的调剂，不得用于其他开支。1962年1月，财政部和国家经委发布了《1962年国营企业提取企业奖金的临时办法》和《国营企业四项费用管理办法》，规定

① 陈如龙主编：《当代中国财政》（上），中国社会科学出版社1988年版，第132页。

自1962年起，除了商业部门仍实行利润留成办法外，其他部门的企业由利润留成改为提取企业奖金的办法；企业所需要的技术组织措施费、新产品试制费、劳动安全保护费、零星固定资产购置费等四项费用，改由国家拨款解决。

总之，中国通过实施企业利润留成制度，调动了企业积累工业化建设基金的积极性，有力地推动了中国的工业化发展。与此同时，在国家与企业关系上，中国还改进了企业财务管理制度，加强国营企业成本管理工作，要求企业认真编制和执行成本计划，开展全面经济核算，努力降低成本。

三、城乡分治与财政

新中国成立之后，中国把以农村为中心的财政迅速转变为以城市为中心的财政，把供给财政转变为建设财政。为了快速推动工业化建设，财政在支持城市和农村上存有明显的差别，财政支出主要用于城市建设和国营企业发展，而农村积累与农民福利主要是由农村内部解决，财政提供支持的力度非常小，呈现城乡分治的财政特征。

“政社合一”的人民公社体制

人民公社体制，是中国计划经济时期在农村实行的一项独特的政治制度。这一体制，为保证工业化资本积累顺利实施提供了组织保障形式，其产生有客观原因和历史背景。它由农业合作社发展而来，是实行统购统销、积累工业化资金的一种客观需要，为中国工业化建设作出了积极贡献。

陈云在《坚持和改进粮食的统购统销》中指出：“我们发展农业，大量增产粮食，主要是靠农业的合作社。就是说，应该积极而稳步地发展农业合作社，把一亿一千万农户组织到生产合作社里来。到那个时候，我们的粮食产量就会大大增加起来，向农业生产合作社进行统购统销的工作，也要容易得多，合理得多。”① 通过农业集体化运动而建立起来的农业合作社，虽然能使国家能够直接控制农业生产，为工业化积累提供了保障，并且降低了收购的成本，但它并不是最理想的保障统购统销的积累方式实施的组织形式，还不能完全适应统购统销工作的现实需要。合作社是农村的一种集体经济组织，并非行政组织，具有相对较大的独立性和自身的经济利益。以不平等交换为特征的统购统销制度会影响合作社的利益。因此，合作社与县、乡政权之间就会有难以弥合之处，甚至会发生矛盾和利益冲突。原来的基层政权与个体农民之间在实施统购统销中产生的矛盾，在合作化之后就转化为基层政权与合作社之间的矛盾了。如果这一矛盾不解决，就会影响统购统销的实施以及工业化资金的积累。解决这一矛盾的有效办法就是实行二者合为一，把作为农业集体经济组织的合作社与作为基层政权组织形式的乡（基层政权）合并。于是，一种政（乡）社合一的新体制——人民公社就应运而生了。1958 年 4 月在河南遂平诞生了第一个人民公社。同年 9 月中央正式公布《关于在农村建立人民公社问题的决议》。1962 年 9 月，中央出台了《农村人民公社工作条例修正草案》。

人民公社是政社合一的组织，是中国社会主义社会在农村中的基层单位，又是中国社会主义政权在农村中的基层单位，即人民公社既是农村生产组织单位，又是农村一级基层政权组织，实行“三级所有、队为基础”的管理体制。按照行政管理要求，一般以乡、行政村和自然村为单位，采用行政办法组建起来。全体农民都要加入人民公社，实行“自然就业制度”，到了一定的年龄自然成为社员参加工作，不论男女老少，不论干部和社员，一律同工同酬。人民公社集原来合作社和乡政府的职能于一身，兼具基层行政管理和社会生产管理的双重功能，不仅承担原

① 《陈云文选》（1949—1956 年），人民出版社 1984 年版，第 276 页。

来农业合作社组织农业生产的职能，而且还要负责原来乡政府的工作来管理全乡的政权建设、文化教育、农民福利、社会治安等事务。公社对基层乡村实行统一领导，分级管理。依照国家政策、规定进行经营管理。农产品生产严格执行国家计划，产品销售首先完成国家统购、派购任务。收益分配贯彻执行政府农村工作部门制订的分配政策。人民公社的基本核算单位是生产队。根据各地方不同的情况，人民公社的组织，可以是两级，即公社和生产队，也可以是三级，即公社、生产大队和生产队。人民公社的管理机关是各级管理委员会。在行政上，公社管理委员会，就是乡人民委员会（即乡人民政府），受县人民委员会（即县人民政府）和县人民委员会派出机关的领导。公社、生产大队和生产队的行政管理机构也接受党组织的领导。通过这样的制度安排，使农村公共资源由下向上集中，由行政向党组织集中，从而形成了“政社合一”和“高度集权”的管理体制。

人民公社这种“政社合一”和“高度集权”的基本特点，使原来合作社有利于统购统销的功能进一步得到发挥。人民公社实行政社合一之后，合作社原有的独立经济实体的性质不复存在。人民公社实质上成为各级行政机构的附属物，将原来的基层政权与合作社之间的矛盾有效化解。人民公社虽有自身的经济利益，但在这一体制下按照“小家顾大家”的理念，出现弱化，往往被放在次要位置上考虑。经济利益的弱化有利于以“剪刀差”的形式，低价收购农业领域生产出来的农产品，保证农业剩余转移到工业领域，支持工业化发展。在农业生产过程中，人民公社服从于上级行政机构的各项指示和计划，而不是根据自身利益和自身情况进行安排和调整。国家以指令性计划的形式向人民公社下达生产计划，由生产队具体组织社员以集体劳动的形式来统一实施。国家通过人民公社加强对农业生产的直接领导和指挥，既保证了工农业产品价格“剪刀差”机制的顺利执行，又使农民在缺乏价格刺激的情况下仍能投入到农产品的生产中去创造出农业剩余，维系农业的再生产。同时，通过严格的户籍制度、严格限制农民从事其他生产和流通活动以及

“三级管理”等措施，将农民严格地限制在各自所属生产队之内，实行农民行为活动的高度一致性，从而保证了农业剩余被抽走以后，农业生产仍能得以继续。

总之，“政社合一”的人民公社体制是服务于计划经济体制和工业化需要的一种制度安排，适应了国家优先发展重工业战略的需要，为中国工业化提供了大量的资金，但这一体制也存在诸多弊端，给农业发展和农民生活水平提高带来了一些负面影响。改革开放之后，这一体制已逐渐不适应经济社会发展的需要。1983 年 10 月 12 日，中共中央、国务院发出《关于实行政社分开建立乡政府的通知》，人民公社退出历史舞台。

农村积累与农民福利

中国农业的社会主义改造完成以后，逐步建立了“三级所有、队为基础”的人民公社体制。在这种“一大二公”、高度集中的人民公社体制下，农村积累机制发生了重大的变化。农村积累与农民福利主要是由农村内部解决，财政提供支持的力度非常小。

通过联合劳动和集体经济，农业合作化在一定程度上克服了分散的个体小农经济的局限性，提高了农业的劳动生产率，在解决了农民基本需求之后还有能力拿出一部分剩余产品用于扩大再生产。随着人民公社体制的建立，农村积累机制发生了重大的变化，从而形成了一种集中型的资金积累机制。农村各级集体经济组织是农业生产的直接组织者和实施者，也是农村社会产品分配的决定者，直接决定积累与消费的基本比例。农村社队将农村纯收入的一部分直接提留出来，由集体经济组织集中掌握和使用。除了用于社队公共福利事业的公益金、用于应付各种灾害和事故的储备资金等开支之外，提留出来的剩余的纯收入主要用于扩大再生产的积累资金。按照其性质、特点和用途，积累资金又可分为公积金和生产费基金。前者是用于生产性基本建设的资金，后者是为扩大再生产所准备的追加流动资金。《农村人民公社工作条例修正草案》中明确规定，生产队扣留的公积金的数量，一般地应该控制在可分配的总收入的百分之三到五以内。生产队兴办基本建设和扩大再生产的投资，应该从公积金内开支。

新中国成立之后，随着体制的调整和变化，中国农村社会保障和农民福利制度也相应发生了变化。在国民经济恢复和土地改革运动期间，中国的农村经济结构是以个体经济为基础，与之相应，农村的社会保障和农民福利是以农民家庭保障为主，辅之以社会救济和优抚安置。另外，传统型的农民互助保障制度也有所发展。例如，实行合作医疗制度，由农民个人和农村集体经济共同筹集合作医疗基金，参加合作医疗的农民在患病时，其医疗费用由合作医疗基金和个人按一定比例共同负担。20世纪50年代，随着农业合作化和人民公社运动的开展，农村的社会保障和农民福利制度发生了重大变化，逐步建立起了以农村集体保障和家庭保障相结合的制度。

在人民公社化初期和“大跃进”时期，中国一些农村地区出现了带有共产主义按需分配色彩的保障制度。这一制度，是建立在人民公社的工资制和供给制相结合的分配制度之上的，每个农民都可从集体组织中获取生活必需品，其生老病死也都由集体来负责。例如，有的地区实行公共食堂制和基本生活资料供给制，不仅吃饭不要钱，甚至出现了一切不要钱。这种低水平、全方位的社会保障，不仅没有给农民提供较好的保障，而且加重了农民负担。因而，这一保障制度得以调整，明确了人民公社集体保障和家庭保障相结合的保障制度。《农村人民公社工作条例修正草案》规定，人民公社的各级组织，对于社员的一切权利，都必须尊重和保障。生产队可以从可分配的总收入中，扣留一定数量的公益金，作为社会保险和集体福利事业的费用。公益金的扣留比例，不能超过可分配的总收入的百分之二到三。同时规定，生产队对于生活没有依靠的老、弱、孤、寡、残疾的社员，遭到不幸事故、生活发生困难的社员，经过社员大会讨论和同意，实行供给或者给以补助。对于生活有困难的烈士家属、军人家属和残废军人，应该给以适当的优待。对于因公负伤的社员的补助和因公死亡的社员家庭的抚恤，也都从公益金内开支。

总体来看，在人民公社体制下，中国的农村社会保障和农民福利制度呈现出多主体、全覆盖、低水平的特点。从保障主体来看，由以前家庭作为社会保障唯一的主体，转变为集体和家庭双主体保障。从覆盖面上来看，农村社会保障的保障对象覆盖全体农民。例如，在人民公社三级组织内，建立面向全体农民的公共卫生保健制度，即生产大队设卫生站、公社设卫生院和县设人民医院三级卫生机构。生产大队卫生站负责统筹全体社员的医疗费用，并配备“赤脚医生”，“赤脚医生”无法处理的疾病送卫生院或县人民医院救治。从保障水平来看，农村社会保障属于低水平的，在本质上仍属于传统型社会保障制度范畴，农民不仅没有城市居民所能享受的医疗、退休等社会保障，也没有城市居民所享受的其他各种社会福利。从保障资金来源上来看，农村社会保障资金主要来源于集体经济，集体经济成为农村社会保障的基本依托力量。

随着农村改革和农村家庭联产承包责任制的推广，建立在人民公社体制基础上的集体保障和福利制度，逐渐失去了经济基础，这一保障制度逐步瓦解。

城市财政

在计划体制下，由于农村积累与农民福利主要是由农村内部解决，财政为其贡献相对较小，财政支出主要用于城市建设和国营企业发展，因此，这一时期的财政基本属于城市财政。

新中国成立之初，财政的主要任务是巩固国家政权建设。1950—1952 年，财政支出主要用于军费、经济建设、行政办公费用等。例如，这三年军费占财政总支出的 37.8%，经济建设支出占总支出 34.3%。除此之外，在财政极为困难、财力紧张的情况下，财政依然筹集部分资金用于社会事业建设。例如，这三年文教费支出占总支出 11.5%。无论是经济建设、行政办公费用，还是文教费支出，基本上都是在城市范围内支出[1]。

随着计划体制的建立，财政在国家建设中的地位发生了变化，不仅需要集中财力支持经济建设，而且在社会资源配置中扮演了重要角色。财政覆盖了政府、企业和城市家庭等各经济活动和行为主体，涉及生产、积累和城市居民的生活消费等各个领域，从而逐步形成了以经济建设支出为重点、大而宽的财政支出结构。

在经济建设方面，经济建设的重心主要在于城市，这也意味着财政支出的重心在城市。"一五"计划开始之时，经济建设支出大约占49.9%，到1957年，达到了53.6%[2]。基本建设支出是经济建设支出的主要部分。总体来看，1950—1978年，中国基本建设支出占财政支出的比例在30%—40%。除了基本建设支出外，财政还承担为国营企业提供流动资金的任务。经济建设支出有效支持了城市经济的发展。从工业化的视角来看，这一时期的财政也具有明显的城市财政特征。由于迅速实现工业化是中国发展的主要任务，因此，支持工业化是中国发展的重要任务。在计划经济时期，农业和农村的任务主要是为工业化提供积累。工业化是以城市为中心开展的。可以说，计划经济时期的工业化是城市工业化。与之相应，财政支持工业化，主要也是围绕城市开展的。工业发展带动城市的兴起和繁荣是城市发展的一种模式。除了传统的城市之外，中国依据资源状况和当时的战备需要，在地处偏僻、人烟稀少但资源丰富的地区建立起城市。例如，以钢铁业为基础建立和发展起来的鞍山市、攀枝花市、包头市等，以石油业为基础建立和发展起来的大庆市、东营市等。财政在这方面也进行了大量的投入，推动了城市的发展。

在支持社会事业发展方面，财政也进行了大量投入，支持了城市的发展和城市居民的生活水平的改善。计划体制下，除了承担国防、外交、行政、经济建设等支出外，财政还承担了科技、教育、文化、卫生

---

① 谢旭人：《中国财政60年》上卷，经济科学出版社2009年版，第86—87页。
② 陈如龙主编：《当代中国财政》（上），中国社会科学出版社1988年版，第145页。

等社会事业的支持任务，投入了大量的财政资金，初步建立了适合中国国情的科技、教育、文化、卫生等社会事业和保障体系。但由于财政几乎包揽了各项社会事业，随着社会的发展和人口的增加，财政的负担越来越重。

企业办社会

“企业办社会”是中国计划经济时期形成的一个现象，与计划体制配置资源方式、相关体制机制安排以及工业化推进的方式等密切相关。所谓企业办社会，是指企业建立和兴办了一些与企业生产没有直接联系的部门和组织机构，承担了企业生产服务及与职工生活、福利和社会保障等相关的社会服务与保障职能，把企业内职工及其家属衣食住行、教育、就业、生老病死等全包下来。例如，企业建立自己的中小学校、幼儿园、医院、职工食堂、文化娱乐场所等机构和设施，主要服务于自己的职工。

企业办社会，实际上是把国营企业看作是一个行政单位，承担了本来应该由政府和社会承担的服务与保障职责，这样企业的管理部门就变成了“小政府”，企业变成了一个“小社会”。企业一般都有行政级别，级别对应于相应的政府部门。因此，在这一体制下，政企合一、企社合一。企业不仅是生产经营的部门和场所，而且是承担着诸多不可推卸的社会职能的“小社会”，进而成为依附于大社会的一个不是行政机构的“政府部门”。出现“企业办社会”这一现象，有其复杂的原因。首先，企业办社会符合计划体制下汲取和配置资源发展工业化的需要。企业一切按指令性计划安排经营活动，从生产到销售，从产品到职工的生活福利与保障，都严格按计划进行，导致企业封闭在相对狭小的天地里，与外界不发生过多的联系，只习惯于专注自己的生产和生活，独立地建设着自己的“小社会”，形成了“党是爹妈、厂是家”的氛围和意识。

其次，企业办社会有中国独特的历史因素。新中国成立后，既需要恢复生产、推动工业化建设，也需要解决和逐步提高人们生活水平。随着工人的主人翁地位得以确立，人们生产的积极性得到充分发挥，特别是随着“一五”计划、“二五”计划等大规模建设的实施，全国各地都掀起了社会主义建设的高潮，大批现代化工厂企业迅速崛起，工人们的生活和社会福利与保障等问题也需要相应地得以解决。由于当时中国没有这方面的经验，因而借鉴了苏联建设企业和管理企业的模式，将企业的建设分为生产区、生活区和绿化区，并由企业保障工人的基本生活和福利需求。

同时，这也是在当时的国际形势下，基于国家安全战略的必然选择。新中国成立之初，基于对年轻共和国的前途和命运的考虑，在建厂的厂址选择上遵循一切为了打仗的原则，将一大批国营大中型企业，尤其是涉及国防的工业企业，转向内地，设在人烟稀少、地处偏僻、交通不便、远离城市的地区，建立起一大批“三线厂”。此外，还有一些类似“三线厂”、依靠当地自然资源建立起来的国营企业，也大都地处偏僻、远离城市。在这种情况下，只有采取企业办社会这种形式，才能切实解除工人的后顾之忧，维持企业的正常运转。

在特定的历史条件和历史阶段中，企业办社会对发展生产、推动工业化建设产生了积极影响，但也产生了吃社会主义大锅饭的负面效应，不利于调动企业和工人的积极性，并且对企业的发展日益产生沉重的包袱。随着经济体制改革的推进，尤其是建立社会主义市场经济的需要，社会保障功能逐渐从企业中剥离出来，企业办社会逐渐退出历史舞台，使“小社会”逐渐归于“大社会”。

第六章
财政体制收权与放权的循环

为了支持工业化，实行财政集中，中国初步建立了适合计划经济需要的高度集中的财政体制。1956 年，毛泽东在中央政治局扩大会议上作了《论十大关系》的讲话，中国纠正苏式计划经济，探索符合中国国情的社会主义建设道路，改变过分集中的财政体制。此后，根据计划经济体制的建立和调整，中国财政体制进入了收权与放权的循环，多次进行调整。

一、建立适应国家集中财力的财政管理体制

早在 1950 年 3 月，中国统一全国财经工作完成以后，开始实行统收统支的高度集中的财政管理体制。尤其是进入“一五”计划时期，为了支持工业化，中国对财政体制进行调整，并在加强财政管理方面实行了一些新措施，建立了适应国家集中财力的财政管理体制。

“一级半财政”

确定财政体制，是实现财政重建、统一财经工作的重要组成部分。

新中国成立初期，国家行政管理体制分为中央、大行政区、省三级，与此相应，财政管理体制实行中央、大行政区和省（市）三级体制。这一模式的特点是统收统支、集中统一。

1950年9月27日，政务院在《关于编造1951年度财政收支预算的指示》中提出："1951年的财政体制，决定在统一集中的总方针下采取中央、大行政区、省（市）三级分工管理制度，县以下的乡村地方粮款收支，应暂另行单独编造，不列入省的预算管理范围内。"[①] 1951年3月29日，政务院在《关于1951年度财政收支系统划分的决定》中明确提出财政实行分级管理，即国家财政分为中央级、大行政区级和省（市）级三级财政，中央级以下统称为地方财政。按照国营企业、事业和行政单位的隶属关系和业务性质，划分中央财政收支和地方财政收支的范围，同时确定中央与地方的收入解交比例。此后，国家又陆续发布了《关于划分中央与地方在财政经济工作中管理职权的决定》、《中央人民政府政务院预算决算暂行条例》、《关于1952年度财政收支系统划分的补充规定》等文件，涉及对财政分级体制的一些要求，规定了国家预算的组织体系、各级政府的预算权和预算的编制方法、程序，加强了财政的计划性和财经纪律。在管理体制上，以收支挂钩取代原来实行的收支两条线，允许地方财政可在本身收支范围内，从本地区组织的收入中留用一部分抵充本身的财政支出，有利于调动地方的积极性。

这一时期的财政体制，基本上还是统收统支的体制，财权和财力仍然在中央和大行政区两级，并且主要是集中在中央，地方财权很小。虽说是三级，但实际上这是"一级半财政"：中央算一级财政；省一级财政只有三项：5%的农业税附加、3%的预备费和一部分自筹资金，算半级。而且在分级上，当时县一级还没有建立独立的财政。所以，这种体制并不是真正意义上的分级管理财政体制，只是一种过渡体制。

① 谢旭人：《中国财政60年》上卷，经济科学出版社2009年版，第56页。

实行三级财政管理体制

随着行政管理体制的变革以及经济社会形势的发展变化，这种“一级半财政”的体制的弊端日益显现。地方普遍反映，年终结余全部收回，统得多、统得死，年终一刀切等规定和要求，严重束缚了地方的发展，需要适当向地方下放财政权力。

1952 年 11 月，为了更好地推进即将开始的全国大规模、有计划的经济建设，中央人民政府委员会第 19 次会议通过《关于改变大行政区人民政府（军政委员会）机构与任务的决定》，大区不再是一级行政机关，而是作为中央机构的派出机构或代表机构。1954 年 4 月，中共中央政治局扩大会议决定撤销大区一级党政机关，各大行政区委员会随同各中央局、分局一并撤销。

在新形势下，财政体制既要适应行政管理体制变革的需要，又要集中统一与适当分散，保持一定的灵活性，以满足大规模经济建设和社会主义改造的需要。于是，在 1953 年 8 月全国财经会议上，周恩来提出改进财政体制，由中央、大行政区和省（市）三级改为中央、省（市）和县（市）三级，并明确划分三级之间的收支范围，实行真正意义上的三级财政管理体制。其主要内容包括三个方面：

其一，预算收入实行分类分成办法。将国家预算收入划分为固定收入、固定比例分成收入和调剂收入三类，明确了中央和地方的固定收入和固定比例分成收入。中央固定收入包括关税、盐税、烟酒专卖收入以及中央管理的企业、事业收入和其他收入。地方固定收入包括印花税、利息所得税、屠宰税、牧畜交易税、城市房地产税、文化娱乐税、车船使用牌照税以及地方国营企业、事业收入和其他收入。固定比例分成收入包括农（牧）业税、工商业营业税、工商所得税。商品流通税和货物税属于中央调剂收入，用于弥补地方的不足，每年调剂的具体比例由财政部分别核定。实行这一办法之后，划给地方固定收入和固定比例分成一般可达到各省（市）、自治区预算支出的 60%—80%，这样就使地方预算有了固定的收入来源，保证了地方预算的稳定性，从而发挥了其组织收入的积极性。

其二，基本按照隶属关系划分中央和地方的预算支出范围。属于中央的企业、事业和行政单位的支出，列入中央预算；属于地方的企业、事业和行政支出，列入地方预算。

其三，按照收支划分，地方的财政支出首先用地方的固定收入和固定比例分成收入抵补，差额由中央财政划给调剂收入弥补，分成比例一年一定。地方在执行预算时，如果收入超收、支出结余，一般留给地方自行支配。如果收入不能完成计划，或者支出必须增加时，也由地方自行调剂解决。

这一财政体制，使地方有固定的收入来源和一定的机动财力，与新中国成立初期的完全集中体制已有所不同，成为分级财政管理体制的开端，保证了第一个五年计划时期国家集中主要财力进行重点建设的需要。“一五”计划时期，中央财政直接组织的收入占全部财政收入的45.4%，地方（省、县两级）财政组织的收入占全部财政收入的54.6%。由于国家的重要建设项目和国防、外交等主要支出是由中央统一拨款，因此，中央财政支出（包括由中央直接组织的收入和地方上解收入安排的支出）是“大头”，占全部财政支出的74.1%，地方财政支出占全部支出的25.9%[①]。虽然财权仍主要集中于中央，但集权过多、统得过死的弊端并不突出。

财政管理的“六条方针”

1953年是中国执行“一五”计划的第一年。由于缺乏建设经验，在编制1953年的预算时，出现了一个小失误，即：为了加快国民经济发展速度，增加基本建设投资，不恰当地把上年结余30亿元列入1953年国家预算收入，使预算收入的底子铺大了，出现了膨胀现象，预算支

① 陈如龙主编：《当代中国财政》（上），中国社会科学出版社19988年版，第130页。

出也随之相应地扩大，使预算收支一开始就没摆平，到 7 月赤字累计达 20. 9 亿元，只好动用上年结余，向中国人民银行提款，造成银行信贷资金紧张，银行就压缩商业部门的贷款，商业部门为还贷款，纷纷压缩库存商品，减少收购，把节省下来的钱归还银行贷款，影响了正常的商品流通，使国民经济的发展发生了一定困难。

针对当时发生的情况，中共中央采取了紧急措施，动员全党来补救。1953 年 8 月 28 日，中共中央发出《关于增加生产，增加收入，厉行节约，紧缩开支，平衡国家预算的紧急通知》，号召全党全国人民通过增加生产、扩大收购和销售、加速资金周转和做好税收工作等来增加收入，同时大力压缩军费开支和行政管理费用，节约粮食，坚决保证财政部提出的解决财政收支平衡、消除财政赤字的具体措施的实现。经过两个月的增产节约运动，对于维持财政收支平衡起到了很好的效果，1953 年预算执行情况良好，当年收支结余 2. 74 亿元。

针对这次财经小失误的教训，时任政务院副总理兼财政部部长的邓小平在 1954 年 1 月召开的全国财政厅局长会议上指出："有些同志不懂得预算底子打大了的问题的严重性。底子大了，是上了马，而且是一匹烈马，上马必然还要下马，下马必须削预算，问题就很多，所以预算底子打大了，是一个政治问题。"① 为此，邓小平提出了财政管理的"六条方针"。

其一，预算归口管理。要求一切开支都归口。所谓"口"，在中央一级指国务院的各个办公室，例如工交、农林水利、财贸、文教、政法等办公室，不允许有不归口的开支项目。归口时，哪一个口易于控制，就归哪一个口。如县广播站，可归行政部门，又可归文教部门，不必强求一致。归口包括政策问题，数目字内包括轻重缓急，哪个项目该办，哪个项目不该办，这是一个政治性的问题。预算不能由各部自行决定，但必须以各部门为主，共同商量。

---

① 陈如龙主编：《当代中国财政》（上），中国社会科学出版社 19988 年版，第 125 页。

其二，支出包干使用。预算指标由本级各口统筹安排，包干使用，只准节约，不准突破。各级包各级的，不是按条条一直包到底。实行包干后，用钱仍要编预算，报决算，财政部门要按制度审批。

其三，自留预备费，结余不上缴。自留预备费就是各口在国家分配的预算指标范围内酌留必要的预备费，以应付意料不到的开支。结余不上缴，指各部门由于厉行节约、挖掘潜力而节省下的资金，下年可继续使用，不再缴回财政。但因计划变更、未完成计划、人员限额等原因少开支的部分，以及基本建设竣工工程的结余，仍要缴回财政，不作结余留用。

其四，严格控制人员编制。人员不能随意增加，以免扩大财政支出，主要是为了控制工资基金。

其五，动用总预备费要经中央批准。各地区、各部门在预算执行中新增加的开支，要首先动用自己的机动财力和在原预算中调剂解决，实在解决不了的，才能向中央提出追加预算。为了控制追加预算，动用国家总预备费，必须报请中央批准。

其六，加强财政监督。严格执行财政纪律，保证国家资金合理节约地使用。

对于提出这“六条方针”的原因，邓小平解释[①]：第一，现在我们的财政是不稳固的，说不起大话的，经不起重大考验的。提出“六条方针”的重大政治目的，就是要把国家财政放在经常的、稳固的、可靠的基础上。立国的政策应该在有力量应付外侮和应付万一，因此必须增强财政后备力量，而财政后备基础的巩固，则需建立在经济上。第二，有了后备力量，国家财政才能集中力量保证社会主义工业化和社会主义改造的需要。党在过渡时期的总路线就是要建立一个伟大的社会主义国家，财政要保证这一点。如果财政不稳固，是不能保证的。实行归口包干后，剩下的预备费才能用到重大的事情上去，避免把钱用到买烧饼油

① http：//www. china. com. cn/chinese/zhuanti/xp100n/626430. htm。

条上去，才能保护住国家的总预备费，站稳脚跟，保证工业建设。第三，为了把国家财政放在稳固的基础上，保证社会主义工业建设，必须节减一切可以节减的开支，克服浪费。但如果没有“六条方针”，就不可能办到，即不可能发扬积极性，让大家来办财政。今天的问题复杂得很，仅靠几个章程、几个法令、几个办法办事是不行的，要因地制宜。只有大家管财政，大家热心财政，事情才好办。节约也要有积极性，如果没有地方的积极性，就不可能节约，就要发生浪费。

后来，在《关于一九五四年国家预算草案的报告》中，邓小平又传达了毛泽东关于“增产、节约、多留后备力量，是巩固国家预算的可靠的三道防线”的指示。

由于实施了这些财政管理方针和措施，1954 年预算执行中不仅没有动用上年结余，而且当年收支平衡，有了 16.05 亿元结余，财政的后备力量也增强了。

二、《论十大关系》与财政体制调整

由于基础和条件的不同，中国很难建立苏式计划经济。依据苏联模式建立起来的财政体制，也出现了一些弊端。随着社会主义改造的基本完成和建设规模的不断扩大，财政体制中集中过多、统得过死和不适应生产力发展的矛盾日益凸显出来。1956 年 4 月，毛泽东在中央政治局扩大会议上作了《论十大关系》的讲话，探索符合中国国情的社会主义建设道路，中国的财政体制也随之调整，并采取了诸多财政管理措施。

《论十大关系》

新中国成立初期，由于我们没有经验，在经济建设方面，我们只得学习苏联，这有其历史必然性，并且也取得了一定的成效。然而，由于资源、人口、经济基础等条件的不同，苏联模式并不适合中国，并且苏式计划经济本身存在一些弊端。因此，结合现实，中国“以苏为鉴”，开始探索符合中国国情的社会主义建设道路，并取得了诸多重大成果，而毛泽东的《论十大关系》则是探索适合中国国情的社会主义建设道路的纲领性文献。

1956年社会主义改造基本完成，在中国确立了社会主义基本经济制度之后，毛泽东的注意力和工作重点，开始向经济建设，特别是工业建设方面转移。从1953年执行第一个五年计划算起，已有3年多的实践经验，并且此时对于苏联经济建设中的一些缺点和错误也逐步有所了解。正如毛泽东所言：“特别值得注意的是，最近苏联方面暴露了他们在建设社会主义过程中的一些缺点和错误，他们走过的弯路，你还想走？过去我们就是鉴于他们的经验教训，少走了一些弯路，现在当然更要引以为戒。”① “开始我们模仿苏联，因为我们毫无搞社会主义的经验，只能如此，但这也束缚了自己的创造性和积极性。现在我们有了自己的初步实践，又有了苏联的经验教训，应该更加强调从中国的国情出发，强调开动脑筋，强调创造性，在结合上下功夫，努力找出在中国这块大地上建设社会主义的具体道路。”②

1956年2月14日至4月24日，毛泽东用了两个多月的时间先后听取了中央34个部委的汇报和大量的调查研究，逐步形成了正确处理十大关系的思想。同年4月25日，毛泽东在政治局扩大会议上作了《论十大关系》的讲话，经政治局同意后，又于5月2日向最高国务会议作了报告。

《论十大关系》提出的基本方针，就是“我们一定要努力把党内党外、国内国外的一切积极的因素，直接的、间接的积极因素，全部调动起来，把我国建设成为一个强大的社会主义国家”③。“十大关系”是指

---

① 毛泽东：《论十大关系》，《毛泽东文集》第七卷，人民出版社1999年版，第23页。

② 中共中央党史研究室：《中国共产党的九十年》，中共党史出版社、党建读物出版社2016年版，第466—467页。

③ 毛泽东：《论十大关系》，《毛泽东文集》第七卷，人民出版社1999年版，第44页。

重工业和轻工业、农业的关系，沿海工业和内地工业的关系，经济建设和国防建设的关系，国家、生产单位和生产者个人的关系，中央和地方的关系，汉族和少数民族的关系，党和非党的关系，革命和反革命的关系，是非关系，中国和外国的关系。前五条主要是讨论经济问题，从经济工作各个方面来调动各种积极因素，也是十大关系中最主要的；后五条主要讨论政治关系，都属于政治生活和思想文化生活中调动各种积极因素的问题。

在属于经济层面的前五条中，关于重工业和轻工业、农业的关系、沿海工业和内地工业的关系、经济建设和国防建设的关系这三条，是从产业关系、区域经济关系等方面提出了一条与苏联不同的中国工业化的道路；关于中央和地方的关系，国家、生产单位和生产者个人的关系，实际上分析了改革过分集中的经济体制问题。

《论十大关系》提出中国经济建设的新思想、新方针，反映了经济发展的客观规律和社会政治稳定的需要，为党的八大的召开作了重要准备，为中国的计划经济及财税制度的调整提供了指导思想。

1957 年下放财政权力

1956 年毛泽东作了《论十大关系》报告之后，为了更好地处理各方面关系，更多地发挥地方和单位的积极性，兼顾国家、生产单位和个人三方面的利益，使企业在统一领导下有更多的机动性，根据《论十大关系》的精神，中国于 1956 年之后，开始探索划分中央和地方的行政管理职权，改变过分集中的财政体制。

专栏 2－3：

周恩来提出行政管理职权划分的“七个原则”

1956 年 9 月 16 日，周恩来在党的八大上作《关于发展国民经济的第二个五年计划的建议的报告》时，提出了划分中央和地方的行政管理职权的“七个原则”。

(1) 明确地规定各省、自治区、直辖市有一定范围的计划、财政、企业、事业，物资、人事的管理权；

(2) 凡关系到整个国民经济而带全局性、关键性、集中性的企业和事业，由中央管理；其他的企业和事业，应该尽可能地多交给地方管理；企业和事业在下放的时候，同它们有关的计划、财务管理和人事管理一般地应该随着下放；

(3) 企业和事业的管理，应该认真地改进和推行以中央为主、地方为辅或者以地方为主、中央为辅的双重领导的管理方法，切实加强对企业和事业的领导；

(4) 中央管理的主要计划和财务指标，由国务院统一下达，改变过去许多主要指标由各部门条条下达的办法；

(5) 某些主要计划指标和人员编制名额等，应该给地方留一定的调整幅度和机动权；

(6) 对于民族自治地方各项自治权利，应该作出具体实施的规定，注意帮助少数民族地区政治、经济、文化事业的发展；

(7) 改进体制要逐步实现，某些重大的改变，应该采取今年准备、明年试办、到第二个五年计划期间全面实施的步骤，稳步进行。

(资料来源：《关于发展国民经济的第二个五年计划的建议的报告》，http：//www.chinadaily.com.cn/dfpd/18da/2012－08/29/content_15715153.htm)

1957年10月，党的八届三中全会通过了陈云主持起草的《关于改进工业管理体制的规定（草案)》、《关于改进商业管理体制的规定（草案)》、《关于改进财政管理体制的规定（草案)》，开始改变过分集中的财政体制，下放财政权力，调整国家与企业关系，实行“以收定支、五年不变”的新财政体制。其主要内容包括：

其一，在中央与地方关系上，实行“以收定支、五年不变（后改为三年不变)”的办法。

在财政收入方面，除原有地方税和地方企业利润作为固定收入外，还有在地方的中央管理的企业利润分成收入。地方财政收入，一般分为下列三种：一是地方固定收入。原有地方企业收入、地方事业收入、原已划给地方的七种税收（印花税、利息所得税、屠宰税、牲畜交易税、城市房地产税、文化娱乐税、车船使用牌照税）及地方其他零星收入，全部划归地方。二是企业分成收入。凡属各省、直辖市用上述地方固定收入解决正常年度支出不足的，划给企业分成收入。企业分成收入，就是将中央划归地方管理的企业和虽然仍属中央管理但地方参与分成的企业的利润百分之二十，分给企业所在的省、直辖市，作为地方收入。三是调剂分成收入。凡属各省、直辖市用上述的地方固定收入和企业分成收入解决正常年度支出还不足的部分，再用不同比例的调剂收入来补足。调剂收入包括商品流通税、货物税、营业税、所得税、农业税和公债收入。

如果地方固定收入很大，已经超过了正常年度支出的，收入超过支出的余额，按一定的比例上缴。如果地方固定收入加上企业分成收入，已经超过正常年度支出的，收入超过支出的余额，按一定的比例上缴。计算地方正常的年度支出，应该剔除重大灾荒的救济、堵口、复堤和国家计划的大规模移民垦荒等特殊性支出的数字。地方基本建设的投资，也不计算在地方正常支出的基数以内，而是由中央在地区之间作统一的安排。地方固定收入、企业分成收入，低于正常年度支出的部分，是以调剂收入来补足的。分给省、直辖市的调剂收入的部分，占该省、直辖市当年全部调剂收入的百分比，就是该省、直辖市应得的调剂收入的分成比例。这种比例，三年不变。如果地方固定收入，已经超过正常的年度支出，那么，超过的部分，应该上缴。上缴部分占地方固定收入的百分比，就是上缴的比例。这种上缴比例，也是三年不变。地方收入和地方支出，以 1957 年度预算所列的地方收入和地方支出数字为根据。

其二，在国家与企业的关系上，实行利润分成办法。

除了《关于改进工业管理体制的规定（草案）》对企业利润分成作了原则规定外，1958 年 5 月，国务院又发布了《关于实行企业利润留成制度的几项规定》，决定从 1958 年起，在国营企业实行利润全额分成制度，企业留成比例由各个管理部门核定。留成比例确定以后，基本上五年不变。主管部可以在本部企业留成所得总数的范围内，根据各个企业的具体情况，分别确定它们的留成比例；并且可以酌量提取一部分，由部集中掌握，调剂使用。

企业留成比例以第一个五年计划期间各部所使用的下列资金作为计算基数：一是预算拨付的技术组织措施费、新种类产品试制费、劳动安全保护费、零星固定资产购置费等四项费用（商业部门还包括简易仓棚修建费）；二是按规定提取的企业奖励基金和社会主义竞赛奖金；三是按规定提取的超计划利润留成部分。将以上几笔数字加在一起，同各部在同一时期内所实现的利润总数作比较，分别算出一定的比例。这个比例就是各部应有的企业留成比例。

企业留成所得应当根据大部分用于生产，同时适当照顾职工福利的原则，在一定范围以内统筹使用。具体包括：用于企业所需要的四项费用和简易仓棚的开支；用于补充流动资金的不足和计划以内的基本建设投资的不足；用于其他经过批准的基本建设项目的投资；用于社会主义竞赛奖金和其他各种不包括在工资总额以内的奖金的支出；用于职工福利设施和职工生活困难补助的支出。企业留成所得一概不许用于企业和行政的管理费用及其他非生产性开支。

其三，基本建设试行投资包干制度。

1958年7月，国务院发布了《关于改进基本建设财务管理制度的几项规定》，提出为了调动各建设单位的积极性，鼓励它们在既定的投资数额内，对基本建设试行投资包干制度。在年度确定的基本建设投资范围内，在不降低生产能力、不推迟交工日期、不突破投资总额、不增加非生产性投资比重的条件下，将基本建设投资交由建设单位统一掌握，自行安排，包干使用。如年末有结余，不再采取收回的办法，可结转到下年继续使用。为了加强基本建设财务管理，把基本建设基金从确立预算、拨款直至工程决算，统一由建设银行管理。1959年，全国实行投资包干的建设单位达到5000多个，占全国投资总额的40%左右。

其中，重工业占绝大部分，冶金、煤炭、水电、石油、化工等系统实行包干的投资额占本部门投资总额的75%—85%[①]。基本建设投资包干，对提高建设单位的积极性和财政资金使用效率发挥了积极作用，但由于只强调包干结余留给建设单位自行使用，没有强调超支不补，加上对管理和综合平衡强调不够，导致了工程质量下降、建设规模膨胀等问题。因此，这一规定到1961年停止执行。

与此同时，中国对税收管理体制也进行了改进。凡是由省、市、自治区负责管理的税收，应当交给省、市、自治区管理。若干仍由中央管理的税收，在一定范围内给省、市、自治区以机动调整的权限，并且允许省、市、自治区制定税收办法，开征地区性的税收。将印花税、利息所得税、屠宰税、牲畜交易税、城市房地产税、文化娱乐税、车船使用牌照税等7种地方税收交给省、市、自治区管理；商品流通税、货物税、营业税、所得税等4种税收的税收管理权限基本上归中央集中掌握。允许省、市、自治区根据农业税条例并结合实际情况，对所属地区粮食作物和经济作物、农业生产合作社和个体农民之间的负担作必要调整。

总之，这次财政体制的调整，坚持了集中统一下的因地制宜，大统一，小不统一；既要保证重点建设，又要发挥地方积极性；编制预算要做到平衡，既积极，又稳妥可靠；地方要加强财政、信贷、物资的平衡工作；对于每年国家预算收入增长部分，中央多得、地方少得的原则不变。

1961年实行比较集中的财政管理体制

持续三年的“大跃进”运动，使中国经济遭到严重破坏，财政十分困难。为了调动地方积极性，当时在“左”的思想影响下，过急、过多地下放财权和企业、财务管理权限，过分地分散了国家财力，违背

---

① 陈如龙主编：《当代中国财政》（上），中国社会科学出版社19988年版，第162页。

了原定的体制改革精神。随着企业体制的下放，财务隶属关系和管理权限的变化，中央财力大大减少，在当时高指标的要求下，支出负担却异常沉重，加剧了财政收支的不平衡。有些地区和单位乱拉乱挤国家资金，化大公为小公。有的是把应该上交国家的企业利润收入，转作本地区、本部门的收入；有的是把企业进行综合利用、生产尖端产品和卫星厂的收入扣留下来，不上交国家。税收中应交不交、擅自挪用和欠税漏税的现象也比较普遍。这些现象和问题加大了财政困难，自1958年“大跃进”至1961年连续四年财政赤字。

1960年7月5日至8月10日，党中央在北戴河召开工作会议，初步讨论了对国民经济实行调整的问题，确定要压缩基本建设战线。1961年1月14日，党的八届九中全会正式确定，从1961年起对整个国民经济实行“调整、巩固、充实、提高”的八字方针。财政在调整中的任务主要是保证国民经济调整中对资金的合理需要，适当增加农业投资，促进农业生产恢复和发展；进一步缩短基本建设战线，调整工业投资结构；增收节支，消灭财政赤字，回笼货币，稳定市场；改变国家资金使用上的分散，加强集中统一。为了完成这些任务，我国决定调整财政体制，加强财政管理的集中统一。

1961年1月15日，中央批转了财政部《关于改进财政体制，加强财政管理的报告》，并于当年4月20日发布了《关于调整管理体制的若干规定》，决定改进预算管理体制，加强对预算内、外资金的管理，实行比较集中的财政管理体制。新财政体制的基本精神是财政大权集中于中央、大区和省、市、自治区三级，认真实行“全国一盘棋”，坚决纠正财权过于分散的现象。其主要内容有：

其一，改进预算管理体制，适当紧缩预算外资金。国家财权应当基本上集中在中央、大区和省、市、自治区三级。大区是一级财政，其财权包括：对各省、市、自治区财政指标的分配调剂权；对所属省、市、自治区财政工作的领导和监督权；从国家总预备费用中分出一部分给大区直接掌握使用。对各省、市、自治区财政，继续实行“收支下放、地区调剂、总额分成、一年一变”的办法。专、县（市）、公社的财权，应当适当缩小。专区、县（市）以下的基建投资、国家支援人民公社的投资、特大灾害的救济费等，由省、市、自治区专案拨款解决。从中央到地方实行上下一本账，坚持“全国一盘棋”。必须根据既积极又落实的收入，合理安排支出，坚持收支平衡，略有结余，一律不准打赤字预算。基本建设投资和各项事业费用，必须按照国家规定的计划和核定的预算进行拨款。对各地区、各部门和单位的预算外资金，采取“纳、减、管”的办法进行整顿。例如，商业部门的饮食和服务企业的收入、综合利用和多种经营收入、用预算外资金兴办的企业的收入，应当纳入预算。控制预算外资金的来源和使用范围，不经中央批准，不许增加项目，提高比例，不准化预算内收入为预算外收入。

其二，加强企业财务管理，重申企业资金管理和成本管理制度。企业利润留成资金只能用于“四项”费用（即技术措施费、新产品试制费、零星资产购置费、劳动安全保护费）、技术革新和技术革命、综合利用以及在国家规定范围内的职工福利开支，不得用来搞计划外的基本建设，不得挪作行政开支。企业主管部门集中的留成资金，不得超过企业留成资金总额的20%，并且只能用于企业之间的调剂，不得用作其他开支。基层企业使用的留成资金，必须纳入财务收支计划，报主管部门批准。各主管部门对于本部门和所属企业使用的留成资金，必须编入本部门的财务收支计划，送财政部门审核。同时，还对成本开支范围、流动资金和基本建设资金的界限等作了规定。

其三，改进基本建设财务管理，加强拨款监督。凡是经过批准的基本建设投资，不论是用预算内资金或者预算外资金进行的基本建设，都必须由中国人民建设银行进行拨款监督。基本建设单位的投资包干竣工结余资金，仍然留归包干单位使用。将这部分结余资金用于新增建设项目，必须报经国家计划部门批准，纳入国家统一的基本建设计划。

此外，新体制还对改进税收管理体制、加强税收管理工作，改进人民公社的财政管理体制，划清国家财政收支同公社财务收支的界限等，做出了一些规定。

总之，根据“调整、巩固、提高、充实”的方针，必须实行比较集中的财政体制，强调中央财权以及财政管理的集中统一，正确处理集中和分散的关系，统一调配人力、物力和财力，促进国民经济调整，解决财政困难。

三、在收权与放权中频繁变动

自1966年之后，财税体制也受到政治的干扰，毛泽东同志在《论十大关系》中对中央和地方关系的论述被简单化、政治化处理，出现了集权和放权的反复探索。开始大规模向地方放权，出现问题又向上收，接着又放，不能把握好收放的界限，造成“一放就乱，一收就死”的困局，给国家经济和财政造成了极为不利的影响。与这种经济的集权与放权相适应，财政体制也在收权与放权中频繁变动，并且不得不采取临时性措施来维持财政运转。可以说，“文化大革命”时期是中国财政体制变动最为频繁的一个时期。

从总额分成到“收支两条线”体制

1966—1967年，中国沿袭了收支挂钩型的财政体制。自1959年开始，中国实际上实行的是收支挂钩型的财政体制，即把地方组织的财政收入与地方的财政支出挂钩，按收支总数确定一个分成比例。这一体制是对统收统支的财政体制的一大进步。但由于多支意味着分成比例高，因此也存在一些问题，如会助长地方盲目扩大财政支出、出现“鞭打快牛”的负面效应。收支挂钩型的财政体制虽然都采取收入与支出挂钩的办法，但在具体的分成方法和分成比例有所不同。1959年收支挂钩的办法是“定收定支、收支挂钩、总额分成、一年一变”。1965年则调整为“总额分成加小部分固定收入”的办法，即将屠宰税、牲畜交易税、文化娱乐税、车船使用拍照税、集市交易税以及地方的饮食服务行业收入和地方其他零星收入作为地方的固定收入。1966 年延续了这种分成方法，实行“总额分成、一年一变”的体制。由于 1967 年调整税制，如集市交易税停止征收保留税种，屠宰税减半征收，文化娱乐税停止征收，牲畜交易税对集体部分停征，对地方固定收入影响较大，为了考虑地方利益，1967 年 2 月我国调整了“总额分成”的范围，取消了地方小固定收入，并将其重新纳入“总额分成”。

随着“文化大革命”的开展，到了 1967 年，政治上的动乱已经遍及全国，各部门、各地方的党政领导机构受到很大冲击，基本处于瘫痪状态。经济受到严重破坏，大量生产停滞，财政收入下降，有些地方省区入不敷出，发生了 22 亿元的赤字，财政极为困难。同时，在国家和企业的关系上，也进行了重大调整，下放企业折旧基金。从 1967 年开始，地方企业的折旧基金留给企业抵作固定资产更新和技术改造资金，不再上缴财政。

在这种情况下，为了维持地方的必要支出，集中财力保证预算平衡，非常时期不得不采取非常办法，1968 年 12 月 23 日财政部军管会下发《关于做好 1968 年财政决算编审工作的通知》，决定暂停“收支挂钩、总额分成”的办法，实行“收支两条线”的办法，收入全部上缴，支出全部由中央拨付。即：各省、市、自治区 1968 年凡属预算范围内的财政收入全部上缴中央财政；所需行政事业费支出由中央财政核拨，年终如有结余，全部留给地方。国家分配给地方基本建设投资，年终按实际支出数列报决算，由中央财政拨款，年终结余一刀砍。

随着政治局面相对稳定，经济形势有所好转，“收支两条线”这一非常时期非常之法也就没有存在的必要，于是 1969 年又恢复实行“收支挂钩、总额分成”的办法。按截至 1969 年 12 月底中央批准下达的收支指标，计算收入分成的比例。凡收入任务完成或超额完成的，地方预算收入应自求平衡，超收分成或支出结余，留给地方支配使用。1969

年2月27日，全国计划座谈会印发了《关于改革财政管理体制的初步意见（草案）》。该《意见》指出，根据财政管理体制下放的情况，中央和地方财政收支范围的划分，必须相应地加以调整。在财政收入方面，除中央直接管理的企业收入、银行收入、关税收入仍列中央财政外，其余各项收入，包括地方企业收入、工商税收入、盐税收入、农业税收入和其他收入一律列地方财政。在财政支出方面，除了国防战备费、对外援助支出、国家物资储备支出以及中央直接管理的基建投资、流动资金、行政事业支出等仍列中央财政外，其余各项支出，包括地方基建投资、流动资金、新产品试制费、支援农业资金以及文教、卫生事业费和行政费等，一律列地方财政。地方的收入和支出，中央只下达一个总额，具体项目由地方根据中央的方针政策和本地区实际情况自行安排。1969年11月18日，财政部军管会下发《关于做好1969年财政决算编审工作的通知》，提出在中央统一领导下，实行中央、省、县三级管理，中央对各省、市、自治区实行“定收定支，总额分成”的办法。在“总额分成，一年一变”基础上增加了“定收定支”。

经济“大下放”与财政大包干

1969年，全国进入“斗批改”阶段，在“改革不合理的规章制度”的口号下，一度曾经搁置的以下放企业和下放权力为中心的经济体制大变动，又被推上了前台。1969年2月，全国计划座谈会讨论了《中央各部关于企业管理体制下放的初步设想》，在条块关系上，倾向于“以块块为主”，下放企业管理权。中央直属企业可以分地方、中央和双重管理三种形式，并拟定了分批下放的企业名单。1970年2月的全国计划会议讨论和拟定了《第四个五年计划纲要（草案）》，提出了经济管理体制调整的原则方案，要求下放企业，扩大地方管理企业的权力，实行基本建设投资大包干和物资分配大包干。1970年3月5日，国务院拟定《关于国务院工业交通各部直属企业下放地方管理的通知（草案）》，要求国务院工业交通各部在1970年把直属企业、事业单位绝大部分下放给地方管理；少数由中央部和地方双重领导，以地方为主；极少数的大型或骨干企业，由中央部和地方双重领导，以中央部为主。

在一系列精神的指导下，我国全面展开了一场企业“大下放”的运动。在很短的时间内，包括大庆油田、长春汽车厂、开滦煤矿、吉林化学工业公司等一批关系国计民生的大型骨干企业在内的2600多个中央直属企业、事业和建设单位，不加区别地下放到地方管理，有的又层层下放到专区、市、县。随着工业企业的下放，商业部也将所属一级批发站全部下放给省，省属二级批发站下放给专区。外贸部在各地的企业也全部下放地方，实行双重领导，以地方为主。据统计，到1970年年底，下放后的中央直属企事业单位由10533个减少到1674个，在工业总产值中的比重由42.2%降到6%①。

在经济“大下放”的形势下，财政体制也进行了调整。《第四个五年计划纲要（草案）》提出实行财政收支大包干，在国家统一预算下，对省、市、区实行“定收定支，收支包干，保证上缴（或差额补贴），结余留用”的办法。1971年3月，财政部颁发《关于实行财政收支包干的通知》，决定自1971年起，实行“定收定支，收支包干，保证上缴（差额补贴），结余留用，一年一定”的体制，简称“财政收支大包干”办法。其主要内容包括：

其一，随着中央企业、事业单位的下放，相应地扩大地方财政收支范围，国家的财政收入和支出，除了中央部门直接管理的企业收入、关税收入和中央部门直接管理的基本建设、文教行政、国防战备、对外援助和国家物资储备等支出以外，其余都划归地方财政，由地方负责管理。

其二，地方预算的收支指标，由省、市、自治区提出建议数，经中央综合平衡核定下达。中央核定的省、市、自治区预算收支指标，收入大于支出的，包干上缴中央财政（按绝对数包干上缴，不再按比例计

① 董辅礽：《中华人民共和国经济史》上卷，经济科学出版社1999年版，第505页。

算）；支出大于收入的，由中央政财按差额包干给予补助。

其三，上缴和补助数额确定以后，一般不作调整，地方要保证完成上缴任务，中央要按确定的数字给予补助。

其四，在预算执行过程中，地方收入超收或支出结余，都归地方支配使用，如果发生短收或超支，由地方自求平衡。

从总额分成到超收分成

虽然财政大包干在一定程度上改变了中央财政统收统支的状况，扩大了地方的财政收支权限，调动了地方的积极性，但在政治动乱的情况下，改进经济管理体制的条件并不具备，加之放权过了头、苦乐不均等问题，导致大部分地区无法包下去，只好停止执行。

为此，我国又对财政体制进行了调整。1972 年 3 月 31 日，财政部颁布《财政部关于改进财政管理体制的意见》，提出“收入按固定比例留成，超收另定分成比例，支出按指标包干”。由于不论超收还是短收，地方都可以得到一笔较为稳定的机动财力，因此，人们又把其称为“旱涝保收”的体制。其主要内容包括：其一，地方的财政收支计划由中央分别核定下达，收入与支出脱钩。其二，地方负责组织的财政收入，按固定比例给地方留成，作为地方一笔比较稳定的机动财力。其三，地方财政收入的超收部分，另定分成比例，留给地方的部分，一般不超过30%。其四，地方的财政支出，除基本建设拨款外，按中央核定的指标包干。除了遇有重大特殊问题或预算的划转，一般不予调整。年终支出结余，留归地方财政使用。这一体制，首先在华北地区、东北三省和江苏省试行，从 1974 年开始在全国普遍实行。这一体制，虽然对于保证地方过日子起过一定作用，但仍属于在当时生产和收入都不正常的情况下的一种暂时的过渡办法，由于收支不挂钩，不能体现地方一级财政的权责关系，不利于调动地方增收节支和平衡预算的积极性。

为了加强地方财政收支的权力和责任，1976 年 3 月，财政部制定《关于财政管理体制问题的通知（草案）》，对地方试行“定收定支，收支挂钩，总额分成，一年一变”的财政管理体制。这一体制简称“收支挂钩，总额分成”，基本与“文革”之前“收支挂钩，总颇分成，一年一定”的体制相似。地方财政的收支范围扩大、占比提升，管理权限也相应增加了。改变了以前超收部分都按总额分成比例分成的办法，地方总额分成比例在30%以下的，超收部分按30%分成；地方总额分成比例在70%以上和受中央补助的地区，超收部分按70%分成；其他地区的超收部分仍按总额分成比例计算分成。同时，保留了地方实行固定比例留成的既得利益，“旱涝保收”的固定比例留成改按固定数额拨给。

总之，在十年动乱期间，经济和财政体制在收权与放权中频繁变动，但由于受政治运动和经济社会形势的影响，财政体制变动的效果并不是很好，并且不得不采取一些临时性措施来维持财政运转，地方基本上没有增收节支的积极性。财政体制的变革，不仅要有一定的客观经济条件，而且要有一个安定的政治局面。

第七章 从“公私一律平等纳税”到税制的极端简化

从新中国成立之初的国民经济恢复，到社会主义“三大改造”，再到建立计划体制、推动社会主义工业化，税收制度经历了从“公私一律平等纳税”到税制的极端简化的变化。1952年的修正税制，中国税收制度发生了重大的调整。以“保证税收、简化税制”为原则的税制，由于“公私一律平等纳税”的提法受到批评。此后，“区别对待”成为这一时期制定税收制度和政策的根本原则。随着计划经济的建立，对税收作用的认识发生了变化，尤其是受苏联“非税论”的影响，税收的功能被严重限制，税制逐步走向极端简化。

一、公私一律平等纳税

新中国成立之时，全国的税收制度不统一，不仅与经济发展的形势不相适应，制约着经济活动和财政收入规模的扩大，不利于加强税收管理，而且不利于集中力量进行新中国建设，为此，新中国迅速完成了统一税政工作，建立了统一的税收制度。但这一税制是基于旧税制基础之上建立起来的，随着经济社会形势的发展，其消极作用日益显现。为此，我国开始修正税制，并注重发挥税收对社会主义改造的作用。

公私一律照章纳税制度的初步建立

1950 年 1 月，政务院公布了《关于统一全国税政的决定》、《全国税政实施要则》，提出对全国各地所实行的税政、税种、税目和税率极不一致的状况，应迅速加以整理，在短期内逐步实施，达到全国税政的统一。《全国税政实施要则》规定了纳税义务，提出纳税是人民的光荣义务，应在人民中树立遵章纳税的爱国观念。同时，明确规定公营企业一律照章纳税，以企业独立的资金为单位，向所在地税务机关纳税。合作社同样应该向国家纳税，不得例外。外侨及其所经营的企业，必须遵守中华人民共和国法令，照章纳税。此外，还规定了全国暂定统一征收的 14 种中央及地方的税种。《全国税政实施要则》，统一了税制，强调不论各种经营主体均须纳税，从而初步建立了公私一律照章纳税的制度。

1950 年 5 月，在第二届税务工作会议上，按照公私兼顾、调整工商业的总方针，我国修订税法，调整税收制度。将货物税原定品目 1136 个，简化合并为 358 个，对若干品目的税率也加以调整。印花税原定 30 个税目，简化合并为 25 个，增加定额贴花。工商业所得税的税率，由纯所得 100 万元以下征收 5%，改为 300 万元以下征收 5%；3000 万元以上征收 30%，改为 1 亿元以上征收 30%。降低了税率，减轻了中小工商户的负担。合并税种，简化税制，将房产税和地产税合并为房地产税，遗产税和薪给报酬所得税暂不开征，从而使工商税由 14 种简化为 11 种。同时，为了引导资本主义工商业沿着有利于国计民生的方向发展，继续实行工轻于商、日用品轻于奢侈品的政策，把工、商两种营业税按不同的行业征税。对于工业，将其分为 26 个行业，税率分别为 1%—3%，其中重工业中的矿冶、液体燃料、机器制造和日用必需品，轻工业中的面粉制造业、纺织工业均适用 1% 的税率；对于商业，将其分 17 个行业，税率为 1.5%—3%，其中适用于 2% 税率的有经营米、面、粮、煤炭、棉布、书报等必需品行业。此外，还区别不同情况，简化纳税办法和手续。根据企业会计制度的情况，可分别采取自报查账、依率计征，自报公议、民主评定和在自报公议、民主评定的基础上定期定额上交三种办法，改变过去那种单纯查账和自报不查、报多少交多少的做法，从而大大简化了征税的方法和手续。

这些措施，改善了国家同资本主义工商业的关系，减轻了其税收负担，促进了其合理的发展，消除了因税负偏高和手续繁杂带来的困难和不便，增强了资本主义工商业的活力。同时，有利于加强国家的计划指导，促进资本主义工商业同国营企业的联系，为其以后的改造创造了条件。

1952年修正税制

新中国成立之后，通过统一税政，我国建立了多种税、多次征的复合税制。虽然这一税制，对保证财政收入、支援革命战争、稳定市场物价等诸多方面发挥了重要作用，但由于这一税制是建立在旧税制基础之上的，难免残留着旧税制的消极作用。随着经济社会结构的变化，这一税制的消极作用日益显现，尤其是存在的各税重复、手续繁琐、零星分散等诸多问题，制约了经济社会的发展，已不适应工业化发展和专业分工的需要。当时各税种中除了货物税外，大多没有对较为集中的税源关键环节进行征税。例如，棉纺厂商要缴纳货物税、营业税、所得税；花纱布公司要缴纳统销税、营业税、所得税；普通纱布商要缴纳营业税、所得税。同时，由于社会主义经济日益发展壮大，原来以私营工商业为主要纳税人的较为繁琐复杂的计征办法，在一定程度上不利于国营企业的经济核算，不利于促进商品流转和有计划发展国民经济。因此，政务院于1952年11月发布了《关于税制若干修正及实行日期的通告》，并规定自1953年1月1日起实行。

这次修正税制是根据“保证税收、简化税制”的原则，按照从生产、批发到零售，一般课征三道税的水平来设计税负，并变更了营业税的纳税环节，尽可能将税收集中到工业环节来缴纳，以有利于控制财源，组织财政收入。这次修正税制的内容主要体现在：

其一，开征商品流通税。从征收货物税的品目中，选择国家能够控制生产或收购的22个品目，划出来改证商品流通税。这种税的特征是实行一次课征制，即把对这些商品征收的货物税、营业税及其附加、印花税、棉纱统销税、棉花交易税等合并，采用综合税率，实行从生产到销售一次征收。其税率的设计是根据上述各税的税负综合计算而成。凡是已经缴纳过商品流通税的商品，不必在流通环节缴纳其他税。

其二，简化货物税。将应税货物原来应缴的印花税、工业营业税、商品批发营业税及其附加，并入货物税征收，相应调整货物税的税率。进一步简并税目，将原来的358个简并为174个。改变货物税的计税价格，由原来按不含税的价格按包含税款在内的国营公司批发牌价计税。

其三，修订工商营业税。将工商业应缴纳的营业税、印花税及营业税附加，并入营业税征收，统一调整营业税税率。已纳商品流通税的商品，不再缴纳营业税；已纳货物税的商品，只在商业零售时缴纳一道营业税；商品批发的营业税，分别转移到商品流通税、货物税和工业环节以后，商品批发环节不再缴纳营业税。

其四，修订了其他各税。例如，取消特种消费行为税，将其中的电影、戏剧及娱乐部分的税目改征文化娱乐税；交易税中的粮食、土布改为货物税，药材停征交易税，只保留牧畜交易税等。

通过这次修正税制，虽然税种仍保持商品流通税、货物税、工商业税、盐税、关税、农（牧）业税、利息所得税、牧畜交易税、印花税、屠宰税、城市房地产税等14个税种，但正税的附加一律取消，一个企业缴纳的税种已经合并简化了。

二、区别对待、繁简不同

1953年8月中央召开全国财经工作会议，确定了过渡时期的税收任务，即一方面要能更多地积累资金，有利于国家的重点建设；另一方面要调节各阶级的收入，有利于巩固工农联盟，并使税制成为保护和发展社会主义、半社会主义经济，有步骤、有条件、有区别地利用、限制、改造资本主义工商业的工具。过渡时期的税收政策，应按照公私经济区别对待、繁简不同的原则，在税收上保护社会主义经济，支持“三大改造”。

支持农业生产和农业合作化

采取工商税收的轻税和减免政策，支持农业生产和农业合作化运动。1954 年修正了 1951 年发布的《临时商业税稽征办法》，对农民在一般县城及专辖市以下乡村、集镇销售自产品，无论是否达到起征点，一律免征临时商业税；在专辖市以上城市销售自产品达到临时商业税起征点者，如果有区、乡人民政府开给的自产自销证明，也免纳临时商业税。农民向国家出售统购的农产品或农、猎、牧民售给国营公司和合作社自产品，不论数量多寡，均免验自产自销证明。1956 年 12 月，发布中国历史上第一个全国统一的关于农村工商税的规定——《关于农村工商税收的暂行规定》，对农业生产合作社自产的农、林、牧、渔产品，凡是在社内公用或分配给社员，或在本社社员间相互调剂部分，都一律免纳商品流通税、货物税、营业税、所得税，继续体现了减免税从宽的政策精神。本着副业不挤专业的原则，对农业生产合作社附设的手工业单位，在征免界限上一般比照工商业单位来处理纳税。应纳商品流通税、货物税的品目，不分社内公用、分配给社员或者为社员加工、对外出售，均应纳税；应纳营业税的品目，不论卖给社员或对外出卖，都应纳税，但对集体公用的部分不纳税。

同时，为了支持农村信用合作和农村供销合作社的发展，对其采取了诸多税收照顾政策。例如，为了推广使用新式农具，减轻生产农具类供销合作社的负担，在供销合作社的营业税率从 1955 年 2 月份起由原来的 2.5%改为3%之后，1955 年 4 月发布《供销合作社经营的畜力农具一九五五年内仍按2.5%的税率交纳营业税的通知》，1956年2月又发布了《关于供销社经营的十七种新式畜力农具在一九五六年内仍按2.5%的税率计算交纳营业税的通知》，以配合推广使用新式农具，适应农业合作化发展的要求。此后，又将品种由17种增加到51种，充分体现了工商税收对供销社照顾、保护的政策。

促进手工业的社会主义改造

对手工业合作组织实施了不同的税收政策，并补充、修订了工商各税，以体现公私经济区别对待、繁简不同。1955年10月，财政部发布了《手工业合作组织交纳工商税暂行办法》，对不同的手工业生产合作社，制定了不同的减免照顾方式。对新成立的手工业生产合作社，自开工生产的月份起营业税减半交纳一年。对个别经营仍有困难的合作社，可在应纳营业税税额20%的范围内酌情再给予一定期间的减税优待。对其他新成立的手工业合作组织，自开工的月份起，第一年营业税减征20%，所得税减半交纳。对少数民族地区、边远山区新成立的手工业合作社，营业税可在一年的期限内，所得税可在两年的期限以内，进行减免优待；自第二年开始，对于经营仍有困难的合作社，经省、自治区人民委员会批准后，可在应纳营业税税额50%的范围内，酌情再给予一定期间的减免照顾。

1956年，财政部制定了《关于对私营工商业在改造过程中交纳工商业税的暂行规定》，修订了1955年的《手工业合作组织交纳工商税暂行办法》，进一步简化了完税照证制度，并修订了原来对高级社优待照顾多、低级社优待照顾少，以及低级社过渡到高级社重新享受优待照顾的规定，这对手工业合作事业的发展起了积极的作用。但自手工业合作化运动高潮以后，由于在组织发展和改造的过程中出现了一些盲目追求大社和过于集中的倾向，产生了一些问题，影响了手工业的发展。为此，1957年2月财政部发布了《关于修订手工业合作组织交纳工商税暂行办法若干条款的通知》，对手工业生产小组改为手工业生产合作社的，不再给予减税优待。

促进资本主义工商业改造

对不同行业、产品采取高低不同的税率，鼓励资本主义工商业发挥积极作用，限制其消极作用。早在1950年12月政务院发布的《工商业税暂行条例》和《货物税暂行条例》中，都体现了对资本主义工商业的这种鼓励和限制的政策精神。例如，工业部门的税率为1%—3%，商业部门的税率为1.5%—3%；重工业部门的税率一般为1%，而轻工业部门是2%—3%；日用工业品五金、电料、肥皂、纸等货物税的税率为5%—15%，而奢侈品烟、酒、化妆品等货物税的税率为80%—120%。工业税负轻于商业税负，重工业税负轻于轻工业税负，鼓励资本主义工商业向着有利于国计民生的方向发展。为了照顾私营出口商经营出口业务的困难，还设置了货物税、商品流通税出口退税的规定。

为了支持资本主义工商业改造，税收政策对公私企业执行“区别对待、繁简不同”的原则。对私营企业征收全额累进所得税，以节制其资本。对国营企业调拨农产品及国营和合作社商业的批发业务收入都免征营业税，而对私营商业的这些业务则照征营业税。国营工业相互之间调拨原材料不征营业税，而私营工业则照征；国营重工业在连续生产过程中有135种中间产品不征税，而私营重工业则照征。

在征收手续、征收方法方面，也都给国营企业、合作社以方便。例如，1954年10月23日财政部发布的《关于简化国营企业商品流通税、货物税照证制度的规定》，对国营企业生产的应税商品（货物）纳税后，税务机关不再核发完税证，可凭国营企业发货使用的单证运行；对私营工商业，则进行严格的税务管理和监督，以防止其非法活动。又如，对于生产和制造应课商品流通税和货物税产品的私营工厂，在接受国营企业加工、订货、统购、包销任务后，其产品在包装上如有国营监制等标志的，可以不贴完税证、查验证；而私营企业之间的加工关系，则必须逐件贴证。这些措施限制了资本主义工商业的资本积累和过分发展，并使国营经济在同私营经济的竞争中居于优势地位。

由于采取“区别对待、繁简不同”的税收政策，部分资本家为了逃避税收责任，采取抽走资金，化坐商为行商，化生产资料为消费资料，多报成本费用少列所得等各种形式偷税逃税。为此，税务机关加大稽查力度，并发动广大职工起来护税，检举不法资本家的偷税逃税行为。据不完全统计，1953—1955 年间，税务机关查获的资本主义工商业偷税漏税案件有 526 万多件，偷漏税款达 1.77 亿元①。

三、税制简化

1956 年，中国完成了对农业、手工业和资本主义工商业的社会主义改造，社会生产关系发生了重大转变，由原来的多种经济成分并存转变为基本单一的社会主义公有制经济。以原来的多种经济成分并存为基础建立起来的税收制度显得与经济基础的变化很不适应。同时，随着“三大改造”的完成，对税收在社会主义经济中作用的认识开始发生转变，“税收无用论”的观点开始泛起。在“非税论”的影响下，中国税制逐渐走向极端简化。

1958 年修改税制

“三大改造”的完成，使中国的经济社会发展形势发生了重大变化，国营经济和集体经济占绝对优势。与之相应，税收的征纳关系也发生了变化，由以资本主义工商业为征税重点，转为以社会主义全民所有制和集体所有制企业为征税重点。同时，1958 年中国开始了第二个五年计划，以及“大跃进”运动的兴起，都对税制提出了一些新的要求。

① 谢旭人：《中国财政 60 年》上卷，经济科学出版社 2009 年版，第 110 页。

为了适应经济条件的变化，满足“二五”计划的要求，财政部提出改革工商税制的报告，将原来的货物税、商品流通税、营业税、印花税这四种税合并成工商统一税，拟定了《工商统一税条例（草案）》，于1958年9月13日经国务院公布试行。

这次税制改革的方针是“基本上在原有税负基础上简化税制”，其主要内容包括：其一，合并税种，实行工商统一税。以工商统一税取代原有的货物税、商品流通税、营业税和印花税，即四税合一。一切从事工业品生产、农产品采购、外货进口、商业零售、交通运输和服务性业务的单位或者个人，都是工商统一税的纳税人。其二，在基本保持原税负的基础上，对利润过高或过低的少数产品所适用的税率进行了调整。例如，调高了钢材、电力、呢绒等利润水平高的产品的税率，调低了化肥、塑料等利润水平较低的产品的税率。其三，简化征税办法，把原来的多次征税改为工业品在工厂一般只征一道税。工业品在工业环节、农产品在采购环节、进口外货在进口环节交纳工商统一税。这些产品通过商业零售环节销售的，另在商业零售环节交纳工商统一税。其四，简化计税价格，把过去分别按国家规定的调拨价格和批发牌价计税，改为一律根据销售收入计税。其五，奖励协作生产。改变过去委托加工产品一律由受委托的工厂代替纳税的规定，委托工厂在收回加工产品以后，用在本企业生产的，不再征税。只有直接出售的产品才纳税。由于将工商业税中的营业税和临时商业税并入工商统一税后，其中有关所得税的有关规定仍继续执行，工商业所得税实际上成为一个单独的税种，从此被称为“工商所得税”。与此同时，停止征收利息所得税和文化娱乐税。

工商统一税的征税范围较为广泛，既包括对产品征税，又包括对商业、交通运输和服务行业征税，改变了原来商品流通税的一次课征制，实行对工业、商业两个环节的两次课征制，即对应税工业品和应税农产品分别在工业生产环节和农产品采购环节征收一次，应税产品通过商业零售的，再在零售环节征一次税。在税率上，基本上是按原货物税、商品流通税、营业税、印花税的税负换算确定的，只对少数产品的税负，根据合理负担、有利于生产的精神作了适当调整。把全部工业产品纳入征收范围，对不便列举品名又难以概括列举的，均纳入新设置的“其他工业产品”税目征税，改变了原来货物税、商品流通税只就列举产品征税的规定。以商品销售收入金额、农产品采购支付金额等为计税依据，与纳税人的业务收入、核算内容相一致，便于征纳。废除了过去按照商业批发牌价计算税款的办法。对“中间产品”征税的品目由过去的20个减少为棉纱、白酒、皮革、饴糖等少数产品。工业品在工厂环节一般只征一次税，简化了征税办法。

这次税制改革合并税种、简化征收，搭建了社会主义计划经济时期的基本税制框架，工商统一税在1958年至1972年的15年中，成为中国工商税收体系中的主体税种。此后，受“税收无用论”的影响，按照简化的方向，中国继续对税制进行简并，使税制走向极端简化。

改进税收制度支持国民经济调整

受经济建设中“左”的思想的影响，中国1958年发生了以农业的高指标和工业的大炼钢铁为主要内容的“大跃进”运动。“大跃进”运动的原本是想加快中国经济建设的步伐，但是由于社会主义经济建设经验不足，忽视了客观经济规律，片面夸大主观意识和主观努力的作用，导致了主观上想要快、结果反而慢的状况，使国民经济遭受严重挫折，也给财政运行带来了很大困难。

为了配合和支持国民经经济调整，中国改进税收制度和管理体制，加强税收管理工作。首先，是整顿税务工作秩序，重申了税收的性质、地位和作用，恢复了税务机构，增加税务编制。其次，改革、完善税收制度和政策，调整税收负担，改进征收办法，充分发挥税收对国民经济调整的支持作用。其主要表现在：

其一，改进税收管理体制，进一步明确了中央和地方的税收管理权限。凡属工商统一税税目的增减和税率的调整，盐税税额的调整，应当报经中央批准。凡属工商统一税纳税环节的变动，凡是牵涉一个大区内两个以上省、自治区、直辖市的，应当报经中央局批准；牵涉两个大区的，应当报经中央批准。凡属开征地区性的税收，地方各税税目税率的变动，以及在中央规定的所得税的税率范围内确定具体税率，必须报经中央局批准。凡属工商统一税中有关新试制的产品、以代用品作原料生产的产品，或者由于灾情等原因，需要给予减免照顾的，由省、自治区、直辖市批准。地方各税的征税范围、减税免税、对小商小贩加征所得税的比例和起征点的确定，也由省、自治区、直辖市批准。

其二，调整工商所得税负担，改进征收办法。1963 年 4 月，国务院发布了《关于调整工商所得税负担和改进征收办法的试行规定》。按照个体经济要重于集体经济，合作商店要稍重于手工业合作社、交通运输合作社及其他集体经济，集体经济之间负担要大体平衡的原则，调整工商所得税，其政策精神实质在于限制个体经济，巩固集体经济，正确贯彻执行合理负担政策。区分工业、商业和个体经济，规定了三套税率、两种累进税制：对手工业和交通运输合作组织，实行 8 级超额累进税制；对合作商店实行 9 级超额累进税制；对个体经济实行 14 级全额累进税制；对供销合作社仍按原规定的 39% 比例税率征收。另外，还规定对合作商店和个体经济获利多的可以加成征收。调整之后，大大增加了个体经济的负担率。

其三，减轻农民税收负担，改进农村工商税征收办法。1961 年 6 月，中央批转财政部《关于调整农业税负担的报告》，把当年农业税年征收任务调减为 1110 万吨（细粮），并按照这个水平，一直稳定未变。这一政策，减轻了农民税收负担，调动了广大农民的生产积极性，促进了农业生产的迅速恢复和发展。在减少农业税征收额的同时，国家又减少了粮食统购的数量。国家征收的粮食和统购的粮食加在一起，按贸易粮计算，1960 年度为 4280 万吨，1961 年度减少为 3395 万吨，减少 20.7%；1962 年又进一步减少为 3195 万吨，比 1960 年减少了 1085 万吨，减少 25.4%。按全国农村人口平均计算，每个农村人口 1961 年比

1960年少交售15公斤多粮食，1962年比1960年少交售20公斤粮食[①]。与此同时，改进农村工商税征收办法。把基本纳税单位由原来的生产大队改为生产队。对直接为农业生产服务的工业、手工业产品，比原规定宽一些，对不直接为农业生产服务的工业、手工业产品和服务性企业，比原规定严一些。将原来对社队企业不征收所得税的规定，改为除直接为农业生产服务的生产队办的企业仍不征收所得税外，其他社队企业凡是有盈利的都征收所得税。

非税论的兴起

1958年以后，随着社会主义改造的基本完成，国有和集体经济成为国民经济的主导，对税收职能作用的认识发生了变化。在此之前，我国对税收作用的认识较为客观，还是比较重视税收的作用。例如，新中国成立之初，《人民日报》就发表了《税收在我们国家工作中的作用》的重要社论，明确指出税收是人民国家的重要经济工具，并具体地阐述了它对经济发展的各种重大作用。此后，我国积极发挥税收在保护、发展社会主义经济，支持社会主义“三大改造”中的重大作用，奠定了国民经济恢复和社会主义建设的基础。

1958年之后，我国对税收作用的认识发生变化，其原因主要在于两个方面：一方面，我国国民经济结构出现了重大变化，即国营和集体经济成为主导。在这种情况下，一些观点把税收与企业和国家的性质相连，认为税收是阶级社会的产物。例如，在革命中，传统的社会主义理论认为无产阶级在夺取政权的革命斗争中，在政治上，对税收持否定态度，把税收作为资产阶级进行超经济剥削的手段来看待。在社会主义条件下税收主要就只是剩下积累资金的财政作用，并且认为税收的筹集财政收入的作用也只是辅助的，片面强调单一的计划调节，排斥经济杠杆对经济的调节作用的观点开始盛行。有些观点甚至认为，税收的历史使

① 宋新中：《当代中国财政史》，中国社会科学出版社1997年版，第290页。

命已经完成，税收与社会主义经济是不相容的，完全否定税收作用，应取消税收，搞“无税之国”。实际上，这也与接受的传统的税收观点有关。

另一方面，我国对税收作用的认识的变化受苏联的“非税化”的影响极大。由于搞社会主义建设，我们没有经验，当时主要是借鉴苏联的做法，并且在理论上受苏联的影响也比较大。早在新中国成立前夕，苏联首席财政专家拉沃罗夫等人曾将苏联的“周转税”的经验介绍给我们。苏维埃预算中来自人民的税款所占比例非常小，极大部分财政收入都是靠着社会主义企业各部门上缴的利润。他们认为，国家不会自己向自己课税，苏联形式上存在着国营企业上缴预算的税收，而实际上，这些收入就其经济本质来讲，并不是税收，因为它们的所有制形式并没有改变。周转税和利润缴款一样，都是国家依据财产权直接分配国营企业纯收入的一种方式，其征税数额取决于国家规定的计划价格和企业成本与利润。

客观现实的变化，以及受苏联“非税化”的影响，“非税论”、“税收无用论”等观点在我国逐渐流行，并在实践中产生了不良影响。受“左”的影响，税收制度被批为“繁琐哲学”、“条条专政”、“管、卡、压”，税收工作遭到严重削弱，税制也在极简化路上越走越远。

试办税利合一

试办税利合一，是“非税论”在我国实践中的一个表现，也是我国在税制极简化路上的一个探索。税利合一，也可称之为“以利代税”，是指对国营企业取消征税，把国营企业向国家上缴税收与上缴利润合并在一起，以利润这一种形式上缴企业纯收入。之所以试办税利合一，是认为在资本主义工商业的社会主义改造已经基本完成以后，过去在税收上常考虑的公私关系已不再存在，国营企业税收和利润分别征收办法已无必要，需要进一步简化企业向国家的缴纳办法，实行税利合一。

1959 年 1 月，财政部起草了《关于国营企业工商税和利润合并交纳问题的报告（草稿）》，制定了“税利合一”的初步方案。该报告提出，国营企业的税收和利润实质上都是工人群众创造的积累，实行国营企业“税利合一”，将大大简化企业的缴纳手续，有利于广大职工更加关心企业的全面积累的情况，有利于贯彻财政工作的群众路线。为此，决定石家庄、南京、成都、开封、锦州等七个城市试办税利合一，把国营企业原来缴纳的工商统一税、地方各税和工商税附加，与企业原应上缴的利润合并，定名为“企业上缴收入”。

但在试点过程中，试点各地普遍反映采取这一措施，利少弊多，虽然简化了手续，使企业更加关注整个积累的完成，但存在诸多问题。例如，在物价方面，由于利税合一，出现了企业自行降价提价、产品不好作价以及工商争利等问题；在经济核算方面，由于税收转化为利润，原来利润少的变多了，亏损的变为盈利了，掩盖了矛盾，并引发了忽视财务管理，乱摊成本、乱列开支等问题；在财政收入方面，出现了企业压低缴款计划，增加企业流程等问题。因此，试行四个月之后，1959 年 5 月中央决定停止试点，恢复了征税。

税制的过度简化和下放

“文革”期间，“左”倾思想泛滥，税收工作受到严重破坏。例如，1967 年，财政部的业务司局被撤并，划分为两个大组，政工组和业务组，仅留 20 多人管理财政部的全部业务工作，税务总局也被撤销，全部税收工作由业务组下设一个税收组办理。与此同时，在“左”倾思想及“非税论”的影响下，税制不断地简化与合并，出现了过度简化。

1968 年 9 月，财政部帮助天津市进行简化税制的试点。天津市提出简化税制的方案，该方案依据原来上缴国家税收情况设定税率。把企业销售的各种产品按不同税率缴纳的工商统一税、城市房地产税、车船使用牌照税、工商统一税附加合并为一种税，当时称为“四税合一”，按一个综合税率征收，因而被称之为“综合税”。1968 年 9 月，这一方案开始在天津毛织布厂进行试点，然后制定《简化国有企业纳税办法（试行草案）》，在41个国营企业进行了试点。此后，从1969年4月起在天津纺织行业100多个国营企业进行了扩大试点。1969年6月，财政部军事管制委员会在天津召开全国税制改革座谈会，肯定了当时天津"综合税"改革的做法，提出进行"综合税"试点。

在简化税制的同时，也开始下放税权。1969年5月，财政部军事管制委员会发布《关于在8省、市进行下放工商税收管理权限试点的通知》，决定从6月开始，在黑龙江、安徽、陕西、河北、湖南、贵州、上海、天津等8省、市进行下放工商税收管理权限的试点工作。主要内容包括：国营企业、手工业生产合作社由于生产经营、价格等有较大变化，按照国家规定纳税有困难、需要给予定期的减税免税照顾的，将批准权限由财政部下放给各省、自治区、直辖市革命委员会掌握；为了合理地确定农村人民公社的征税免税界限，简化征税办法，各省、自治区、直辖市革命委员会可在全国统一税法的基础上，自行制定本地区农村人民公社工商统一税具体征收办法；由各省、自治区、直辖市革命委员会根据当地具体情况确定个体经济征税的起征点；对城市房地产税、屠宰税，各省、自治区、直辖市革命委员会有权确定征税范围，调整税率，以及采取减税、免税的措施；工商企业或纳税人，由于特殊原因，长期拖欠税款，不论数额多少，确实无力缴纳的，可由各省、自治区、直辖市革命委员会批准，给予减税或免税。1970年4月，国务院批准中国人民解放军财政部军事管制委员会报送的《关于下放工商税收管理权的报告》，扩大地方减税、免税的批准权，下放城市房地产税、屠宰税、车船使用牌照税、牲畜交易税和集市交易税的管理权。

1971年8月，财政部在天津市召开全国工商税制改革座谈会，该会议提出，税制改革主要是合并税种、简化征税办法，改革不合理的工商税收制度，使之适应社会主义经济发展的新情况。改革的重点是把工商统一税、工商统一税附加，城市房地产税、车船使用牌照税合并，把盐税、屠宰税合并进来。合并以后，税率由141个减为92个；税目由

108 个减为 54 个。

1972 年 3 月，国务院同意并转发财政部报送的《关于扩大改革工商税制试点的报告》和《中华人民共和国工商税条例（草案）》。改革的主要内容包括：其一，合并税种。把工商统一税及其附加、城市房地产税、车船使用牌照税、盐税、屠宰税合并为工商税（盐税暂按原办法征收）。合并以后，对国营企业只征收工商税，对集体企业只征收工商税和工商所得税。其二，简化税目、税率。税率由过去的 141 个减为 82 个，实际上不相同的税率只有 16 个，多数企业可以简化到用 1 个税率征收。其三，把一部分管理权限下放给地方。地方有权对当地的新兴工业、“五小”企业、社队企业、综合利用、协作生产等，确定征税或者减免税。其四，对少数税率作了调整。按新的税制收税，国家的工商税收入比按原税制征税的征收额约减少 0.5%，多数地区的税收没有增加或者略有减少。

到 1973 年，税制实现了极简化，国营企业只征工商税，集体企业只征工商税和工商所得税。税率由过去的 141 个减少为 82 个，多数企业可以简化到只用一个税率征收。税制的极简化使税收的功能彻底弱化。

第八章 计划体制下的综合平衡

综合平衡是计划体制下中国经济管理理论的创新，并在实践中发挥了重要作用。国民经济按比例发展是计划经济的基本特征，综合平衡就是按比例，其中财政平衡是最基本的。“没有全局、整体的平衡，就不是有计划的经济。”① 实践证明，处理好综合平衡，国民经济就会健康运转。相反，如果综合平衡工作没有做好，就会出现国民经济重大比例失调，影响经济健康运转。

一、综合平衡的提出

综合平衡思想是在中国实践中逐渐总结出来的，在编制第一个五年计划时，中国就高度重视按比例发展问题，强调“要重视研究国民经济的比例关系”。在此基础上，提出综合平衡思想。

① 《陈云同志文稿选编》，人民出版社1981年版，第58页。

集中配置资源

配置资源是国家建设的基础。对于配置资源，通常有两种路径：一种是采取市场配置资源的方式，即发挥价格、竞争等市场机制的作用，按市场规律配置资源，整个经济靠“看不见的手”指引。另一种则是采取计划方式配置资源。由于新中国成立之初，面临资金匮乏、技术落后的“双约束”，我国采取计划配置资源的方式，以较低的成本集中财力和资源着力发展工业化，并在政府机构、社会运转等方面做出了与之相应的体制机制安排，使国家治理体系呈现出高效率、低成本的特征。

早在 1949 年年底，我国便确定了实行全国财政经济统一管理的方针。1950 年 2 月中财委召开全国财经会议，主要讨论了统一财经、紧缩编制、现金管理、物资平衡四大问题，并以指令性方式提出了“六个统一”，即财政收支统一、公粮统一、税政统一、统一编制、贸易统一、统一现金收支（现金的调度统一于银行）。与此同时，开始提出发展国民经济的某些计划和措施，如粮食、煤炭、皮棉等安排了 1950 年生产的计划指标，并试编年度计划。例如，1949 年年底编制出《1950 年全国财政收入概算草案》；1950 年 5 月又试编了包括农业、工业、文教卫生等 20 多项内容的《1950 年国民经济计划概要》，为后来编制中长期的国民经济计划积累了经验。1950 年 8 月，中央召开了第一次全国计划工作会议，讨论编制 1951 年计划和 3 年的奋斗目标。1952 年 11 月成立了国家计划委员会，1954 年 4 月中央又成立了编制五年计划纲要草案的工作小组。“一五”计划的编制，标志着我国进入计划经济体制时期。1954 年我国制定和颁布了第一部宪法，对计划经济体制在宪法层面进行了确认。

采取计划配置资源的方式，一般是按事先制定的计划，政府提出国民经济和社会发展的基本目标，有计划地安排重大经济活动，并以计划手段调节国民经济运行。资源的分配，包括生产什么、生产多少，都由政府计划决定。我国在计划管理上实行多种计划类型。例如，1953 年 8

月，中央在关于编制计划的指示中指出，对于不同的经济成分有不同的计划。国营经济，实行直接计划，其他经济成分，实行间接计划。对中央各部所属的国营经济，要求作比较完整的全面的计划；对地方国营经济，只要求计划几项主要指标。计划经济体制，必然注重国民经济的比例问题，要求按比例配置资源。

建设规模要和国力相适应

“一五”计划顺利推进，我国工农业生产迅速发展，社会主义公有制基本形成，在激发广大干部和人民群众加快实现工业化的愿望和热情的同时，也出现了急于求成、急躁冒进的倾向。在制定1956年国民经济计划草案时，大家普遍认为这一年是完成“一五”计划的关键之年，并且苏联援助中国建设的许多新建项目将进入施工高峰，需要加快基本建设速度，因而应该把经济建设施工速度定得比较高一些。这一想法是好的，但却对国家财力和物力的保障条件考虑不够，急于求成、急躁冒进的倾向在经济工作中开始抬头。

1956年国民经济计划和国家预算执行结果，取得了巨大成绩，基本建设拨款比1955年增长了57.7%，大大超过了以往年度的增长速度，但也存在一些缺点和问题。例如，国家银行的农业贷款计划增加11.2亿元，结果实际增加了20.3亿元①；生产资料和生活资料供应紧张。之所以出现这些问题，主要在于经济建设规模过大、工资总额增加过多、信贷支出增加过多等原因。

为了使国民经济顺利发展，必须坚持稳步前进的方针，反对急躁冒进的倾向。1956年6月，国务院向第一届全国人民代表大会第三次会议提出了几个经济工作方面的报告，在肯定成绩的同时，也指出生产的发展和其他一切事业的发展都必须放在稳妥可靠的基础上，在反对保守主义的同时，又要反对急躁冒进的倾向。1956年11月，周恩来在党的

① 陈如龙主编：《当代中国财政》（上），中国社会科学出版社19988年版，第136页。

八届二中全会上指出，1957 年的计划应在继续前进的前提下，对基本建设要作适当的压缩，要合理调整各经济部门之间的比例关系，以适应国家财力和物力的可能性。

1957 年 1 月，陈云在各省、自治区、直辖市党委书记会议上，提出开展增产节约运动、适当压缩基本建设的投资额、有计划地控制社会购买力增长的速度三项措施。同时，他总结了 1956 年反冒进经验，提出："建设规模的大小必须和国家的财力物力相适应。适应还是不适应，这是经济稳定或不稳定的界限。像我们这样一个有六亿人口的大国，经济稳定极为重要。建设的规模超过国家财力物力的可能，就是冒了，就会出现经济混乱；两者合适，经济就稳定。"① 如果基建规模过大，必然导致过高的积累，甚至出现财政赤字，引起积累和消费的比例失调，并且造成生产资料和设备供应紧张，进而就要增加重工业的投资，造成农轻重的比例失调，造成严重的损失浪费，尤其是可能引起整个国民经济的混乱。因此，陈云认为，当基本建设投资超过国力的可能时，就要砍，并且要砍到和国家财力物力特别是农业所能承担的程度。后来，中央又采取了一些反冒进措施，在全国范围内广泛深入地开展增产节约运动，这对于 1957 年国民经济计划和国家预算的完成、"一五" 计划的超额完成起了重要作用。

正确处理积累与消费关系

在计划经济体制下，处理好积累与消费的比例关系，不仅关系发展的速度和质量，而且决定着人们的生活水平状况。毛泽东在《工作方法六十条（草案）》中指出："在我国的国民经济中，积累和消费的比例怎样才算恰当，这是一个关系我国经济发展速度的大问题，希望大家研究。"②

"一五" 计划的提前胜利完成，与我们妥善处理积累与消费关系有

① 《陈云同志文稿选编》，人民出版社 1981 年版，第 38 页。
② 《毛泽东文集》第七卷，人民出版社 1999 年版，第 348 页。

很大关联。1956年9月，周恩来在党的八大上总结“一五”计划执行情况和汇报发展“二五”计划时指出：“我们在制定财政收入计划的时候，必须考虑到经济发展的可能性，考虑到积累和消费之间正确的比例关系，避免把收入定得过分紧张。……还必须考虑到建设规模和物资供应之间的平衡，考虑到意外的需要而留出一定数量的预备费，避免把支出定得过分紧张。”①

薄一波在党的八大上作《正确处理积累与消费的关系》发言时指出，在过去几年，我们对积累与消费关系的处理，基本上是正确的，但也发生过某些偏差。实践证明，当我们对积累与消费的关系处理得比较妥善的时候，国家的经济生活就出现协调现象，就对经济的发展，人民生活的改善产生有利的影响。反之，当我们对积累与消费的关系处理得不妥善的时候，我们的经济生活就显得不正常，经济发展、人民生活的改善就会受到不利的影响。因此，薄一波在总结1953年至1956年以来安排积累与消费之间比例关系经验的基础上，提出了“二、三、四”制约界限②。即：在今后若干年内，在通常情况下，我国国民收入中积累部分的比重，不低于20%，或者略高一点；我国国民收入中国家预算收入的比重，不低于30%，或者略高一点；我国国家预算支出中基本建设支出的比重，不低于40%，或者略高一点。这样既能保障我国工业特别是重工业的发展，又能保障人民的生活水平逐步提高。

虽然这些比例不能是一成不变的，但它毕竟是我国在实行计划经济时的一种重要探索，对于我国制定国民经济发展计划、推动经济按比例协调发展发挥了重要作用。

综合平衡就是按比例

陈云在总结“一五”时期建设经验的基础上，根据1956年出现的

① 《周恩来选集》下卷，人民出版社1984年版，第223页。

② 薄一波：《正确处理积累与消费的关系》（一九五六年五月十八日在中国共产党第八次全国代表大会上的发言），《十年来财政资料汇编》第一辑，财政出版社1959年版，第290—302页。

急于求成、盲目冒进现象，提出了著名的财政、信贷、物资三大平衡的理论，即综合平衡理论。

对于何为综合平衡，陈云有一句名言："所谓综合平衡，就是按比例；按比例就平衡了。"① 计划工作的主要任务是搞好综合平衡，实现国民经济基本比例关系的协调。在编制第一个五年计划时，陈云就高度重视按比例发展问题。在编制第二个五年计划时，他又特别强调要重视研究国民经济的比例关系，须遵守按比例的法则。"各生产部门之间的具体比例，在各个国家，甚至一个国家的各个时期，都不会是相同的。一个国家，应该根据自己当时的经济状况，来规定计划中应有的比例。究竟几比几才是对的，很难说。唯一的办法只有看是否平衡。"② 除了搞好积累与消费以及生产各部门比例关系的平衡之外，综合平衡还包括财政、信贷、物资等相互间及其各自的平衡。其主要思想包括③：

其一，财政收支和银行信贷都必须平衡，而且应该略有结余。只要财政收支和信贷是平衡的，社会购买力和物资供应之间，就全部来说也会是平衡的。所谓财政结余，并不只是结余钞票，主要是结余相应的物资。

其二，物资要合理分配，排队使用。应该先保证必需的生产和必需的消费，然后再进行必需的建设。像钢铁、木材等原材料的供应，应该有分配的顺序。原材料的供应，宽裕时不发生问题，紧张时便必须有分配的顺序。在原材料供应紧张的时候，首先要保证生活必需品的生产部门最低限度的需要，其次要保证必要的生产资料生产的需要，剩余的部分用于基本建设。

其三，人民的购买力要有所提高，但是提高的程度必须同能够供应的消费物资相适应。农产品提价的范围，只能限于那些收购价格过低影响生产发展的农产品。这是必须严格掌握的原则。经济作物的提价，必

① 《陈云同志文稿选编》，人民出版社 1981 年版，第 177 页。
② 《陈云文选》（1949—1956 年），人民出版社 1984 年版，第 241 页。
③ 《陈云文选》第三卷，人民出版社 1995 年第 2 版，第 52—55 页。

须考虑粮食和经济作物的比价，防止经济作物提价过多而挤了粮食，以至被迫再提高粮价，造成轮番提价、全面提价的危险。否则，农产品提价多了，便要减少建设投资，同时增加市场供应和货币回笼的困难。

其四，基本建设规模和财力物力之间的平衡，不单要看当年，而且必须瞻前顾后。财力物力就是指投资、机器设备和原材料、消费物资、外汇四个方面。年度计划要摆平，就必须瞻前顾后，前后衔接，避免陡升陡降，造成损失。

同时，陈云还强调，如果不认真研究国民经济的比例关系，必然造成不平衡和混乱状态。而研究合理的比例关系，决不能只依靠书本，生搬硬套，必须从我国的经济现状和过去的经验中去寻找。

二、“大跃进”挫折与综合平衡思想的确立

“大跃进”背离了综合平衡原则，造成了国民经济比例严重失衡，给经济社会发展带来了严重的影响，财政也极为困难。对其反思，进一步认识到综合平衡对计划经济和国民经济发展的重要性，并开始国民经济调整，力求在实践中做好综合平衡。

“大跃进”带来国民经济比例失衡

“大跃进”是想加快我国经济建设的步伐，但由于忽视了客观经济规律，夸大了主观意志和主观努力，提出“以钢为纲”，片面发展重工业，导致国民经济重大比例关系严重失调，生产大起大落，财政、信贷、物资失衡，财政工作面临巨大压力和挑战。其主要表现在：

其一，积累与消费比例严重失调。1958 年 5 月，党的八届二中全会正式通过了“鼓足干劲、力争上游、多快好省地建设社会主义”的总路线。同年 8 月，中央政治局在北戴河举行扩大会议，制定了没有科

学依据的高指标，提出1958年钢产量要在1957年535万吨的基础上翻一番，达到1070万吨，1959年要比1958年再翻番，由1070万吨达到3000万吨。粮食产量1958年要比1957年增产80%，由3900亿斤达到7000亿斤左右，1959年要比1958年增产50%。各地纷纷提出工业大跃进和农业大跃进的不切实际的目标，片面追求工农业生产和建设的高速度，在建设上追求大规模，提出了名目繁多的全党全民“大办”、“特办”的口号，从而导致基本建设战线过长，积累率急剧升高。三年间，基建投资总额高达1006亿元，比“一五”计划时期基本建设总投资几乎高出一倍。积累率突然猛增，由1957年的24.9%猛增到1958年的33.9%，1959年再增到43.8%，1960年仍高达39.6%。同时，由于基本建设战线过长，超过了人力、物力、财力的可能，导致了投资效果降低。大中型建设项目的投产率由1957年的26.4%下降至1960年的9.8%；每百元积累新创造的国民收入，由“一五”时期平均32元，降至1960年的-0.4元，国民经济循环严重恶化。积累额的猛增，势必挤占消费基金，导致积累与消费比例严重失调。1957年全国人均消费水平为102元，到1962年仅增至117元，严重影响了人民的生活消费水平①。

其二，农轻重比例严重失调。片面追求高速度，主要是重工业的高速度，盲目追求脱离实际的钢产量，造成工农业之间和工业内部各部门之间的比例严重失调。在工农业比例方面，由于农业受到极大削弱，生产大幅度下降，出现了工农业比例失调。1960年工业总产值比1957年增长1.3倍，而农业总产值却下降了22.7%；工业和农业产值比例由1957年的5.7：4.3，变为1960年的7.8：2.2。粮食产量由1957年的3901亿斤降到1960年的2870亿斤，减少了1031亿斤，下降26.4%；棉花产量由164万吨降到106.3万吨，下降35.2%。由于农业生产的大幅下降，使粮食等农副产品供应严重不足。从轻重工业方面来看，也出

① 陈如龙主编：《当代中国财政》（上），中国社会科学出版社19988年版，第185—186页。

现了严重的比例失调。“一五”期间，轻重工业总产值的比例平均是59.2：40.8。到1960年，重工业总产值却从1957年的45%增加到66.6%，轻工业总产值所占比重从1967年的55%下降到33.4%。由于工业生产以钢铁为中心，重工业增产较快，如生铁产量增加3.6倍、铁矿石产量增加4.8倍、煤产量增加2.03倍，而轻工业所需要的燃料等物资被过分挤占，生产能力同农业可能提供的原料之间出现了严重的不平衡，导致轻工业生产的大幅下降，进而造成了市场上商品供应紧张的局面①。

其三，财政、信贷以及物资产品均出现失衡状况。为了适应“大跃进”建设资金的需要，在财政和信贷上提供大量便利，有的地方认为信贷放款就是支持生产，收款就是不支持生产。因此，在信贷和产品收购等方面出现了较为激进的口号和做法。例如，一些地方的商业部门喊出了“生产多少，就收购多少；什么时候生产出来，什么时候就收购”的口号；而在信贷上，重放轻收，有的甚至“需要多少，就贷多少；什么时候需要，就什么时候贷”，完全忽略了信贷计划和国民经济发展的实际需要；商业部门在计划外大搞赊销商品，预付货款；甚者“指山买矿”、“指河买鱼”，变相发放基本建设贷款。随着基本建设扩大，城镇职工增加，企业亏损增加，银行贷款和财政支出也不断上升。财政总支出从1957年的304亿元分别增加到1958年的409.4亿元、1959年的552.86亿元和1960年的654.14亿元。“大跃进”运动中，虚假浮夸的风气较为盛行，各行各业都提出了一些不切实际的高指标，财政表面上有钱，实际上日子不好过，出现了“假结余、真赤字”的现象。三年间，银行对工业贷款，从1957年的33.4亿元分别增加到91.9亿元、258.3亿元和299.6亿元；银行对商业贷款，也从216.4亿元分别增加到342.4亿元、495.3亿元和506.3亿元。财政赤字和银行信贷规模的扩大都迫使国家不得不增加货币发行。在商品可供量方面，由于农业、

---

① 谢旭人：《中国财政60年》上卷，经济科学出版社2009年版，第137—138页。

轻工业减产，市场商品可供量则严重不足，尤其吃和穿的商品缺口很大。又因外汇收入减少、结存下降，无力增加进口市场消费品，只能大挖商品库存。1957—1960 年，粮食和花纱布等主要消费品大约挖出库存 1/3，但货源仍然不足，到 1960 年年末，未实现的社会购买力达到 198 亿元，每元货币拥有的消费品库存比 1957 年下降了 21.1%。这些都突出地反映了市场上供需关系的严重失调①。

“八字方针”与“双六条”

国民经济的全面失调，加上连年的自然灾害、苏联政府背信弃义地撕毁合同，使国民经济、社会发展和人民生活都面临严重困难和危机，中国社会主义事业遭受重大考验。针对这一严峻局势，为了摆脱这种日渐严重的困境，中央决定对国民经济进行全面调整。

1960 年 7 月，党中央北戴河会议提出要对国民经济进行调整。8 月底，国家计划委员会（以下简称计委）向国务院汇报 1961 年国民经济计划时，提出了应对国民经济实行“调整、巩固、提高”的意见。后来，周恩来在听取了国家计委党组的汇报之后，加上了“充实”两字，从而形成了“调整、巩固、充实、提高”的八字方针。1960 年 9 月 30 日，中央转发的国家计委党组《关于一九六一年国民经济计划控制数字的报告》中，第一次正式提出了“八字方针”。1961 年 1 月 14 日至 18 日，党的八届九中全会讨论批准了这个方针。随后中央先后召开庐山会议、七千人大会、西楼会议，全党统一思想认识。

“调整、巩固、充实、提高”的八字方针，其核心是适当调整国民经济各方面的比例关系，即：调整农、轻、重之间的比例关系，调整生产和基本建设的关系；调整经济事业和文教事业、国防事业的关系；调整积累和消费的关系；调整财政、信贷和物资的关系；尽可能提高农业和轻工业的发展速度，适当控制重工业，特别是钢铁工业的

---

①　谢旭人：《中国财政 60 年》上卷，经济科学出版社 2009 年版，第 139 页。

发展速度，同时缩小基本建设的规模，使国家建设和人民生活得到统筹兼顾、全面安排。按照“八字方针”，我国进入国民经济全面调整时期。为了深入贯彻以调整为核心的“八字方针”，财政认真落实农村经济政策，促进和巩固以生产队为基础的人民公社体制，大力支援农业增产，提高支农资金在国家预算中的比重，减轻农民税收负担，减少粮食征购数量；压缩基本建设投资，调整工业投资结构；增收节支，消灭财政赤字，回笼货币，稳定市场；改进财政管理体制，加强集中统一。

为了切实加强银行工作的集中统一，把国家资金管紧，堵塞银行信贷资金的漏洞，1962年3月，财政部制定发布《关于切实加强银行工作的集中统一，严格控制货币发行的决定》（银行“六条”）。银行“六条”主要内容包括：收回几年来银行工作下放的一切权力，银行业务实行完全彻底的垂直领导；严格信贷管理，加强信贷的计划性，非经人民银行总行批准，任何地方、部门和企业、事业单位，不得在计划以外增加贷款；严格划清银行信贷资金和财政资金的界限，不得用银行贷款作财政性支出；加强现金管理，严格结算纪律；各级人民银行必须定期向当地党委和人民政府报告货币投放、回笼和流通情况；在加强银行工作的同时，必须严格财政管理。

在银行“六条”下达后，针对有些企业出现乱挤占财政现象，堵住财政漏洞，1962年4月，又制定发布《关于严格控制财政管理的决定》（财政“六条”）。财政“六条”强调，切实扭转企业大量赔钱的状况，一切国营企业，除了国家特别批准的以外，都必须盈利，不准赔钱；坚决制止一切侵占国家资金的错误做法，所有企业和基本建设单位，必须按照批准的计划和预算用钱，资金的来源和用途都要核算确实，交待清楚。严禁乱拉乱用国家资金，来发放多余人员的工资、自行提高职工福利、弥补企业亏损或者在计划以外扩大基本建设；坚决制止各单位之间相互拖欠货款，企业或者基本建设单位，收了货不付钱，占了其他国营企业的资金，实际是变相地占压和侵占国家资金，必须坚决禁止；坚决维护应当上交国家的财政收入，全民所有制的单位、集体所有制的单位，以及应当结税的个人（小商小贩等），都必须依法向国家缴纳税款；严格控制各项财政支出，只许减少，不许超过；切实加强财政监督。

在“八字方针”指导下，中央采取了一系列果断的调整措施，工农业生产比例走向协调，工业生产能力和经济效益大幅度提高，工业内部结构有所改善，积累与消费比例趋向合理，财政收支平衡略有结余，人民生活水平开始回升，整个国民经济已经全面好转。

不搞综合平衡就寸步难行

“大跃进”的重要教训之一，就是没有搞好综合平衡。没有全局、整体的平衡，就不是有计划的经济。在国民经济调整过程中，我国对综合平衡的认识又上升了一个深度。

1962 年 3 月 7 日，陈云在中央财经小组会议上指出，国民经济计划需要有一个大的调整，要准备对重工业、基本建设的指标“伤筋动骨”。调整计划，实质上是要把工业生产和基本建设的发展放慢一点，以便把重点真正放在农业和市场上。农业问题，市场问题，是关系五亿多农民和一亿多城市人口生活的大问题，是民生问题。解决这个问题，应该成为重要的国策。为了农业、市场，其他的方面“牺牲”一点，是完全必要的。计划安排，特别是材料的分配，要先把农业、市场这一头定下来，然后再看有多少材料搞工业。工业也要首先照顾维修、配套，维持简单再生产。满足了当年生产方面的需要，再搞基本建设。有多大余力，就搞多少基本建设。为此，他详细论述了综合平衡问题。“所谓综合平衡，就是按比例；按比例，就平衡了。任何一个部门都不能离开别的部门。一部机器，只要缺一部分配件，即使其他东西都有了，还是开不动。按比例是客观规律，不按比例就一定搞不好。按照国内和国外的经验，生产一百万吨钢，就要相应地有近五万吨的有色金属；在有色金属中，铜、铝、铅、锌又有一定的比例，缺一样都不行，数量少了也不行。搞经济不讲综合平衡，就寸步难移。”① 计划经济必须根据计划规律的要求办事，也就是通过统一计划按照一定比例分配社会劳动，国民经济各部门、各个环节之间保持一定的比例，社会生产和需要之间保持相对平衡。

在综合平衡中，有两个问题是比较重要的。一个是从什么时候开始搞综合平衡。针对有些人提出没有条件、当时不能搞综合平衡时，陈云明确提出：“综合平衡必须从现在开始，今年的年度计划就要搞综合平衡，开步走就要搞综合平衡。不能说在达到了多少万吨钢以后再去搞平衡。”② 因此，无论在任何时候任何情况下都要保持国民经济的综合平衡。年度计划要平衡，长期计划也要在年度综合平衡的基础上制定。

另一个是按什么“线”搞综合平衡。综合平衡通常是按长线或者短线来搞。但按长线搞平衡，导致的结果往往是不平衡。所以，要做到真正的平衡，就要按短线搞综合平衡。“所谓按短线平衡，就是当年能够生产的东西，加上动用必要的库存，再加上切实可靠的进口，使供求相适应。”③ 为避免形成新的不平衡，在按短线确定计划指标时，也要注重统筹安排长线本身在国民经济比例关系中的综合平衡。

同时，搞综合平衡，计划指标必须留有余地。1960 年 6 月，毛泽东在中共中央上海会议期间作《十年总结》的报告时指出，在制定国民经济计划时，要留有余地，宁可少些，让实际超过，打得太满，就会被动。陈云也指出：“计划指标必须可靠，而且必须留有余地。只要综合平衡了，指标低一点，也不怕。看起来指标低一点，但是比不切实际的高指标要好得多，可以掌握主动，避免被动。”④

财政平衡是最基本的

后来，陈云在三大平衡理论的基础上，又加入外汇收支平衡（即现

① 《陈云同志文稿选编》，人民出版社 1981 年版，第 177 页。
② 《陈云同志文稿选编》，人民出版社 1981 年版，第 176 页。
③ 陈云：《在中央财经小组会议上的讲话》，《陈云文选》第三卷，人民出版社 1995 年第 2 版，第 211 页。
④ 《陈云文选》第三卷，人民出版社 1995 年第 2 版，第 212 页。

在的国际收支平衡），从而形成四大平衡理论的思想体系。在这四大平衡中，陈云认为：“从全局看，在几大平衡中，最基本的，是财政平衡。”①

在计划经济体制中，从生产、分配、交换到消费的整个社会的经济运行，都是按照政府的计划进行控制和调节。整个社会的经济运行，从生产、分配、交换到消费，都是按照政府的计划进行控制和调节。由于绝大部分的国民收入由财政根据社会发展各方面需要，进行统一分配，从而使财政对国民经济总量起决定性影响。只要财政收支能保持平衡，整个社会的总需求和总供给也就有了基础条件。在国民经济综合平衡中，信贷、物资、外汇平衡的基础是财政平衡。由于财政的超分配，即财政出现赤字，主要靠银行透支来实现。这迫使银行多发放配套资金方面的贷款，从而形成了信贷的不平衡，而信贷不平衡所造成过多的货币供给，从而引发物资供给的短缺，最终导致收支不平衡。因此，陈云指出：“只要财政收支和信贷是平衡的，社会购买力和物资供应之间，就全部来说也会是平衡的。”②

三、综合平衡的破坏与全面整顿经济

“文化大革命”给国民经济带来极大破坏，综合平衡思想受到批判，经济和社会秩序混乱，社会主义经济建设事业遭受到严重的挫折和损失，国家财政也受到很大冲击。1975 年全面整顿经济，整顿财政工作和财政秩序，恢复了财税部门的职能机构，提出了《关于整顿财政金融的意见》（即“财政十条”），发挥财政对经济社会生活各领域的支撑

① 陈云：《当前经济工作的几个问题》，《陈云文选》第三卷，人民出版社 1995 年第 2 版，第 366 页。
② 陈云：《建设规模要和国力相适应》，《陈云文选》第三卷，人民出版社 1995 年第 2 版，第52—53 页。

作用。

财政工作受到严重干扰和冲击

在“文化大革命”期间，受政治运动的冲击，国家和社会秩序出现了混乱，财政工作也受到政治运动的严重干扰和冲击，财政制度和财政管理被严重破坏，对财政工作产生了巨大的不良影响。

1966年5月，中央政治局扩大会议通过了“五一六通知”。8月党的八届十一中全会通过《中共中央关于无产阶级文化大革命的决定》，标志着“文化大革命”全面发动。1966年开始的全面夺权也冲击到了财政部门，受到了中央领导和财税战线广大干部职工的坚决抵制。周恩来总理坚决制止了造反派的夺权行动，指出“中央财政大权不能夺”，要求维护财政部原领导班子的工作，保证了国家财政业务系统正常运转。1967年7月，财政部成立了军管会，领导财政部的日常工作。业务司局被撤并，划分为两个大组，政工组和业务组，管理财政业务的干部由几百人减至几十人。1969年7月财政部与中国人民银行合署办公。

在“文化大革命”期间，预、决算制度受到冲击，甚至被迫中断，1967年和1968年没有正式的预、决算报告。取消、简化了80%以上的财政报表，基本建设项目的概算、预算、成本计算和竣工决算以及拨款原则都被废除，税制过度简化，财政体制频繁调整。财经纪律松弛，随意截留国家财政收入的混乱局面相当严重，财政管理遭到严重破坏。

财政收支急剧波动，多年出现赤字，财政运行极为困难。1967年财政收入比1966年减少25%，1968年又比1967年减少13.9%。1967年出现了22.5亿元的财政赤字。为了保证收支平衡，只有大幅压缩支出。例如，只有1968年财政总支出比1966年减少约1/3的情况下，才保持了财政收支平衡。据估算，“文革”十年，财政收入总共减收约1500亿元。同时，财政投资分配结构畸形发展。从1969年起，由于强调备战需要，加强“三线”建设，提出了“靠山、分散、进洞”的方针，使基本建设投资不断增加。1969年、1970年的基本建设投资拨款激增，占当年财政支出的比例分别高达 39.2% 和 45.9%，仅次于“大跃进”的最高峰时期①。

综合平衡受到破坏

在“文革”时期，宏观经济的综合平衡被斥之为右倾保守、消极平衡，国民经济的综合平衡受到破坏，国民经济状况恶化，主要经济比例严重失调。

工农业生产大幅度下降。“文革”期间，各项经济指标的平均年增长速度都大大低于此前的水平。1967 年，工农业总产值比上年下降 9%，其中工业总产值下降 14.9%；农业总产值比上年的增长率降低 7 个百分点。从产品产量看，钢产量比 1966 年下降 32.8%；煤炭产量下降 18.3%；原油产量下降 4.7%；发电量下降 6.2%。1968 年，国民经济各项指标继续下降，工农业总产值下降 4%，其中工业总产值下降 7%；农业总产值仅增长 0.4%。从产品产量看，除煤炭、原油、棉花以外，其他产品产量均有所下降。例如，钢产量下降 12.1%；发电量下降 7.5%；粮食产量下降 4%。

经济比例严重失调。其一，积累和消费比例严重失调。1966—1976 年的 11 年中，有 8 年积累率在 30% 以上。在积累内部，生产性积累和非生产性积累也存在着比例严重失调的状况，非生产性积累“三五”和“四五”期间分别下降了 22.5% 和 22.4%，导致住宅、教育、文化、卫生、环保设施等方面投入严重不足，严重影响了人民生活水平的提升。其二，农、轻、重比例关系失调。农、轻、重的投资结构由 1968 年的 41.9∶31.2∶26.9，改变为 1969 年的 33.7∶30.6∶35.7，以后几年重工业占生产总值的比重也持续上升。在工农业总产值中，1966—1976 年，重工业比重从 32.7% 上升到 38.9%，农业比重从 35.9% 下降到 30.4%，轻工业比重从 31.4% 下降到 30.7%。从农业内部结构来看，

① 陈如龙主编：《当代中国财政》（上），中国社会科学出版社 19988 年版，第 241 页。

片面强调“以粮为纲”，不注重种植业与经济作物、林牧副渔业的协调发展。种植业产值比重始终在69%以上，林牧副渔业产值比重始终在31%以下。从工业内部结构来看，重工业占比持续上升，不仅轻重工业比例失调，由于过分强调钢铁和机械工业，在重工业内部加工工业与原材料工业也不相适应。1966—1976年，重工业的总产值的比重由32.7%上升到38.9%，轻工业总产值的比重则由31.4%下降到30.7%；制造工业的比重由50.5%上升到52.8%，而原材料工业却由38.3%下降到34.9%。其三，交通运输业和工农业生产比例失调。“文革”时期，工农业总产值增长了近1倍，其中工业总产值增长1.25倍，而全部货物周转量仅增长77%，其中，铁路货物周转量增长只有28.2%①。

全面整顿工作

为改变全国政治和经济动荡的局势，促进国家发展，1975年，邓小平根据毛泽东提出的“安定团结”、“把国民经济搞上去”的指示，开始全面整顿。

这次全面整顿工作，是对“文革”时期“左”倾错误的纠正。全面整顿工作的中心是整顿经济工作。邓小平反复强调把实现四个现代化问题作为全党工作的大局，实际上就是提出把全党工作重心转移到经济建设上来，主张大力发展生产力，明确重申生产力标准。他批评了一些人只敢抓革命，不敢抓生产，认为“抓革命保险、抓生产危险”是大错特错的。全面整顿工作是以工交战线的整顿为重点，并以整顿铁路为突破口。怎样才能把国民经济搞上去？首先是恢复生产秩序。当前的薄弱环节是铁路。铁路运输的问题不解决，生产部署统统打乱，整个计划都会落空。所以，中央下决心要解决这个问题。根据邓小平的讲话精神，中央作出了《关于加强铁路工作的决定》。全面整顿工作的核心为党的整顿。只要抓住整党这个中心环节，各个方面的整顿就不难。搞好

① 谢旭人：《中国财政60年》上卷，经济科学出版社2009年版，第180—187页。

安定团结，发展社会主义经济，需要加强党的领导，把我们党的优良作风发扬起来，坚持下去。因此，在全面整顿中把党的整顿作为核心，要求把党的组织尽快恢复起来，把领导班子建设好。总之，以整顿经济工作为中心的全面整顿工作，是以整顿铁路为突破口，以工交战线的整顿为重点，以党的整顿为核心，到农业、军队、科学、教育、文艺的整顿，并逐渐发展到意识形态领域，形成了一个整体。

由于受“批邓、反击右倾翻案风”运动的影响，全面整顿工作很快停止了。虽然为时甚短，干扰很多，但却取得了明显的效果，各方面工作在短时间内出现明显好转，国民经济各项指标也由停滞下降转入迅速回升，工农业总产值比上年增长了 11.9%，其中，工业总产值增长 15.5%，农业总产值增长 3.1%。尤为重要的是，这次全面整顿工作，实际上是中国共产党新时期伟大历史转折的序曲，是改革的最初试验，成为后来改革开放的先声，为我党新时期伟大历史性转折奠定了思想理论基础。

整顿财政与“财政十条”

早在 1972 年，在周恩来的领导下，我国开始整顿财政工作，恢复财政秩序。例如，财政部针对当时企业管理混乱的情况，加强了对国营企业的财务管理工作，提出了要切实抓好企业整顿，严格实行经济核算制，建立健全企业的各项规章制度和经营管理的基础工作。为了促进企业进一步加强经济核算，财政部于 1973 年 5 月发布《关于加强国营工业企业成本管理工作的若干规定》，要求企业编制成本计划，严格执行国家规定的成本开支范围和费用开支标准。再如，1975 年 1 月，国务院发布《关于进一步加强财政工作和严格检查一九七四年财政收支的通知》，要求对一些违反财经纪律的现象进行纠正，不准任意减免税收、扣留国家收入，不准采取预算外支出转到预算内开支，不准用任何手法转移资金。

1975 年，随着全面整顿工作的开展，财政管理工作也采取了一系列全面整顿的措施，其中最为主要的措施是提出了《关于整顿财政金融的意见》（即“财政十条”），要求努力促进工农业生产的发展，调整财政收入，节约财政支出，迅速扭转企业亏损局面，加强基本建设拨款的管理，管好用好更新改造资金，加强信贷管理，控制货币发行，改进财政和信贷管理体制，严格财经纪律。针对当时生产遭到破坏，资金偏于分散的情况，“财政十条”要求进一步改进财政信贷管理体制，提出财政资金需要适当集中，管理权限主要集中于中央和省、市、自治区两级；强调国家财政的方针、政策、国家预算、税法税率、全国性的开支标准、企业基金提取的比例、生产成本和商品流通费用的开支范围等，都由中央统一规定。在财政体制上，提出了“定收定支，收支挂钩，总额分成，一年一定”的办法，每年由财政部分别核定各省、市、自治区的收入任务和支出总额，按照支出占收入的比例，作为地方分成的比例，超收按分成比例相应地多分收入，短收了就要相应地减少支出，自求平衡。

为了贯彻“财政十条”，财政部起草了改进预算管理体制，加强固定资产管理、企业财务管理等诸多管理措施和整顿性文件。虽然由于受“文革”政治运动的影响，“财政十条”和这些文件并没有正式公开发布，但文件精神在实际工作中得到贯彻和实行，对财政领域的整顿工作起到了积极作用。

尽管“文革”期间经济社会秩序不稳定，生产和各项事业受到严重影响，但财政部努力克服重重困难，维持和稳定财政工作，竭力维持财政平衡，支持经济建设、开展对外援助，坚持财政制度和财经纪律，努力进行整顿，有力地维护了国家财政的稳定局面，对于保持政权正常运转、维护国家稳定发挥了重要作用。

本篇小结

在高度集中的计划体制下，风险理性成为主导这一时期财政制度变迁的主要因素。对国际国内风险的判断，以及相关的防范和化解，对这一阶段的经济社会发展和财政制度产生了重大影响。这一时期，各项成就的取得以及一些教训，莫不与此有关。

新中国成立以后，新生政权能否稳固成为主要风险。为了应对执政考验，争取财政经济状况根本好转，以及集中资源进行国家建设，新中国统一国家财政经济工作，组建财经管理机构，编制第一本国家预算概算，统一全国税政，初步建立了统收统支的财政。在“一穷二白”条件下，采取计划体制，集中国家力量进行工业化建设成为必然选择。同时，为了逐步实现社会主义工业化，中国通过“三大改造”，建立起以生产资料公有制为基础的社会主义经济制度，奠定了所有制财政的基础。财政在支持城市和农村上，存有明显的差别，财政支出主要用于城市建设和国营企业发展，呈现城乡分治的财政特征。为工业化积累建设资金，成为财政的一项重要而艰巨的工作，中国走出了独特的积累工业化建设资金之路。在实施计划配置资源、以集中财力办事的方式推动工业化的同时，采取工农业产品价格“剪刀差”的形式，为工业化积累建设资金。在财政体制方面，为了支持工业化，实行财政集中，中国初步建立了适合计划经济需要的高度集中的财政体制。此后，根据计划经济体制的建立和调整，中国财政体制进入了收权与放权的循环，多次进行调整。

防范和化解重大风险，推动了这一时期财政制度的变迁，使中国取得了巨大进步。这一时期的诸多重大决策和制度安排，也是基于对风险的判断基础上做出的。例如，基于对国际风险判断，为了准备打仗，中国进行“三线”建设；为了使人们过上好日子，开始创办人民食堂。由于情况的复杂性和各种因素的不断变化，我们很难每一次都对风险作出精准的判断。有时将风险夸大，有时在防范一个风险的同时又引发出另一个风险，给我们带来了一些教训。其中“急于求成”便是一个主要的教训。在我们“站起来”以后，急于改变国家积贫积弱的状况，因而试图通过“大干快上”地建设社会主义改变这一状况。结果在国家建设上出现了“大跃进”等急躁冒进的现象，导致了国民经济发展的失衡。

总之，这一时期的实践表明，只有准确地认识和判断风险，并依据风险的变化和潜在的危机及时调整财政政策，推动制度变迁，才能更好地促进国民经济和社会发展。

第　三　篇

改革开放过程中的财政突破

“不改革开放，总有一天会被开除球籍”①，“不坚持社会主义，不改革开放，不发展经济，不改善人民生活，只能是死路一条。”②“改革是中国的第二次革命。”③ 在改写中国历史的转折点上，“改革”二字与社会主义的命运紧密相连。那一代共产党人，正是深怀“被开除球籍”的忧患，带着“完善社会主义制度”的深刻思考，顶着“不改革就死路一条”的巨大压力，开启了激荡中国、震撼世界的伟大变革。可以说，贫困与落后，时刻面临的生存危机与“被开除球籍”的危险，是撬动中国改革开放最初也是最大的动力。

改革开放初期，中华民族面临巨大的公共风险，唯有改革方能破解危局，这在当时已经成为各方共识。改革虽然不像革命时期血雨腥风，却会触动观念、权力与利益并引发激烈对抗，从某种意义上讲，改革就是一场自我革命，它需要壮士断腕的决心与高超的政治智慧。为抑制公共风险向危机的演变，改革唯有以只争朝夕的节奏与危机赛跑，方能让国家转危为机，公共风险则成为改革的源动力。财政作为公共风险的管理者，面对各种复杂局面，财政政策因时而变、顺势而为、不断优化，努力将公共风险控制在合理区间，助推中国上演了一幕人类史上罕见的经济增长奇迹。

遵循以上分析思路，本篇共分为五章。前三章重点阐述了改革开放40年来中国“改革”的历史逻辑，围绕三个维度——国家与市场（企

---

① 《坚持改革开放不动摇，不能走回头路》，《人民日报》2008年12月4日。

② 邓小平：《在武昌、深圳、珠海、上海等地的谈话要点》，《邓小平文选》第三卷，人民出版社1993年版，第370页。

③ 邓小平：《改革是中国的第二次革命》，《邓小平文选》第三卷，人民出版社1993年版，第113页。

业）关系、国家和社会（个人）关系以及中央与地方关系，通过放权、分权与治权，梳理改革的脉络及财政如何成为改革的“突破”。接下来的一章主要阐述了改革开放40年来中国“开放”的演进脉络，即为防范和化解全球公共风险，财政思维如何突破“国内”的界限，以更加宏观的全球视野去看待和应对全球风险，积极构建大国财政，提升中国的国际地位和国际话语权。最后一章重点刻画了改革开放40年来中国财政宏观管理的实践，并基于财政的宏观调控工具特征，对财政宏观调控到财政风险管理的变迁路径做出了研判分析。

第九章 放权的财政："短缺经济"逼出的选择

在改革开放初期，缺食少衣是当时最大的公共风险，吃不饱饭、经济低效、发展缓慢，民众的基本生存权都难以保障。在这种"短缺经济"背景下，财政的使命就是贯彻物质利益最大化原则，通过放权让利调动一切积极因素搞经济建设，以经济建设为中心的"建设财政"是这一时期的主要特征，财政政策追求效率与增长目标，努力做大经济蛋糕。这一时期财政改革的主要内容是：第一，通过增加对农民与农业的放权让利，调动农民生产积极性。第二，对国营企业实行企业基金制度和利润留成，调动国营企业的生产积极性。第三，按照分级包干制明确划分中央与地方财政收支范围，调动地方政府发展经济的积极性。

一、对农民："大包干"提高积极性

20世纪70年代末期，中国经济社会发展面临巨大挑战：经济凋敝、科技落后、人民贫困。1978年中国农村居民贫困发生率为97.5%[①]，农

① 若无特殊说明，本篇的相关数据均根据国家统计局等有关部门发布的数据整理得到。

村贫困人口规模达到了 7.7 亿人；工人平均月工资只有四五十元[①]。许多地方的农民口粮不足，部分地方口粮严重不足。中国经济的发展水平不仅赶不上发达国家，在发展中国家中也排名垫底。基于这一背景，中国逐渐加快向农民放权让利步伐。"放权"体现在推广家庭联产承包责任制这一生产组织形式，将土地集体所有权与经营权分离，赋予农民土地承包经营权，极大调动了农民生产积极性，粮食产量开始大幅增长；"让利"体现于增加财政补贴以提高农副产品价格，减少对农业的净提取，缓解农村发展资金不足的困境。

对农民放权：家庭联产承包责任制

1978 年 11 月 24 日晚上，为了解决温饱问题，在安徽省凤阳县东部小岗村一个闪着微光的茅草房内，18 位农民以"托孤"的方式，冒险在土地承包责任书上按下手印，实施农业"大包干"，拉开了中国农村改革的序幕。"包产到户"的效果立竿见影，1973—1976 年，小岗村全年人均口粮仅在 200 斤左右徘徊，年人均收入甚至不足 30 元，几乎每户都有出门讨饭的经历。而 1979 年，小岗村在遭遇罕见大旱的情况下，仍然取得了大丰收，粮食总产达到了 13.3 万斤，相当于之前 1955 年到 1970 年粮食年产量的总和；人均收入达 400 元，相当于 1978 年的 18 倍[②]。

小岗村的"包产到户"不是先见之明的特意安排，在当时也引起了巨大的争议，但其粮食增产效果却让其他地区纷纷效仿。当计划经济的堤坝在农村逐渐裂开，改革的甜头开始激励越来越多的农村进行联产承包责任制改革，如雨后春笋般出现在神州大地上。1982 年 1 月 1 日，中共中央批转《全国农村工作会议纪要》，指出农村实行的各种责任制，包括小段包工定额计酬，专业承包联产计酬，联产到劳，包产到户、到组，包干到户、到组，等等，都是社会主义集体经济下的生产责

① 《李先念论财政金融贸易》下卷，中国财政经济出版社 1992 年版，第 389 页。

② 《敢想敢干敢为人先：小岗村 40 年有大变样》，《中国青年报》2018 年 1 月 16 日；《小岗村 40 年：在改革中走向不惑》，新华网 2018 年 10 月 8 日。

任制；1983年中央下发文件，指出联产承包制是在党的领导下中国农民的伟大创造，是马克思主义农业合作化理论在我国实践中的新发展；党的十三届八中全会通过的《中共中央关于进一步加强农业和农村工作的决定》（中发〔1991〕21号2015）提出把以家庭联产承包为主的责任制、统分结合的双层经营体制，作为我国乡村集体经济组织的一项基本制度长期稳定下来，并不断充实完善。

家庭联产承包责任制作为农村经济体制改革第一步，突破了“一大二公”、“大锅饭”的旧体制对劳动者的束缚。而且，随着承包制的推行，农村联产承包责任制极大地调动了亿万农民的生产积极性。农村广为流传的顺口溜是：“大包干，大包干，直来直去不拐弯。交够国家的，留足集体的，剩下都是自己的。”如图3－1所示，1983年，全国粮食增产9%，棉花产量增加29%；1984年，粮食增产5%，棉花产量增加34%[1]。这些现实成就就是对这一改革效果最为有力的证明。

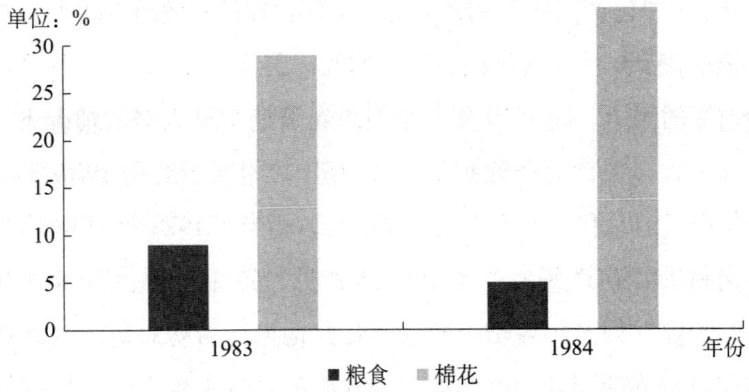

图3－1　1983—1984年粮食与棉花的增产情况

资料来源：《中国农村统计年鉴》（1985）。

对农民让利：提高农副产品价格

20世纪50年代以来，通过工农业产品价格“剪刀差”，农业提供

① 资料来源：《中国农村统计年鉴》（1985）。

大量的物质与资金积累，进而推动了中国工业体系的建立。1952 年至 1978 年，农业为工业发展提供的资金与同期国家固定资产投资总额大致相等。70 年代后，农业向工业的资金转移所占比重有所下降，但绝对值仍然在上升。也正是因为工农业产品价格“剪刀差”，农业自身积累资金所剩无几，农民生产水平并没有同比提升，农村相对城市变得更加贫困，国家于 1978 年开始加大对农民的让利程度，以逐步缩小工农业生产生活差距。

一是大幅度提高农副产品收购价格。从 1979 年 4 月起，提升 18 种主要农产品收购价格。1980 年、1981 年、1982 年三年间又先后提高了部分农副产品收购价格。据统计，农副产品收购价格在 1950 年至 1978 年近 30 年间总共提高 117.4%，收购价格年均增长 2.8%。而仅 1979 年一年，农副产品收购价就提高 21.1%，在改革的前四年间，农副产品收购价共提高 24.5%[①]。

二是调低征购任务，实行超购加价、奖售政策。政策规定，水稻地区和杂粮地区的口粮免购额分别是 400 斤与 300 斤。仅 1979 年一年全国粮食征购基数就减少了 55 亿斤。从 1979 年起，除了对粮食和油脂实行定基数外，对棉花和食糖也实行定基数政策。并且在完成基数任务后，一些产品可以自由到市场进行交易，改变了农副产品不能自由交易的历史[②]。国家对粮食、食油（包括油料）超基数收购价格幅度也不断上升，由原来加价 30% 改为 50%，棉花加价 30%[③]。

三是减免税收和降低农业生产资料价格。1979 年，共免征低产缺粮地区的农业税 47 亿元。1979 年 7 月，农村社队企业工商所得税起征点提高了，新办社队企业减免税收年限放宽了，一般地区新办企业 3 年内免税，民族自治县和边境县 5 年内免税，一系列改革使得农民仅 1979 年一年内获益 20 亿元。1979 年 9 月，国家决定对农业生产资料价格进

---

① 《新中国商业史稿（1949—1982）》，中国财政经济出版社 1984 年版，第 385、386、397 页。

② 《新中国商业史稿（1949—1982）》，中国财政经济出版社 1984 年版，第 387、391、392 页。

③ 郭今吾主编：《当代中国的商业》，中国社会科学出版社 1987 年版，第 126、129 页。

行补贴，包括化肥、农药、塑料薄膜、农用柴油和农用电在内的诸多生产资料价格都降低了，农民年内的支出减少了20亿元①。

这些税收与价格政策降低了农业生产成本，提高了农民粮食销售收入，一减一增相叠加，极大提高了农民生产经营的净收入，也改善了农民生产生活条件，稳定了家庭联产承包责任制的改革效果。

二、对国企：扩大自主权和两步利改税

计划经济体制下，企业生产什么与生产多少都由政府决定，企业并没有自主权，事实上政府主导了企业的生产经营活动。这一体制严重制约了企业自主经营权的实现，企业的生产积极性并未得到有效发挥。基于这一背景，1978年，以扩大企业财权为导向，对国营企业实行企业基金制度。从1979年起，在一些扩权试点的国营企业中试行利润留成制度，其后开始进行国营企业利改税试点。通过一系列政策创新，政府对企业放权让利，探索建立国家与企业之间的新型分配关系，增加了企业自主支配的财力，激发了企业发展活力，有力地支持了国有企业改革。

对国企放权：扩大自主经营权

在计划经济体制下，经济成分较为单一，国有企业为主、集体企业为辅。国家与国企的关系是，政府决定企业生产什么、生产多少、如何定价，同时政府负责企业生产投入，如固定资产购置、流动资金的拨付以及职工工资发放等，企业利润也全部上缴于政府，形成财政收入的主要来源。这种体制的弊端非常明显，就是企业没有经营管理自主权，相

① 《三中全会以来重要文献汇编》（上），人民出版社1982年版，第275页。

应地没有积极性促进生产。为调动企业积极性，30 年间也进行过多次调整，频繁在"收权"与"放权"之间调整，而结果是形成了"一收就死，一放就乱"体制性周期循环困境。

为了改变这种局面，1978 年 11 月 25 日，国务院批转了财政部《关于国营企业试行企业基金的规定》，对实行独立经济核算的国营企业、基本建设单位和地质勘探单位实行企业基金制。根据规定，符合条件的企业可以按工资总额的一定比例提取企业基金，用于举办职工集体福利设施，举办农副业，弥补职工福利基金的不足以及发给职工社会主义劳动竞赛奖金等项开支。

企业基金制改革拉开了中国经济改革的序幕，也是对企业放权让利改革的第一步。之后于 1979 年 7 月 13 日，国务院以国发〔1979〕175 号《关于按照五个改革管理体制文件组织试点的通知》的形式颁发了《关于国营企业实行利润留成的规定》，规定国营企业实现的一部分利润上缴财政之后用作企业留用，留用的利润一部分用于奖励基金，一部分用于生产。同年 8 月 17 日，国家决定从 1979 年起扩大利润留成制实施的范围。与企业基金制相比，利润留成制企业留利更多，而且可以将一部分留利用于生产，扩大企业生产的决策权和自主权，体现了多生产多留成、多节约多留成的激励机制，极大地调动了企业增产增收和节支的积极性。

放权让利改革效果非常明显，1978—1982 年，全国国营企业提取的企业基金和各种利润留成而增加的财力约 400 多亿元，而当时每年的财政收入也不过是 1000 多亿元①。

两步利改税：国家与企业关系进一步理顺

1979 年以来，我国在国家与企业的分配关系和分配形式上做了多种探索和实践，主要包括企业基金制度、基数留成加增长分成、全额分

---

① 王丙乾：《中国财政 60 年回顾与思考》，中国财政经济出版社 2009 年版，第 362 页。

成、递增包干、定额包干、亏损包干等办法，这些办法都是将利润的一部分留归企业安排使用，从而不同程度地打破了统收统支制度，扩大了企业自主权和机动财力，并使企业的经营成果同职工的物质利益直接挂钩，但其弊端也很明显：（1）一户一率，程序繁琐且相互扯皮；（2）频繁变动，企业没有预期，且主动权仍掌握在政府手中，企业自主权依然受限。为革除这些弊端，我国实施了两步利改税，进一步理顺了国家与企业之间的关系。

第一步“利改税”。1983年4月24日，在1980年试点基础上，国务院批转了财政部《关于全国利改税工作会议的报告》和修改后的《关于国营企业利改税试行办法》，决定实施第一步“利改税”。第一步利改税主要是对有盈利的国营企业征收所得税，即对国营大中型企业实现的利润，一律按55%的税率征收所得税，企业交纳所得税后的利润，一部分根据企业的不同情况，分别采取递增包干上缴、固定比例上缴或调节税等办法上缴国家，一部分按照国家规定的留利水平留给企业[①]。

同时，国家在所得税征收时，允许企业在税前从实现利润中扣除的有：国家安排的基本建设拨款项目投产后新增利润归还专项贷款的部分。准予企业在税前从实现利润中单项留利的有：留给企业的治理“三废”产品盈利净额；提前还清基建借款应留给企业的利润；国外来料加工装配业务应留给企业的利润；国务院明文规定的其他专项留用利润。此外，国家对有盈利的国营小型工业企业按照八级超额累进税率征收所得税，对营业性的宾馆、饭店、招待所和饮食服务公司征收15%的所得税，不再予以贷款，而军工、邮电、粮食、外贸、农牧和劳改企业都暂不实行利改税办法[②]。

第二步“利改税”。1984年10月，针对第一步利改税中产生的问

① 刘尚希、傅志华等：《中国改革开放的财政逻辑（1978—2018）》，人民出版社2018年版，第67页。

② 刘尚希、傅志华等：《中国改革开放的财政逻辑（1978—2018）》，人民出版社2018年版，第68页。

题和社会发展需要，决定实施第二步"利改税"。利改税第二步改革的指导思想是：进一步处理好国家同企业的分配关系，从根本上解决企业吃国家"大锅饭"的问题，并且为解决职工吃企业"大锅饭"的问题创造条件；既要保证国家财政收入的稳定增长，又要使企业在经营管理和发展上有稳定的财力保障和自主权，在政策上使企业感到有奔头，有更大的后劲；要发挥税收经济杠杆的调节作用，体现国家的奖励和限制政策，并缓解目前价格不合理所带来的一些矛盾，以利于国民经济的调整和改革①。

具体来说，就是国营企业原来上缴国家的财政收入改为分别按11个税种向国家缴税，也就是由税利并存逐步过渡到完全的以税代利。第二步利改税形成了多环节征收的复合税制。工商税按性质划分为产品税、增值税、营业税和盐税四种；对某些采掘企业开征资源税，以调节由于自然资源和开发条件的差异而形成的级差收入；恢复和开征房产税、土地使用税、车船使用税和城市维护建设税等四种地方税，以利于合理地节约地使用土地、房产，适当地解决城市维护建设的资金来源；对盈利的国营企业征收所得税；对国营大中型企业还要征收调节税。

两步利改税改革规范了政府与企业的收入分配关系，稳定了企业的预期，赋予企业应有的责任，也激励了广大企业职工的生产积极性，同时有利于国家财政收入的增长。这一改革还推动了其他城市经济体制，例如计划、价格、工资等领域的改革，可谓是一举多得。

三、对地方：实行"分灶吃饭"的财政体制

与计划经济体制相适应，改革开放前的中央和地方财政不分家，具

① 谢旭人主编：《中国财政改革三十年》，中国财政经济出版社2008年版，第46页。

体表现是中央财政是大管家，事无巨细，“统得多、统得死”，这一方面使得中央财政陷入处理巨量繁杂的财政收支日常事务性工作中，无暇进行重大宏观决策；另一方面也使得地方财政无权力、无压力、无动力因地制宜行使职责，地方财政积极性难以发挥。为此，根据中央提出的关于经济管理体制改革的方针和要求，从1980年起，财政体制进行了改革，实行“分灶吃饭”的财政管理体制改革，也就是由统收统支、“吃大锅饭”的供给制办法，改为划分两级财政、分灶吃饭、各过各的日子的办法，其目的是发挥中央和地方两个积极性。

基本原则

根据党中央的有关决定精神和上述原则，国务院于1980年2月颁发了《关于实行“划分收支、分级包干”的财政管理体制的暂行规定》，决定从1980年起实行财政体制改革。该《规定》指出，为了贯彻落实中央的“调整、改革、整顿、提高”八字方针，充分发挥中央和地方两个积极性，适应逐步实现四个现代化的需要，国务院决定从1980年起实行“划分收支、分级包干”的财政管理体制。这次改革的基本原则是：在巩固中央统一领导和统一计划，确保中央必不可少的开支的前提下，明确划分各级财政和经济单位在财政管理方面的权力和责任，做到权责结合，各行其职，各负其责，充分发挥中央和地方两个积极性。

为了贯彻执行国务院的文件精神，财政部制定了《关于实行“划分收支、分级包干”财政管理体制若干问题的补充规定》，并经征求部分省、市、自治区财政部门和国务院有关部门的意见后，进行了修改。随后，财政部下发了《关于颁发实行“划分收支、分级包干”财政管理体制若干问题的补充规定的通知》。该《通知》就中央财政和地方财政的收支划分，中央对地方的专项拨款，财政收支包干基数，上缴、留用比例和补助定额的确定，企事业单位和基本建设单位隶属关系的变化，中央主管部门与地方财政的关系，民族自治区的财政体制等一系列问题作了进一步的明确，要求除广东省、福建省、江苏省、北京市、上海市、天津市以外，其余各省、自治区均按本规定办理。

改革的主要内容

一是“划分收支”。按照经济体制规定的隶属关系，明确划分中央和地方财政收支范围。中央财政的固定收入包括：中央所属企事业的收入、关税收入和中央的其他收入。地方财政的固定收入包括：地方所属企事业的收入、盐税、农业税、工商所得税、地方税和地方的其他收入。体制确定以后，因调整企业隶属关系，由地方上划给中央部门直接管理的企业，其收入作为固定比例分成收入，80%归中央，20%归地方。工商税作为中央和地方的调剂收入①。

中央财政的支出包括：中央级的基本建设投资拨款，中央企业的流动资金、挖潜改造资金和新产品试制费、地质勘探费，国防战备费，对外援助支出，国家物资储备支出，中央级的文教卫生科学事业费，农林、水利、气象等事业费，行政管理费，国外借款和国库券的还本付息支出以及中央级的其他支出。地方财政的支出包括：地方的基本建设投资拨款，地方企业的流动资金、挖潜改造资金和新产品试制费，工业、交通、商业部门的事业费，城市维护费，人防费，城镇人口下乡经费，文教卫生科学事业费，抚恤和社会救济费，行政管理费以及地方的其他支出。

还有一部分开支不宜实行包干，在年初由中央掌握，在执行过程中，按照国家计划安排和具体情况通过追加预算，向地方专项拨款。这些专项拨款的支出有：部分地方的基建项目（即中央各主管部门与地方协商安排的基本建设项目）拨款、特大自然灾害救济费、支持经济不发达地区的发展资金、军工部门动员措施费和新产品试制费、用中央集中的企业折旧基金安排的挖潜改造资金、战备支前费、难民安置费、边境

① 谢旭人主编：《中国财政改革三十年》，中国财政经济出版社2008年版，第35页。

建设事业补助费、特大抗旱防风补助费等。这些支出之所以不纳入包干范围，是由它们各自的性质及其使用方向和数量在年度之间、地区之间的不稳定性所决定的。

二是“分级包干”。按照上述划分收支的范围，以1979年财政收支预算执行数为基础，经过适当调整以后，计算确定地方财政收支的包干基数。基数确定以后，地方的财政支出首先用地方的固定收入和固定比例分成收入弥补，如有多余，上缴中央，如有不足，则用调剂收入弥补。如果固定收入、固定比例分成收入、调剂收入全部留给地方，仍不足弥补地方支出的，则由中央财政按差额给予定额补助。

三是一定“五年不变”。地方的上缴比例、调剂收入分成比例和定额补助数核定以后，原则上五年不变。地方在划定的收支范围内，多收可以多支，少收则要少支，自求收支平衡。地方每年的各项支出，均由各地根据国民经济计划的要求和自己的财力情况统筹安排，中央各部门不再下达支出指标。在预算执行过程中，除遇有特大自然灾害中央可以酌情补助，国家采取的一些重大措施中央规定可以另行解决的部分，以及企事业单位上调下划以外，均不再调整地方的包干基数或补助数额。实行这个办法的好处是，有利于地方在五年内统筹规划生产建设和各项事业的发展，有利于促进增产节约，增收节支，也有利于鼓励先进，鞭策落后。

四是建立经济不发达地区发展基金。为了帮助边远地区、少数民族自治地区、革命老根据地和经济基础比较差的地区发展生产建设，中央财政根据国家财力的可能，设立支援经济不发达地区发展基金。这项资金由中央专项拨款，以便有重点地使用。作为1980年财政体制改革的一个新内容，这充分体现了党中央和国务院对这些地区人民的关怀，意义深远。

五是财税制度全国统一规定。凡是涉及全国性的重大问题，如税收制度、物价政策、工资和奖金标准、企业成本开支范围和专项基金提取比例，以及重要的开支标准等，各地区、各部门都必须执行全国统一的规定，未经批准，不得变动。

"分灶吃饭"的财政体制，前后变化了三次，即1980年的"划分收支、分级包干"体制，1985年的"划分税种、核定收支、分级包干"体制和1988年的包干体制。1980年体制改革的进步之处在于从"一灶吃饭"到"分灶吃饭"；1985年体制改革的最大进步之处在于按照税种划分收入。与原体制相比，1985年的体制有两个优点：一是以划分税种作为划分各级财政收入的依据，开始改变了过去按企业的行政隶属关系划分收入的做法；二是较好地体现了保证重点、兼顾一般的原则，"划分税种"的体制既合理地确定了地方财政的基数，也保证了中央财政得到稳定的收入，增加了各级政府当家理财和平衡预算的动力和压力①。

改革的成效

"分灶吃饭"打破了过去那种统收统支或者统支不统收、吃"大锅饭"的局面。政府间财力的分配由"条条"为主转向"块块"为主，为日后地方财政成为独立的一级财政和财政预算的统筹安排奠定了基础。

第一，提高了地方和企业的生产积极性。由于"分灶吃饭"的财政体制扩大了地方的财力和企业的自主权，使地方有了发展本地区生产建设事业的内在经济动力和能力。地方政府出于追求政绩和形成当地繁荣局面的考虑，会主动为本地的企业发展创造宽松和良好的环境，扶植乡镇企业、私营企业、外资企业等非国有经济成分或非公有制经济成分的发展，使"体制外经济"比重上升，推动了市场化进程。由于"分灶吃饭"，自己过自己的日子，地方主动加快国民经济结构调整的步伐，结构优化带来资源配置效率的提升。

第二，加强了地方政府的财政管理责任。由于划分收支，自求平

① 谢旭人主编：《中国财政改革三十年》，中国财政经济出版社2008年版，第35—39页。

衡，不仅提升了地方政府的财权，同时加重了它们的责任，促使地方各级政府加强对财政工作的指导，努力挖掘本地区的生产、物资和资金的潜力，节约地、有重点地安排和使用资金，提高资金的使用效果，不断增加财政收入；由于节约归己，地方在狠抓增产增收的同时，十分注意精打细算，严格遵守财经纪律，许多地方实行了“一支笔”审批开支，从而形成一个增产节支的有效管理机制。

第三，有利于我国财政、经济体制的创新。“分灶吃饭”以“分级包干”为基本形式的财政体制改革，虽然还受内在的行政性分权逻辑的制约，但其分权不仅带来不同于以往的运行模式，而且有利于经济体制和财政制度的持续创新。根本原因在于它改变了原来财政体制管得过多、统得过死的局面，使地方政府具有了更多的财权和创新的机会，地方政府的活力得以释放，财政体制创新推动了经济体制的创新，僵化的体制开始变得灵活，反过来经济体制的创新也要求财政体制进一步创新，从而实现了良性互动。

第十章
分权的财政：为多元主体构建奠基铺路

国家治理的概念尽管是党的十八届三中全会才正式提出，但国家治理改革的实践却早已存在。从政府、市场、社会三维治理结构这个框架来观察过去30多年的改革，以市场化为导向的经济改革无疑是国家治理改革的一个重要维度，即便当时没有明确提出，历史却早把它纳入国家治理改革之中。若不以概念，而以历史演进逻辑来看，过去的治理改革是自发的，而当下的治理改革则是自觉的。再往前看，20世纪90年代市场化改革的自觉，也是以之前10多年的改革探索为铺垫。当今的治理改革，依然没有改变过去改革的基本方向：分权。就此而言，中国改革的基本逻辑依然没有改变，只不过从经济分权转向了更广泛的全面分权改革，这就是当今治理改革的基本内涵，即行政性分权、经济性分权和社会性分权，这三类分权相互影响、相互促进。财政作为国家治理的基础和重要支柱，财政与行政、经济、社会三个领域高度相关，与这三类领域改革相一致，财政同样经历了分权化改革，分权化改革为中国经济社会健康发展注入了新的活力和动力。

一、向地方分权：行政性分权

计划经济体制严重束缚了地方发展的积极性，中央高度集权的财政体制不利于提升国家治理能力。中国国土辽阔，地方各有特色，央地之间存在着巨大的信息不对称，如果再沿用以往的集权体制，将会对中国经济社会发展带来不可估量的损失，行政性分权已经成为一种无法回避的选择，下放决策权给地方以激发地方发展的动力与活力。对应地，财政体制从“分灶吃饭”到分税制，再到合理划分央地财政事权与支出责任，让地方成为一个有效的、相对独立的治理主体，地方政府的发展积极性不断提高，同时央地关系的边界得以初步明晰，国家治理体系从集中治理转变为分级治理，行政性分权的脉络凸显。

“分灶吃饭”财政体制调动地方政府发展积极性，但也存在局限性

“分灶吃饭”财政体制，调动了地方政府发展生产、增收节支的积极性，使企业更加重视经济效益和资金的使用效果，打开了其他方面渐进改革的空间。地方政府由此可以因地制宜地安排本地各项支出，发挥各自的优势，从长计议，有计划有步骤地发展地方社会经济和各项事业，从而适应了当时经济发展和改革的阶段性要求，地方长期被抑制的活力得到了极大释放。当然，作为一定经济发展水平和经济体制改革一定阶段的过渡体制，发挥了一定的积极作用，但同时还存在着固有的缺陷。其主要表现在如下几个方面：

一是中央财政困难较大，收支难以平衡。中央财政直接组织的收入减少，回旋余地有限；改革财政体制是在国家财政收支不平衡的基础上进行的，计算是以 1979 年的收支作为基数的，由于 1979 年 10 月预计的收支差额小，但从实际执行的结果看收支差额较大，这样中央财政就

出现了亏空。体制确定以后，中央财政出现了一些新的减收增支的因素。

二是收入划分方法也存在一些问题。几年间在调整国民经济中采取了许多重大的经济措施，如提高农副产品收购价格、提高职工工资、安排劳动就业、扩大企业财权等，对企业利润影响较大，因而作为地方固定收入的企业收入增长慢，甚至暂时下降，而作为调剂收入的工商税每年都有稳定的增长。有的地区的工商税大部分归中央，地方分成比较少，影响到地方的利益。这是后来改为实行多种形式包干办法的另一个原因。

三是助长了地方保护主义和市场分割。地方政府一方面从中央政府那里争夺各种体制性资源和各种优惠政策，另一方面在本地区追求局部利益最大化，各地滥行减免税、低水平重复建设、市场分割和地方保护主义措施纷纷出台，演化成“诸侯经济”，割裂统一市场，妨碍竞争机制的充分发育和产业结构的优化。

四是统收的局面已被打破，统支的局面却没有完全打破，地方发生一些当地财力解决不了的事情，还是向中央要钱。名曰“分灶吃饭”，实际上还没有完全做到分灶，一些地方仍然要依赖中央，吃国家的“大锅饭”。中央财政收入逐年下降，而中央财政支出却未减少，致使中央财政相当困难，国家重点建设资金缺乏保证，以致中央财政不得不向地方财政借款以弥补缺口。

鉴于此，财政体制改革依然在路上摸索前进，1994 年实行分税制财政体制改革。

分税制财政体制厘清中央政府与地方政府边界

1994 年开始实行的分税制财政体制，是新中国成立以来涉及范围最大、调整力度最强、影响最为深远的一次财政体制改革。这次改革是按照“存量不动、增量调整，逐步提高中央的宏观调控能力，建立合理的财政分配机制”的原则设计的。在原包干体制确定的地方上解和中央补助基本不变、不触动地方既得利益的情况下，结合税制改革，对财政收入增量分配进行了重大调整。

分税制财政体制改革的指导思想包括四个方面[1]：一是正确处理中央与地方的分配关系，调动两个积极性，促进国家财政收入的合理增长。二是合理调节地区之间财力分配。既有利于经济发达地区继续保持较快的发展势头，又通过中央财政对地方的税收返还和转移支付制度，扶植经济不发达地区的发展和老工业基地的改造。同时，促使地方加强对财政支出的约束。三是坚持统一领导与分级管理相结合的原则。划分税种不仅要考虑中央与地方的收入分配，还必须考虑税收对经济发展和社会分配的调节作用。中央税、共享税以及地方税的立法权都集中在中央，以保证中央政令统一，维护全国统一市场和企业平等竞争。税收实行分级征管，中央税和共享税由中央税务机构负责征收，地方税由地方税务机构负责征收。四是坚持整体设计与逐步推进相结合的原则。分税制改革既要借鉴国外经验，又要从我国的实际出发。

与“分灶吃饭”财政体制不同，分税制财政体制不再沿用中央财政与地方财政的分配关系通过“一对一”的谈判方式，而是在划分事权和支出范围的基础上划分税种，采取一视同仁、统一的分税制，不论是发达地区、贫困地区，还是东部、中部、西部不同地区，执行统一的分税制体制安排，按税种划分和组织各级政府的财政收入，然后根据因素法和公式法建立规范的一般性、财力性转移支付及专项转移支付办法，实现中央集中财力的再分配，合理解决地区间财力分配不平衡问题，这也使得中央与地方关系进一步规范与明确，减少以往各类讨价还价带来的制度性交易成本，稳定了中央与地方的行为预期。

分税制改革的具体内容

1. 支出划分

根据中央政府和地方政府的事权划分，合理确定中央财政与地方财

---

① 谢旭人主编：《中国财政改革三十年》，中国财政经济出版社2008年版，第74—91页。

政的支出范围。这是实行分税制财政体制的重要内容。1994 年分税制财政体制改革确定中央与地方支出划分的基本原则是：中央财政主要承担国家安全、外交和中央国家机关运转所需经费，调整国民经济结构、协调地区发展、实施宏观调控所必需的支出以及由中央直接管理的事业发展支出。地方财政主要承担本地区政权机关运转所需支出以及本地区经济、事业发展所需支出。

经过划分，中央财政支出主要有 13 个方面，地方财政主要有 14 个方面，各自的支出范围如表 3－1 所示。

表 3－1　　　　1994 年中央与地方支出划分表

中央财政支出	地方财政支出
1. 国防费	1. 地方行政管理费
2. 武警经费	2. 公检法支出
3. 外交和援外支出	3. 部分武警经费
4. 中央级行政管理费	4. 民兵事业费
5. 中央统管的基本建设投资	5. 地方统筹的基本建设投资
6. 中央直属企业技改和新产品试制费	6. 地方企业技改和新产品试制费
7. 地质勘探费	7. 地方企业技改和新产品试制费
8. 由中央财政安排的支农支出	8. 城市维护建设支出
9. 国内外债务的还本付息支出	9. 地方文化支出
10. 中央本级负担的公检法支出	10. 地方教育支出
11. 中央本级负担的文化支出	11. 地方卫生支出
12. 中央本级负担的教育支出	12. 价格补贴支出
13. 中央本级负担的卫生支出	13. 其他支出
14. 中央本级负担的科学支出	

资料来源：谢旭人主编：《中国财政改革三十年》，中国财政经济出版社 2008 年版，第 74—91 页。

2. 收入划分

立足本国国情，合理借鉴国际经验，并考虑到各税种的特殊情况，分税制财政体制改革将维护国家权益、实施宏观调控所必需的税种划为中央税；将同经济发展直接相关的主要税种划为中央与地方共享税；将适合地方征管的税种划为地方税，并充实地方税税种，增加地方税收入。在 1994 年分税制收入划分中，中央固定收入有 8 种，地方固定收入有 18 种，中央与地方共享收入有 3 种。具体税种如表 3－2 所示。

表3-2　　1994年中央与地方税收划分表

中央固定收入	地方固定收入	中央与地方共享收入
1. 关税 2. 海关代征的消费税和增值税 3. 消费税 4. 中央企业所得税 5. 地方银行和外资银行及非银行金融企业所得税 6. 铁道部门、各银行总行、各保险总公司等集中交纳的营业税、所得税、利润和城市维护建设税 7. 中央企业上交的利润 8. 外贸企业的出口退税	1. 营业税（不含铁道部门，各银行总行，各保险公司集中交纳的营业税） 2. 地方企业所得税（不含地方银行和外资银行及非银行金融企业的所得税） 3. 地方企业上交利润 4. 个人所得税 5. 城镇土地使用税 6. 固定资产投资方向调节税 7. 城市维护建设税（不含铁道部门，各银行总行，各保险总公司集中交纳的部分） 8. 房产税 9. 车船使用税 10. 印花税 11. 屠宰税 12. 农牧业税 13. 农业特产税 14. 耕地占用税 15. 契税 16. 遗产和赠予税 17. 土地增值税 18. 国有土地有偿使用收入	1. 增值税 中央分享75% 地方分享25% 2. 资源税 海洋石油资源税归中央，其他资源税归地方 3. 证券交易税 中央分享50% 地方分享50%

资料来源：谢旭人主编：《中国财政改革三十年》，中国财政经济出版社2008年版，第74—91页。

需要说明的是，关税、海关代征的消费税和增值税体现国家权益，作为中央收入；消费税的宏观调控功能较强，如果划归地方，受地方利益机制的影响，不利于国家宏观调控政策的实施，同时宏观经济政策的变动会造成收入的波动，不利于地方收入的稳定，也容易形成国家政策对地方预算平衡的冲击，因此作为中央固定收入。出口退税增量改为全部由中央财政负担，主要是因为实行新的收入划分办法后，消费税全部作为中央收入，增值税也大部分作为中央收入，改变了改革前那种征税在地方，退税在中央的状况。资源税，按照资源国有的原则，应当划归中央，但考虑到资源大部分集中在中西部地区，资源大省一般都是财政穷省，因此将资源税划为共享税，除海洋石油资源税划归中央外，其他资源税全部划给地方，以体现对中西部地区的政策照顾。

3. 税收返还制度

为了使财政体制改革顺利运行，分税制财政体制的方案确定了维持地方 1993 年既得利益的政策。实行按税种划分收入的办法后，原属地方支柱财源的“两税”收入（消费税和增值税收入的 75%，下同）上划到中央，成为中央级收入，如果中央不采取相应补偿措施，必然影响地方的既得利益，不利于新旧体制的平稳转换，为此，分税制财政体制改革制定了税收返还的办法。即以 1993 年为基期年，按分税后地方净上划中央的收入数额，作为中央对地方的税收返还基数，基数部分全额返还地方。为了尽量减少对地方财力的影响，调动地方政府的积极性，国务院还决定，不仅税收返还基数全额返还地方，1994 年以后还要给予一定的增长。增长办法是：从 1994 年开始，税收返还与消费税和增值税（75% 部分）的增长率挂钩，每年递增返还。关于税收返还的递增率，按当年全国增值税和消费税平均增长率的 1∶0.3 系数确定。1994 年 8 月，根据各方面的意见和要求，为了更充分地调动各地区组织中央收入的积极性，将税收返还的递增率改为按各地区分别缴入中央金库的“两税”增长率的 1∶0.3 系数确定，即各地区“两税”每增长 1%，中央财政对该地区的税收返还增长 0.3%。

核定中央对地方税收返还基数关系到中央和地方的切实利益。财政部根据《国务院关于实行分税制财政管理体制的决定》中以 1993 年为基数的政策和《国务院批转国家税务总局工商税制改革实施方案的通知》中有关税种的改革办法，制定了中央对地方税收返还基数的计算方法。

分税制财政体制改革的成效

分税制财政体制改变了政府间收入分配关系不稳定的局面，使得地方政府成为一个有效的、相对独立的治理主体。分税制财政体制比“分类分成”、“总额分成”和“财政包干制”都更科学、合理、规范。它吸取了以往制度的优点，回避了存在的缺陷，而且还吸收借鉴了国外分税制的先进经验和设计方法。就目前世界上而言，分税制财政体制是市场经济各国通用的一种财政体制，在处理中央和地方分配关系时，不是像以往那样是依行政隶属关系对财政收入的分割，而是对税种的划分。把与全国性经济、社会调控相关的税种划分为中央税，把带有地方性和便于地方管理的税种划分为地方税，把少数关系到国计民生的重要税种划分为共享税。中央与地方都有自己的税收范围，在此基础上各自发展自己的税源。并且分税制财政体制对中央与地方分配关系的调节，是结合多种形式的转移支付实现的，有利于解决中央与地方分配关系的规范调节问题，也有利于解决特定时期特殊需要的调节问题。自此，中央政府直接调动地方财力的机制被阻断，地方自主权不断加强，地方财政收支与地方居民偏好之间的联系得以加强，财政支出效率得以提升，地方政府与中央政府的“财政边界”得以明晰。

作为“经济宪法”，1994年所颁布的《预算法》中正式确认了地方政府独立的利益主体地位。《预算法》明确规定：“国家实行一级政府一级预算，设立中央、省、自治区、直辖市，设区的市、自治州，县、自治县、不设区的市、市辖区，乡、民族乡、镇五级预算”，“各级预算应当做到收支平衡。”这制度上进一步夯实了改革成果，体现了依法理财的指导思想。

分税制之后，事权与支出责任划分的变迁

从分税制改革以来的我国财税体制改革的具体实践和历史沿革来看，对于以事权、支出责任、财权、财力彼此间对应关系为核心的政府间财政关系在不同阶段有过不同的理性认识和表述形式，这也客观地反映出我国政府间财政关系调整由表及里、由易及难的改革脉络，同时，对于政府间财政关系问题的本质认识也在不断深化。

具体而言，分税制改革以来，我国政府间财政关系的清晰表述可以分为三个阶段。

1. 1994 年分税制改革至 2007 年党的十七大之前，主要使用“事权与财权相结合”的表述

在这一阶段，市场经济的建立迫切需要理顺中央和地方政府之间的财政关系，因此，在构建与市场经济相适应的政府间财政关系改革伊始，使用了“事权与财权相结合”的说法。

2. 从党的十七大至党的十八届三中全会之前，主要使用“财力与事权相匹配”的表述

在这一阶段，基层政府在公共服务提供过程中出现了较为严重的收支问题，这一时期的政府间财政关系调整主要强调通过给予地方及基层充足的财力以完成基层公共服务供给。

3. 党的十八届三中全会后，强调“事权和支出责任相适应”

一方面科学有效设定和细化多级政府间事权责任；另一方面明确政府间交叉事权的支出责任划分，进一步强化中央事权和支出责任。到目前为止，改革的主要进展如下：

（1）将中央与地方财政事权和支出责任划分改革聚焦财政事权。2016 年 8 月，国务院发布了《关于推进中央与地方财政事权和支出责任划分改革的指导意见》（简称《指导意见》），不仅对央地财政事权和支出责任如何划分提出了原则性的指导意见，如明确了“谁的财政事权谁承担支出责任”、“适度加强中央的财政事权”、“减少并规范中央与地方共同的财政事权”等重要原则。《指导意见》对中央财政事权、地方财政事权、中央地方共同事权进行了明确划分；在此基础上，文件还为央地事权与支出责任改革的分步实施勾画了具体的时间表和路线图，即 2016 年先从国防、国家安全等领域着手，2017—2018 年深入到教育、医疗、环保、交通等领域，2019—2020 年基本完成主要领域改革，形成央地事权和支出责任划分的清晰框架，详见表 3 - 3。

表3－3　《指导意见》对中央地方财政事权的划分

中央财政事权	国防、外交、国家安全、出入境管理、国防公路、国界河湖治理、全国性重大传染病防治、全国性大通道、全国性战略性自然资源使用和保护
中央与地方共同财政事权	义务教育、高等教育、科技研发、公共文化、基本养老保险、基本医疗和公共卫生、城乡居民基本医疗保险、就业、粮食安全、跨省（区、市）重大基础设施项目建设和环境保护与治理
地方财政事权	社会治安、市政交通、农村公路、城乡社区事务

资料来源：《国务院关于推进中央与地方财政事权和支出责任划分改革的指导意见》（国发〔2016〕49号）。

这次改革选择从财政事权入手，主要基于以下几个方面考虑：

一是政府间事权划分不仅涉及行政权划分，还涉及立法、司法等广义公共服务部门，是“大事权”的概念。我国完善社会主义市场经济体制、加快政府职能转变、推进法治化还需要一个过程，短期内全面推进事权和支出责任划分改革的条件尚不成熟。

二是从财政事权划分入手推进改革具备一定的基础。随着我国经济社会发展和财政收入规模扩大，政府提供基本公共服务的能力和保障水平也不断提高，加上政府职能的加快转变，划分中央与地方财政事权的条件已经初步具备。新修订的《预算法》颁布实施，也为推进中央与地方财政事权和支出责任划分改革奠定了法律基础。

三是从财政事权划分入手推进改革可以从根本上破解改革发展面临的诸多紧迫难题。当前，中央与地方收入划分需要进一步理顺、中央对地方专项转移支付需要进一步清理整合、地区间基本公共服务均等化需要大力推进，财政资金的使用效益需要进一步提高，这些都需要以明确政府的财政事权划分并相应界定各级政府的支出责任为前提，从财政事权划分入手推进改革可以起到“牵一发而动全身”的效果。

四是从财政事权划分入手推进改革可以为全面推进事权划分改革奠定基础和创造条件。事权划分改革涉及面广、难度大，不可能一蹴而就，一些成熟市场国家的事权划分经历了数百年的逐步演进。财政事权是政府事权的重要组成部分，从合理划分财政事权入手破冰中央与地方事权划分改革，先局部后整体，既抓住了提供基本公共服务这一政府核心职责，又能够为全面推进事权划分改革积累经验、趟出路子。

（2）基本公共服务均等化规划首次推出国家基本公共服务清单。2017 年 3 月，我国出台了《“十三五”推进基本公共服务均等化规划》（简称《规划》），首次推出国家基本公共服务清单，将 81 个项目明确服务对象、服务指导标准、支出责任、牵头负责单位；随后多省跟进，出台了各省“十三五”基本公共服务清单。与具体服务相对应的是支出责任，已公布的支出责任表述包括：有“市、县（市）政府负责，中央和省级财政适当补助”，有“中央、省和市政府共同负责”，也有“中央和地方政府分级负责”等，在一定程度上对支出责任主体予以界定，但具体的分担水平、要素和关键指标还有待明晰，相关部门正在探索针对不同的基本公共服务，采取差异化分担机制。

（3）明确八大类 18 项事项首先纳入中央与地方共同财政事权范围。2018 年 2 月，国务院办公厅印发《基本公共服务领域中央与地方共同财政事权和支出责任划分改革方案》（以下简称《方案》），自 2019 年 1 月 1 日起实施。

该《方案》明确，一是将由中央与地方共同承担支出责任、涉及人民群众基本生活和发展需要的义务教育、学生资助、基本就业服务等基本公共服务事项，列入中央与地方共同财政事权范围。二是制定基本公共服务保障国家基础标准。参照现行财政保障或中央补助标准，制定义务教育公用经费保障、免费提供教科书、中等职业教育国家助学金、城乡居民基本养老保险补助等 9 项基本公共服务保障的国家基础标准。三是规范基本公共服务领域中央与地方共同财政事权的支出责任分担方式，主要实行中央与地方按比例分担。四是在一般性转移支付下设立共同财政事权分类分档转移支付，对共同财政事权基本公共服务事项予以优先保障。

《方案》将涉及人民群众基本生活和发展需要、现有管理体制和政策比较清晰、由中央与地方共同承担支出责任、以人员或家庭为补助对象或分配依据、需要优先和重点保障的主要基本公共服务事项，首先纳入中央与地方共同财政事权范围，目前暂定为八大类18项：

一是义务教育，包括公用经费保障、免费提供教科书、家庭经济困难学生生活补助、贫困地区学生营养膳食补助4项；

二是学生资助，包括中等职业教育国家助学金、中等职业教育免学费补助、普通高中教育国家助学金、普通高中教育免学杂费补助4项；

三是基本就业服务，包括基本公共就业服务1项；

四是基本养老保险，包括城乡居民基本养老保险补助1项；

五是基本医疗保障，包括城乡居民基本医疗保险补助、医疗救助2项；

六是基本卫生计生，包括基本公共卫生服务、计划生育扶助保障2项；

七是基本生活救助，包括困难群众救助、受灾人员救助、残疾人服务3项；

八是基本住房保障，包括城乡保障性安居工程1项。

二、向市场分权：经济性分权

完善的社会主义市场经济体系包含自主的企业制度、完备的市场机制以及有效的宏观调控，这些在传统的计划经济体制下都是不可能的事情，需要政府向市场分权，也就是经济性分权，这一改革体现在政府通过扩大国企的自主经营权，减少对生产领域的控制，塑造独立的市场主体；消除各类市场扭曲机制，为市场公平竞争营造良好的环境。同时，政府通过工商税制改革统一税法、公平税负和简化税制，通过改革价格形成市场化定价机制，重塑了政府与市场关系，促进市场主体地位的形成，推动实现“让市场在资源配置中起决定作用，更好地发挥政府的作用”目标。自此，政府与市场的关系从对立开始走向分工与合作，形成发展合力。

国企改革促使政府退出竞争性生产领域

1992年社会主义市场经济体制建立后，国企改革从调整国家与企业分配关系改革转向调整所有制和产权制度改革，从产权单一到所有制形式的多元化，逐步走向现代企业制度，国企改革进程详见专栏3-1。

专栏3-1：

国企改革进程一览

党的十五大肯定了公有制实现形式应当多样化。党的十五届三中全会通过《中共中央关于建立社会主义市场经济体制若干问题的决定》指出，以公有制为主体的现代企业制度是社会主义市场经济体制的基础。我国建立社会主义市场经济体制，首先必须建立它赖以存在的微观基础，就是作为投资主体、市场主体的企业，产权清晰、权责明确、政企分开、管理科学的现代企业制度。在现代企业制度中，最重要的是投资者的产权独立和企业产权清晰，企业拥有经济上的自由选择权，盈亏自负和自担风险。

2002年召开的党的十六大又明确提出了“三分开、三统一、三结合”的国有资产管理体制改革任务。“三分开”，即政企分开、政资分开、所有权与经营权分开。“三统一”，“三结合”，即权利、义务和责任相统一，管资产、管人和管事相结合。十六大明确改革任务包括：一是设立专门的国有资产管理机构；二是在坚持国家所有的前提下，中央和地方政府分别代表国家履行出资人的职责；三是实现国有资产和管人、管事相结合。十六大的召开，标志着我国国有企业进入到国有资产管理体制改革的新阶段。

2013年以党的十八届三中全会通过的《中共中央关于全面深化改

革若干重大问题的决定》为依据，以分类改革为基础，开启了全面深化国有企业改革的新篇章。目前，国企改革已经基本完成了顶层设计，确立了政策框架的四梁八柱，形成了以中共中央、国务院印发的《关于深化国有企业改革的指导意见》（中发〔2015〕22号）为引领，并配套22项文件的“1+N”政策体系，创新并完善了全面深化国企改革的制度供给。2015年11月4日，国务院印发了《关于改革和完善国有资产管理体制的若干意见》（国发〔2015〕63号），对国有资产管理体制改革进行了全面部署。改革的目的为“以管资本为主加强国有资产监管，改革国有资本授权经营体制，真正确立国有企业的市场主体地位，推进国有资产监管机构职能转变”。改革的主要任务包括：一是推进国有资产监管机构职能转变；二是改革国有资本授权经营体制；三是提高国有资本配置和运营效率。其中，以管资本为主，完善国有资产管理体制，改革国有资本授权经营体制，改组组建国有资本投资、运营公司是此次改革的关键所在。2017年5月10日，国务院办公厅转发《国务院国资委以管资本为主推进职能转变方案》（国办发〔2017〕38号），对国资监管方式和国务院国有资产监督管理委员会职能转变作出系统性安排，标志着国务院国有资产监督管理委员会职能正式向管资本转变。

40余年改革与发展历程中，国有企业在保持中国经济稳定增长、推进快速工业化和提高国家经济竞争力等方面发挥了重要作用，在关系国家安全和国民经济命脉的主要行业和关键领域占据支配地位，是国民经济的重要支柱。但国有企业同样也存在着效率不高、技术能力不强、产能过剩等问题，未来通过国有经济布局的战略性调整，国有经济所覆盖的生产领域进一步缩小，与此同时，国有企业的效率将会进一步提升，国有资本的影响力与控制力会得到巩固，国有经济在社会主义市场经济中的基础地位会不断加强，国有经济将与非国有经济一起推动中国经济高质量发展。

工商税制改革明晰政府与市场边界

1994 年工商税制改革立足于统一税法、公平税负和简化税制，税制改革使得企业竞争的统一制度环境越来越清晰①。

1. 所得税的改革

（1）统一内资企业所得税。企业所得税改革的核心是，建立一个刚性统一的内资企业所得税制，来规范国家与企业的分配关系，促进企业在公平竞争环境下转换机制，增强活力，真正走向市场。改革的主要内容包括：1）统一税种。把原国营企业所得税、集体企业所得税、私营企业所得税三个税种，并为企业所得税，适用于各种经济成分的内资经营企业，同时取消国营企业调节税，并分步取消对税后利润征收的国家能源交通重点建设基金和国家预算调节基金。2）统一税率。把对各种经济成分适用的不同税率以及减征税率，统一为 33% 的税率。对一些利润低的小规模企业，适用 27% 和 18% 的低税率。3）统一计税标准。改变过去计算应纳税所得额依附于各行业、各经济成分企业财务、会计制度的做法，明确统一按国家税法规定执行，使各种企业的计税口径一致、计算方法相同。取消原国有企业、城镇集体企业的税前还贷和税前提留各项基金办法，以及各类企业的不同税前列支标准，规定了统一适用的准予列支和不得列支的范围、项目和标准。4）统一征收方法和优惠减免。明确规定对国有企业不再实行承包上交所得税的办法，统一由税务机关计算征收；明确了企业所得税的优惠原则和项目，取消了原有过多、过滥的减免税优惠。

（2）简并个人所得税。个人所得税的改革是，把个人所得税、个人收入调节税和城乡个体工商业户所得税三个税种，合并为个人所得税。改革的主要内容包括：1）增加应税项目。由于个体工商业户所得税并入个人所得税，新增“个体工商户的生产、经营所得”和“对企

① 谢旭人主编：《中国财政改革三十年》，中国财政经济出版社 2008 年版，第 133—139 页。

业事业单位的承包经营、承租经营所得”项目。适应各种动产、不动产交易日渐活跃和有奖活动日趋增多的情况，新增了“财产转让所得”和“偶然所得”项目。2）调整费用扣除额。把中国籍公民的生活费用扣除标准，从原400—460元提高为800元，同时新增了附加扣除费用的规定，适用于外籍人员。3）调整税率。规定对不同的应税项目，分别适用不同的九级和五级超额累进税率以及统一的20%比例税率。对劳务报酬所得一次所得畸高的，还有加成征税的规定。4）采用统一的计算征收办法。统一采用“分项扣除、分项定率、分项征收”的征税模式，以利于实现源头扣除，堵塞税收征管漏洞。

2. 流转税的改革

把原对内资企业征收的产品税、增值税、营业税3种，以及对外商投资企业和外国企业征收的工商统一税，加以调整合并，形成以增值税为主体的增值税、消费税、营业税三税并立，双层次调节的新流转税制调节模式，在生产和流通环节普遍征收增值税。在此基础上再选择少数消费品征收消费税，对提供一般劳务服务、转让无形资产和销售不动产，仍维持征收营业税。以上各税对内外资企业统一适用。另外，还取消已不符合市场经济要求的集市交易税和牲畜交易税两个小税种。

增值税是这次工商税制改革的核心，改革的要点是：（1）对商品的生产、批发、零售和进口全面实行增值税，对绝大部分劳务和销售不动产暂不实行增值税。（2）采取基本税率、低税率和零税率三档税率。基本税率为17%；低税率为13%，适用于基本食品和农业生产资料等；出口商品一般适用零税率。（3）实行价外计征的办法，即按照不含增值税税金的商品价格和规定的税率计算征收增值税。（4）实行根据发票注明税金抵扣税款的制度。零售以前各环节销售商品的时候，必须在发票上分别注明不含增值税的价格和增值税税金。为了适应中国消费者的习惯，在商品零售环节实行价内税，不在发票上单独注明税金。（5）对于年销售额较小、会计核算不健全的小规模纳税人，实行按照销售收入金额和规定的征收率计征增值税的简便办法。（6）改革增值税纳税制度。对增值税的纳税人进行专门的税务登记，使用增值税专用发票，建立对购销双方交叉审计的稽查体系和防止偷漏税、减免税的内在机制。

消费税改革的要点是：考虑到原征收产品税的产品全部改为征收增值税后，将有不少产品的税负大幅度下降，为了保证财政收入，体现基本保持原税负的原则，同时考虑对于一些消费品进行特殊调节，选择少数消费品在征收增值税的基础上再征收一道消费税。消费税的税目设有11个，主要包括烟、酒、化妆品、贵重首饰、摩托车、小汽车、汽油、柴油等。消费税采用从价定率征收和从量定额征收两种办法。从价征收的，按照不含增值税税金而包含消费税税金在内的价格和规定的税率计算征收消费税。

营业税改革的要点是，就原营业税改征增值税以后的剩余项目征收，共设置9个征税项目和3档税率。改革以后的营业税的征税范围包括提供劳务、转让无形资产和销售不动产。交通运输业、建筑业、邮电通信业、文化体育业等，税率为3%；金融保险业、服务业、转让无形资产、销售不动产等，税率为5%；娱乐业的税率为5%—20%。从事上述营业、转让、销售活动的单位和个人，应当按照其营业额和规定的税率计算缴纳营业税。

3. 其他税种的改革

一是改革资源税。主要体现以下原则：（1）统一税政，简化税制，把盐税并作资源税的一个税目。（2）实行普遍征税、级差调节，把征税范围扩大到列明的矿产资源，采取按产品类别从量定额的征收办法。（3）统筹规划资源税负担与流转税负担结构。

二是开征土地增值税。土地增值税以转让房地产的增值额为课税对象，以利于规范土地、房地产交易秩序，合理调节土地增值收益，维护国家权益。

三是改征农业特产税。把原征收产品税的10个农林水产品税目与原农林特产农业税加以合并，重新规定应征税收入的项目、税率、征收办法，改称农业特产农业税。

四是取消和简并一些税种。取消了调控作用日益削弱、已无存在必要的国营企业奖金税、集体企业奖金税、事业单位奖金税、国营企业工资调节税4个税种；把特别消费税、烧油特别税并入具有特殊调节作用的消费税；为了简化和规范税制，推进分税制改革，把屠宰税和筵席税开停征的管理权下放给地方。

4. 改革和完善关税制度

为适应国内改革开放和对外经济贸易发展的需要，1993年12月31日起，实施关税第二步自主降税，这次调整使我国关税总水平由39.6%下降到36.4%，降税幅度为8.8%，涉及2898个税目商品。1994年，又调整了部分小轿车、录像带、烟、酒的关税税率，使我国关税总水平进一步下调到35.6%。1996年4月起，实施第三步自主降税，降税后关税总水平由35.6%调整为23%，降税幅度35.9%，涉及降税的有4964个税目，占1996年税目总数的75.8%。1997年10月1日起，实施第四步自主降税，调整后的关税总水平为17%，平均降幅为26%，有4890个税目商品的税率有了不同程度的降低。1999年，进一步调整部分商品的税率，使关税总水平下降为16.7%，降税商品主要是在APEC承诺的玩具产品和农产品，以及中美纺织品协议涉及的商品。2001年1月1日起，我国关税总水平由16.4%降为15.3%，这次降税基本没有涉及加入世界贸易组织谈判中的主要商品，重点是中美纺织品协议涉及的商品。1992年至2001年期间，我国除了关税水平有了大幅度的下降之外，在结合对外经贸发展的实际情况、借鉴其他国家经验、遵循国际惯例的基础上，对税则税目、征税方法等也进行了较大的改革。

此外，在税制全面改革的背景下，按照符合国际惯例和国际通行做法、符合社会主义市场经济的要求、符合“公平税负、鼓励竞争”等原则，我国先后在1993年年底、1995年年初和1995年年底分三步对进口税收优惠政策进行了系统的清理。1997年亚洲金融危机爆发后，我国及时调整进口税收政策，鼓励引进国外的先进技术和设备，扩大利用外资。2000 年和 2001 年为我国加入世界贸易组织做准备，对进口税收政策再次进行了清理，仅保留了法律、行政法规规定的 15 项进口税收优惠政策。至此，我国对进口税收政策基本完成了全面清理和规范，进口税收优惠政策从以地区优惠为主全面转向以产业优惠为主，并日益走向法制化和规范化。

1994 年实行新税制后，根据经济社会发展及税制运行中出现的新情况，我国陆续对一些税收制度进行了必要的调整和完善。大致可以分为前后两期：前期是 1994—1997 年，主要是为保证新税制的顺利推行，采取了一些过渡性税政措施，同时为适应市场化改革的需要，在税制、税政上采取了一些补充调整措施；后期是 1998—2002 年，主要是在实施积极财政政策、反经济周期调节、启动内需、扩大出口、保持经济发展速度方面，适时地采取了有增税有减税结构性调整的多项宏观调控政策措施，以完善税制。

经过 1994 年税制改革及后来的调整和完善，我国已建立起适应社会主义市场经济发展需要的、较为完善的复合税收体系。税种由原来的 37 个减少为 23 个，税制简化，结构趋于合理，税负趋于公平，税收筹集财政收入和调控宏观经济的功能有所增强，详见表 3－4。

表 3－4　　　　1994—2002 年税收体系简况表

序号	税类	税种
1	流转税类（4 种税）	包括增值税、消费税、营业税、关税
2	所得税类（3 种税）	包括企业所得税、外商投资企业和外国企业所得税、个人所得税
3	资源税类（2 种税）	包括资源税和城镇土地使用税
4	财产税类（2 种税）	包括房产税和城市房地产税
5	行为目的税类（10 种税）	包括城市维护建设税、耕地占用税、固定资产投资方向调节税、土地增值税、车船使用牌照税、车船使用、印花税、契税、屠宰税和筵席税
6	农业税类（2 种税）	包括农业税（含农业特产税）和牧业税

资料来源：谢旭人主编：《中国财政改革三十年》，中国财政经济出版社 2008 年版，第 133—139 页。

同时，1994年分税制改革总体上结束了按照行政隶属关系在政府间划分收入的历史，实现了政府间行政性分权向经济性分权方向的转变，在原体制下，地方政府出于财政收入的考虑，对企业进行厚此薄彼的干预，不利于公平竞争，新体制基本克服了原体制弊端，从机制上消除了地方政府对企业经营干预的动机，促进了公平竞争。不过，受制于当时改革条件，企业所得税收入仍按照行政隶属关系划分。

随着改革条件的不断成熟，自2002年1月1日起，开始实施所得税收入分享改革，将按企业隶属关系划分中央与地方所得税收入的办法改为中央与地方按统一比例分享。此项改革宣告中央和地方政府之间彻底的分税制，从而为地方间、企业间公平竞争奠定了体制基础。

三、向社会分权：社会性分权

改革开放以经济改革为先，经济改革中产生了不同的利益主体，形成了不同的社会阶层，由于社会领域的改革相对滞后于经济领域的改革，计划经济思维下的单一、僵化的社会管控手段激化了部分社会矛盾，进而弱化了经济改革的效果。如何建立一种适应社会主义市场经济发展要求的新型政府—社会关系？政府向社会分权是现代社会治理的趋势，即社会性分权，要在政府有效监管的前提下鼓励社会组织的发展，激发社会主体活力，让各类主体平等参与社会治理，保障改善民生，促进社会公平，推动社会有序和谐发展。党的十八届三中全会通过的《中共中央关于全面深化改革若干重大问题的决定》中提到“推进社会事业改革创新”和“创新社会治理体制”，为社会治理改革指明了方向。接下的一段时期，我国将推动以民生改善为重点的社会建设，重点推进教育体制改革、医疗卫生体制改革、社保体制改革、科技体制改革、事业单位改革，着力防范化解民生风险，充分实现“以人民为中心”的发展理念，广大民众将因此共享改革成果，推动社会繁荣进步。

公共卫生事业大发展

在医疗保障水平方面，基本医疗保险覆盖人数超过 13 亿人，初步实现全民医保。大幅提高城乡居民基本医保财政补助标准，从 2012 年的每人每年 240 元增加到 2017 年的 450 元。职工医保和城乡居民医保政策范围内报销比例分别达到 80% 以上和 75% 左右。在城乡医疗救助方面，2003 年以后，发布了《关于实施农村医疗救助的意见》（中发〔2002〕13 号）与《关于建立城市医疗救助制度试点工作的意见》（国办发〔2005〕10 号）。2006 年，农村医疗救助制度在我国所有涉农县（市、区）全面建立。2008 年，城市医疗救助制度实现了全覆盖。

加强疾病预防控制体系、卫生执法监督体系和突发公共卫生应急救治体系成为公共卫生服务体系建设的重点。从 2007 年起，扩大国家免疫规划范围，将 15 种传染病纳入国家免疫规划范围，由政府免费提供疫苗，同时增加免费救治传染病病种，对艾滋病、结核病、血吸虫病、麻风病、疟疾、包虫病患者实行免费救治。为保障城市居民能够在社区享受到方便可及的公共卫生服务，2007 年起由中央财政和地方财政共同出资建立城市社区公共卫生经费保障机制，免费为城市居民提供基本公共卫生服务。

为解决大病患者的高额医疗费用负担，从 2012 年 8 月起开展城乡居民大病保险试点，将纳入大病保障试点范围的病种从儿童白血病、先天性心脾病、终末期肾病等 8 个病种扩展到了血友病、慢性粒细胞白血病、唇腭裂等 20 个病种。

在基层卫生服务体系建设方面，2006 年国家制定了《农村卫生服务体系建设与发展规划》，基层医疗卫生机构提供基本公共卫生服务所需资金由政府全额安排。2009 年人均经费标准 15 元，2011 年提高到 25 元。中央财政对西部地区补助 80%，中部地区补助 60%，东部地区按 10%—50% 的不同比例补助，2009—2013 年累计安排补助资金 800 多亿元。基本公共卫生服务经费已成为基层医疗卫生机构重要的收入来源。如图3－2所示，2012—2018年，全国财政医疗卫生累计支出80964亿元，年均增幅13.9%，2018年全国财政安排医疗卫生支出15699.74亿元，较上年增加1249.11亿元，增速为8.64%①。

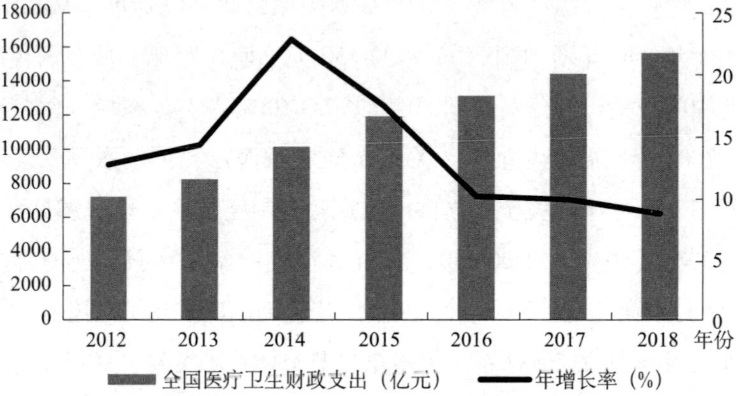

图3－2　2012—2018年全国医疗卫生财政支出及年增长率

资料来源：国家统计局。

此外，还建立完善财政应急保障机制、建立国家基本药物制度、推进公立医院改革、支持发展中医药技术和深化医药卫生体制改革。

教育改革攻坚

在财政教育投入方面，据教育部最新统计②，2018年，全国教育经费总投入为46135亿元，比上年增长8.39%，其中，国家财政性教育经费（主要包括一般公共预算安排的教育经费，政府性基金预算安排的教育经费，企业办学中的企业拨款，校办产业和社会服务收入用于教育的经费等）为36990亿元，比上年增长8.13%，财政性教育经费占GDP比例为4.1%，自2012年以来连续7年保持在4%以上，财政助力教育改革的历程详见专栏3－2。

① http：//www.mof.gov.cn/zhengwuxinxi/caizhengxinwen/201812/t20181224_3102786.htm。

② http：//www.moe.gov.cn/jyb_xwfb/s5147/201905/t20190505_380543.html。

专栏 3－2：

财政助力教育改革

2005 年 12 月，国务院发布《关于深化农村义务教育经费保障机制改革的通知》(国发〔2005〕43 号)，逐步将农村义务教育全面纳入公共财政保障范围，建立中央和地方分项目、按比例分担的农村义务教育经费保障新机制。2006 年 9 月 1 日起开始实施新的《义务教育法》，规定“实施义务教育，不收学费、杂费”，从法律的层面确立义务教育经费保障机制。2007 年春天，“免杂费、免书本费、逐步补助寄宿生生活费”的惠民政策实现了对全国 40 万所农村中小学的近 1.5 亿名学生的全面覆盖。2008 年秋，全国免除城市义务教育学杂费。2010 年，国务院颁布《国家中长期教育改革和发展规划纲要（2010—2020 年)》，启动实施农村义务教育薄弱学校改造计划，实施中小学教师国家级培训计划，推行农村义务教育学生营养改善计划，大力推进义务教育均衡发展。2018 年中央财政教育领域转移支付 84% 左右投向中西部地区。扩大普惠性学前教育资源，使得学前教育毛入学率达到 81.7%。巩固城乡统一、重在农村的义务教育经费保障机制，九年义务教育巩固率为 94.2%，大班额、超大班额比例下降。支持加快发展现代职业教育和推进“双一流”建设。

为促进学前教育发展，实施两期学前教育三年行动计划，支持各地坚持公办民办并举、多种形式扩大普惠性学前教育资源，建立完善幼儿资助制度，加强幼师队伍建设。2014 年全国学前三年毛入园率达到 70.5%，提前 6 年实现《国家中长期教育改革和发展规划纲要（2010—2020 年)》确定的 2020 年达到 70% 的普及目标。从 2017 年起启动实施第三期学前教育行动计划，力争到 2020 年基本建成广覆盖、保基本、有质量的学前教育公共服务体系。

为促进义务教育均衡发展，从 2016 年春季学期起统一城乡义务教育学校生均公用经费基准定额，从 2017 年春季学期起统一城乡义务教育学生“两免一补”政策，全面改善贫困地区义务教育薄弱学校的基本办学条件。2016年我国义务教育巩固率达到93.4%，超过高收入国家平均水平，全国已有1800多个县（市、区）通过了义务教育发展基本均衡县评估认定。2018年，九年义务教育巩固率持续提高到94.2%，比上年提高0.4个百分点①。

为加快发展现代职业教育，支持实施现代职业教育质量提升计划，推动建立完善以促进改革和提高绩效为导向的高等职业院校生均拨款制度，引导高等职业院校深化办学机制和教育教学改革；支持各地改善中等职业学校基本办学条件，建立健全中职学校生均拨款制度；促进提高职业院校“双师型”教师队伍素质。

通过优化财政投入结构，我国的教育改革攻坚克难，质量不断提升。教育作为基本公共服务的重要内容，其普惠程度不断加强。城乡义务教育财政投入机制不断完善，教育差距不断缩小，保障每一位学生享有机会公平。学前教育与职业教育力度不断加强，有利于完善教育体系，健全人才培养机制。

社会保障转轨与完善

为推动国有企业下岗职工基本生活保障向失业保险并轨，2003年国务院印发《关于实施东北地区等老工业基地振兴战略的若干意见》，2004年将完善城镇社会保障体系试点范围扩大到吉林、黑龙江两省。针对企业与机关事业单位退休人员待遇差距较大的问题，中央做出了2005年、2006年、2007年连续3年大幅度提高企业退休人员基本养老金的决定，3年月人均增加240元左右，并重点向退休早、养老金偏低退休人员及具有高级职称的企业退休科技人员等倾斜。按照国务院统一部署，2008—2010年继续连续3年提高企业退休人员基本养老金水平，提高幅度不低于前3年的水平，并继续向退休早、养老金偏低及具有高

① http：//www. moe. gov. cn/jyb_sjzl/sjzl_fztjgb/201907/t20190724_392041. html。

级职称的企业退休科技人员等倾斜。

在完善养老保障制度体系方面，提高基本养老保险待遇水平，企业退休人员月人均基本养老金从2012年的1721元增加到2016年的2400元左右，城乡居民基础养老金最低标准从每人每月55元提高到70元，2016年年末月人均养老金达到117元[①]。推动新型农村社会养老保险和城镇居民社会养老保险两项制度合并实施，合为统一的城乡居民基本养老保险制度。全面实施机关事业单位养老保险制度改革并同步建立职业年金制度，实现了与企业职工基本养老保险统一的制度模式。明确城镇职工养老保险与城乡居民养老保险之间、机关事业单位养老保险与企业职工养老保险之间的转移接续政策。全面建立经济困难高龄、失能老人补贴制度，探索推进长期护理保险试点。支持首批26个城市开展居家和社区养老服务改革试点，探索形成一批符合地方实际、可供复制推广的模式，弥补养老服务业发展短板。

为促进就业创业政策体系，实施更加积极的就业政策，着力解决结构性就业矛盾，鼓励以创业带动就业。出台求职创业补贴、高校毕业生灵活就业社会保险补贴、就业创业服务补助等扶持政策，探索开展新型学徒制、一次性创业补贴等试点，允许有条件的地方通过财政出资引导社会资本投入，设立高校毕业生就业创业基金。继续实施支持和促进重点群体就业创业的税收政策，企业安置残疾人员就业实际支付的工资，可按100%在税前加计扣除。出台失业保险稳定岗位补贴政策和失业保险职业技能提升补贴政策，更好地发挥失业保险防失业、促就业的重要作用。据统计局统计数据测算，如图3－3所示，2012—2018年，我国城镇新增就业每年都超过1000万人，年末城镇登记失业率一直控制在4%左右，其中，2018年年末城镇登记失业率下降到3.8%。

在社会救助和优抚安置方面，全面构建起以最低生活保障、特困人员救助供养、受灾人员救助、医疗救助、教育救助、住房救助、就业救

① 人民出版社编写组编：《十八大以来新发展新成就》（上），人民出版社2017年版，第170页。

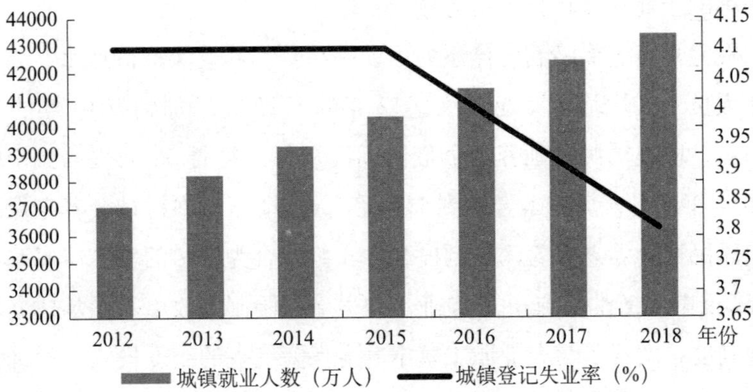

图3－3　我国城镇就业人数以及城镇登记失业率

资料来源：国家统计局。

助和临时救助等制度为主体，社会力量参与为补充的“8＋1”社会救助制度体系框架。推进社会救助资金统筹使用，整合设立困难群众救助补助资金，稳步提高城乡低保补助标准，2012年以来城乡低保标准年均增幅分别达到11%和16%，城乡保障水平差距明显缩小。完善救灾补助政策，大幅提高中央财政补助标准。建立优抚对象等抚恤和生活补助标准正常调整机制，保障抚恤优待对象生活不低于当地平均生活水平。

文化公共服务繁荣发展

为加快构建现代公共文化服务体系，明确国家基本公共文化服务指导标准，初步建成包括国家、省、地市、县、乡、村和城市社区在内的六级公共文化服务设施和网络。支持实施农村广播电视村村通户户通、乡镇综合文化站、农村电影放映、农家书屋等工程，提升农村公共文化服务能力。继续推进公共博物馆、纪念馆、公共图书馆等基层公共文化设施免费开放并安排相关经费，如图3－4所示，2017年，共有博物馆数4721个，参观人数达9.7亿人次，图书馆数3166个。2018年共有博物馆数4918个，图书馆数3176个。城乡群众文体生活日益丰富，基本文化权益得到有效保障。

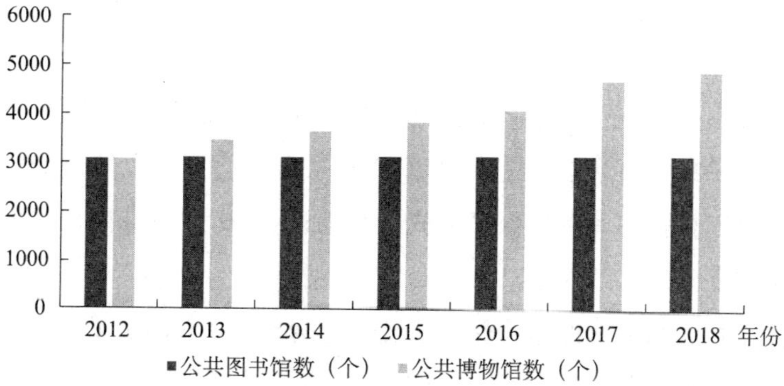

图 3-4　2012—2018 年我国公共图书馆与博物馆数

资料来源：国家统计局。

为深化文化体制改革，出台财政支持文化改革发展政策文件，督促各级财政部门建立文化投入稳定增长机制。实施有关财税政策，推进国有经营性文化事业单位转企改制和文化企业发展，支持转企改制国有文艺院团改革发展和文化部直属文艺院团实行事业单位企业化管理改革。推动传统媒体和新兴媒体融合发展，加大对重点项目支持力度。联合制定中央文化企业国有资产产权登记管理暂行办法、国有资产评估管理暂行办法等 10 多项配套制度，基本形成中央文化企业国有资产管理制度体系。推动国有文化企业改革发展，提升中央文化企业规模化、集约化、专业化水平。改革文化产业发展专项资金管理模式，实行“市场化配置 + 重大项目”双驱动，推动文化产业快速发展。完善中央文化企业国有资本经营预算管理方式，从项目管理向国有资本注入方式转型。

支持基本住房保障

住有所居，是实现人的全面发展的重要保障。近年来，为推进城镇保障性安居工程建设，对城市和国有工矿棚户区改造减免了城镇土地使用税、印花税、土地增值税、契税、个人所得税等税收，并扩大到国有林区、垦区棚户区改造。将廉租住房统一纳入公共租赁住房管理，实行并轨运行，并明确促进有关公共租赁住房发展的税收优惠政策。将 300

多万户城镇住房困难家庭纳入租赁补贴享受范围。出台城镇保障性安居工程贷款贴息办法，采取贷款贴息方式，鼓励社会资本参与城镇保障性安居工程工作。出台运用PPP推进公共租赁住房投资建设和运营管理的规定，鼓励地方开展公共租赁住房PPP试点。通过棚户区改造安置住房、公共租赁住房等多种保障方式，帮助近3000万户城镇住房困难家庭圆了安居梦。

为支持农村危房改造，住房建设部与财政部联合制定了《农村危房改造脱贫攻坚三年行动方案》，在将农村危房改造试点范围扩大到全国农村地区的基础上，不断加大对重点地区、重点对象的支持力度。单独安排国家确定的集中连片特殊困难地区县和国家扶贫开发工作重点县等贫困地区危房改造任务，对每户增加1000元补助。支持地震设防地区结合危房改造统筹实施农房抗震改造，支持有条件的地区创新补助方式，研究制定贷款贴息等支持政策。2013—2016年中央财政支持完成危房改造任务1278万户，2017年完成4类重点对象危房改造任务190.6万户，2018年，中央财政一般公共预算安排用于保障性安居工程的补助资金达2442亿元，其中补助农村危房改造266亿元，占10.9%[①]。

① 人民网：《2018年全国保障性安居工程财政支出7372亿元》，2019年6月6日，见http://xj.people.com.cn/n2/2019/0606/c186332-33016710.html。

第十一章
治权的财政：权利和权力的治理

进入21世纪初期，“家贫国穷”的公共风险已经基本消除了，中国成为世界第二大经济体，成为中上等收入国家，绝大多数家庭摆脱了贫困，国家综合实力、财政实力大大增强。但新的公共风险又愈益凸显出来，权利与权力的关系亟待调整，各类主体之间的权利也迫切需要界定和规范，民权与公权的关系亦需要重新调整。在新的历史条件下，财政也从“公共财政”转向了“现代财政”，将通过治理改革建立现代财政制度。这也意味着财政改革从“放权”、“分权”走向“治权”。这个过程是叠加的、继起的，也是渐进的，是一种动态优化的过程。

一、突破“所有制财政”，促进市场公平竞争

中国改革开放是建立在坚持公有制这个基本原则基础之上的。实践证明，公有制与市场经济是可以兼容的，打破了只有私有制才能搞市场经济的理论教条。但这并不表明，不同所有制经济主体有高低之分。经济主体多元化是市场化改革的成果，维护这个成果要靠财政来实现，即打破计划经济体制下长期基于不同所有制而实行不同政策、给予不同待

遇的“所有制财政”逻辑。市场经济要求的是平等竞争、权利平等，财政就要力求“一碗水端平”。一方面，统一税制，不因所有制不同而适用不同税制；另一方面，不断硬化国企预算约束，切断“财政脐带”，支持政策上对国企、民企和外企一视同仁。同样，劳动者作为市场主体，不论自我就业，还是在不同所有制企业就业，在财政上一律平等，同等保护民事权利。

1994年税制改革搭建了促进市场统一的基本框架

1994年税制改革主旋律是“统一税制，公平税负”，为微观经营主体创造统一、公平的税收环境，同时为宏观经济调控提供间接的经济手段。税制改革统一之前，无论流转税还是所得税，均表现出明显的“所有制”特征，即不同所有制企业适用不同流转税和所得税税种，与统一全国市场，维护公平竞争的社会主义市场经济体制改革目标相违背。1994年税制改革统一了内资企业所得税，以增值税替代产品税，并在此基础上开征消费税，其主旨在于在搭建统一流转税制基础上，对部分产品和行业进行调节，实现总体上税负公平和有重点地调节的有机结合，为市场微观主体的生产经营搭建公平竞争的制度环境。

1994年分税制改革的重点在于基于税制改革的收入划分改革，总体上结束政府间按企业隶属关系划分收入的行政性分权历史，转向按税种划分收入的经济性分权，从而大大减少地方政府在财政收入利益驱动下对企业有“远近亲疏”之分，减少对企业经营的行政干预，为微观市场主体的自主经营、公平竞争搭建制度基础。

2008年内外资企业所得税合并统一了税制

企业所得税是组织国家财政收入、调节经济运行的一个非常重要的税种。它不仅能够对经济变化做出比较灵敏的反应，而且可以对经济施加抑制和刺激以达到有效调节的作用。因此，国家可以通过适时地调整企业所得税制，合理配置各种生产要素，从而影响社会的投资和消费行为，促进国民经济又好又快发展。2008 年，新的《企业所得税法》正式实施，以替代之前执行的《外商投资企业和外国企业所得税法》与《企业所得税暂行条例》。“两法”的合并，实现了内外资企业税制的统一，实现中国整体税制的基本统一，推进了公平税制环境的建设。

内外资企业所得税进行合并后，首次引进了“居民企业”以及“非居民企业”的相关概念。根据国际上目前通用的做法，新的企业所得税法采用了规范的“居民企业”和“非居民企业”概念来对纳税人的身份加以界定，并严格以法人主体作为标准来进行纳税。在新税法中，统一将内外资企业所得税的税率设定为 25%，以实现提高中国企业竞争力以及吸引外商投资的目的。新的企业所得税法不仅取消了地方性所得税税收优惠政策，而且取缔了对经济特区、上海浦东新区和经济技术开发区以及产品出口外商企业与生产性外资企业的免征、减半征收或定期减免所得税的税收优惠政策。

取消外企的税收优惠，可以有效避免外企税收的大量流失，并且有助于减少内资企业边缘化的倾向，减少“假外资”造成的财政收入的隐性减收。此外，实行内外资企业平等的税收政策，大大增强了内资企业的发展后劲，为做大税基贡献力量，也为中央以及地方财政提供了更为充足的税收收入。

2016 年营改增全面推开统一了流转税制

营改增之前，不同产业适用不同流转税制，计征方法不同，税率相异，公平税负难以实现。营改增试点改革彻底实现了商品和劳务税制的统一，从而为公平税制奠定了制度基础。营改增改革经历了从局部地区、局部行业试点—试点地区范围扩至全国—试点行业范围逐步扩大—实现地域和行业的全覆盖四个阶段。这种改革路径非同寻常，既突破了税制改革的历史路径，又突破了增值税改革的传统理念。

首先，与 1994 年的分税制财税改革的多税种“齐头并进”的改革路径相比，本次营改增试点改革是“单税种”推进，由于缺乏相关税种的配套协调，其改革难度更大，不确定性因素更多，且增值税作为中国最大的税种，给财政减收带来的风险更大，相应改革者的压力更大。其次，从增值税“环环抵扣”的征税机制来看，基于避免抵扣链条断裂的角度看，营改增试点改革不宜于地区试点，但本次营改增恰恰开始于上海进行地区试点，于7个月后将试点地区扩大至8个省区，又于1年后适时结束地区试点方式，从地区试点转向行业试点。这种创新性改革路径，既发扬了地区试点“改革总结经验和避免造成大范围震动”之长，又通过时间上的巧妙把握规避了地区试点带来的“抵扣链条断裂”之短，实现了总结经验与尊重增值税运行规律的巧妙平衡。

“营改增”试点改革统一了税制，从制度层面保证税收对生产者和消费者决策的“不偏不倚”，对产业分工保持中性；同时以增值税替代营业税，消除因抵扣不足带来重复征税和营业税自身存在的重复征税，对市场主体（生产者和消费者）的生产和消费决策保持中性。营改增改革还实现了制造业和服务业的融合发展、助推经济转型升级。从总体效果来看，它提高了市场运行效率，促进了市场在资源配置中发挥决定性作用。

二、突破“城乡二元财政”结构，推动城乡权利平等

计划经济体制下的工业化是建立在城乡分治、工农业产品价格“剪刀差”基础之上的。与此对应的财政也就分为城乡二元财政，城乡居民按照户籍而给予不同的财政待遇，农民应享有的权利未能得到充分保障。二元经济结构、二元社会结构和二元财政结构形成一个相互嵌套、相互强化的体系，在改革开放，尤其是市场化改革过程中，这种二元状态一点一点被突破。自从21世纪初提出“让公共财政的阳光普照农村”、“基本公共服务均等化”，二元财政结构开始走向城

乡一体化，以财政平等推动城乡平等，城乡居民所享有的基本公共服务权利逐步走向统一。

城乡教育均衡化发展

教育权利平等可以打破代际贫困带来的贫困陷阱，也是破题城乡二元结构以及实现基本公共服务均等化的重点领域。

为促进学前教育发展，实施两期学前教育三年行动计划，支持各地坚持公办民办并举、多种形式扩大普惠性学前教育资源，建立完善幼儿资助制度，加强幼师队伍建设。2014 年全国学前三年毛入园率达到 70.5%，提前 6 年实现《国家中长期教育改革和发展规划纲要（2010—2020 年）》确定的 2020 年达到 70% 的普及目标。从 2017 年起启动实施第三期学前教育行动计划，力争到 2020 年基本建成广覆盖、保基本、有质量的学前教育公共服务体系。

为促进义务教育均衡发展，从 2016 年春季学期起统一城乡义务教育学校生均公用经费基准定额，从 2017 年春季学期起统一城乡义务教育学生"两免一补"政策，全面改善贫困地区义务教育薄弱学校基本办学条件。2016 年我国义务教育巩固率达到 93.4%，超过高收入国家平均水平，全国已有 1800 多个县（市、区）通过了义务教育发展基本均衡县评估认定。最新统计表明，2018 年九年义务教育巩固率 94.2%，比上年提高 0.4 个百分点①。

为加快发展现代职业教育，支持实施现代职业教育质量提升计划，推动建立完善以促进改革和提高绩效为导向的高等职业院校生均拨款制度，引导高等职业院校深化办学机制和教育教学改革；支持各地改善中等职业学校基本办学条件，建立健全中职学校生均拨款制度；促进提高职业院校"双师型"教师队伍素质。

在高等教育改革发展方面，构建科学规范、公平公正，导向清晰、

① http：//www.moe.gov.cn/jyb_sjzl/sjzl_fztjgb/201907/t20190724_392041.html。

讲求绩效的中央高校预算拨款制度，促进中央高校提高质量、优化结构、办出特色。中央财政对中央和地方高校采取分级支持方式，统筹推进世界一流大学和一流学科建设。整合设立支持地方高校改革发展资金，推动改革完善地方高校预算拨款制度，逐步提高生均拨款水平，促进区域间高等教育协调发展。如图3－5所示，全国高等教育毛入学率显著提高，2018年高等教育毛入学率为48.1%，比2012年提高18.1个百分点[①]。

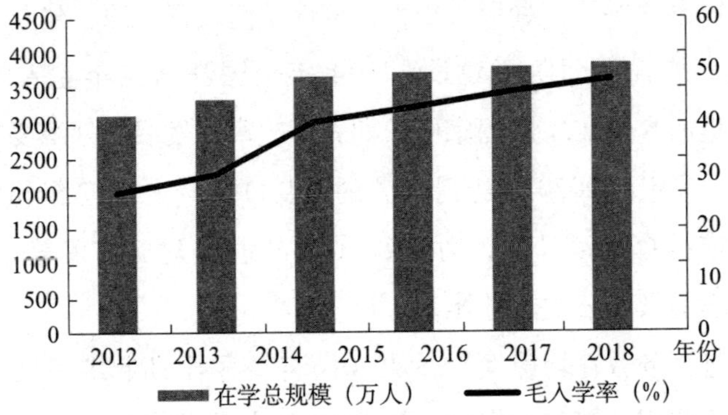

图3－5　高等教育在学总规模及毛入学率

资料来源：教育部官网。

在学生资助政策方面，我国已建立从学前教育到研究生教育各阶段全覆盖的家庭经济困难学生资助政策体系，资助方式包括奖、贷、助、补减等，每年惠及9100多万人次，从制度上保证了不让一个学生因家庭经济困难而失学，实现各级各类高等教育阶段学生无缝衔接，执行不留死角，资助精准发力。

建立全民医保体系

在医疗保障水平方面，基本医疗保险覆盖人数超过13亿人，初步实现全民医保。大幅提高城乡居民基本医保财政补助标准，从2012年

① http：//www.moe.gov.cn/jyb_sjzl/sjzl_fztjgb/201907/t20190724_392041.html。

的每人每年240元增加到2018年的490元。2018年职工医保和城乡居民医保政策范围内住院报销比例分别达到81.6%和65.5%[①]。全面实施城乡居民大病保险，实现参保人员全覆盖。对城乡参保居民因患大病发生的经基本医疗保险补偿后需个人负担的合规高额医疗费用给予不低于50%的进一步补偿，患者的医药费用实际报销比例在基本医保报销比例的基础上再提高10—15个百分点。加大城乡医疗救助投入力度，支持发展多层次医疗保障体系，更好保障参保人权益，规范医疗服务行为，控制医药费用不合理增长。

为提升医疗服务能力，全面推开公立医院综合改革，支持医联体建设和家庭医生签约服务，推动医疗卫生工作重心下移、医疗卫生资源下沉，支持基层医疗卫生机构和村卫生室实施基本药物制度，推动各地加快基本药物采购配送、使用监管等方面改革。如图3－6所示，2018年年末全国医疗卫生机构床位数达到840.4万张，年增长率为5.84%，每千人口医疗卫生机构床位数达6.03张，比2012年增加1.79张。

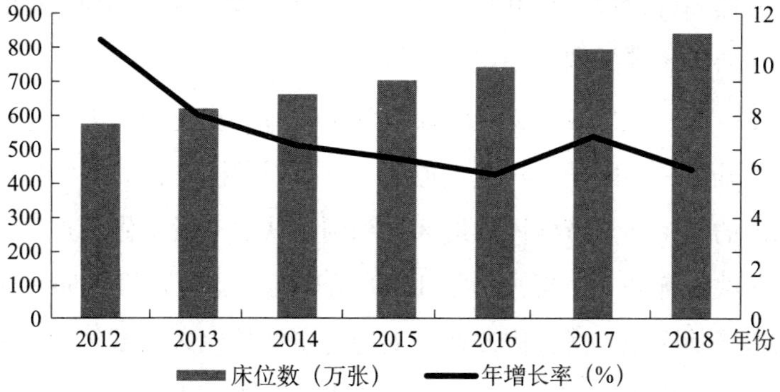

图3－6　全国医疗卫生机构床位数及年增长率

资料来源：国家统计局。

在公共卫生服务体系建设方面，基本公共卫生服务年人均财政补助标准从2012年的25元提高到2018年的57.6元[②]，服务项目扩大到14

① 数据来源：《2018年全国基本医疗保障事业发展统计公报》。
② 数据来源：《2018年我国卫生健康事业发展统计公报》。

类，均等化水平进一步提高。覆盖城乡、功能比较齐全的疾病预防控制体系、卫生执法监督体系、突发公共卫生事件应急救治体系基本建成并正常运转。我国人均预期寿命从2010年的74.83岁提高到2018年的77岁[①]，主要健康指标达到中高收入国家平均水平。

加强城乡基本住房保障

为推进城镇保障性安居工程建设，将城市和国有工矿棚户区改造减免城镇土地使用税、印花税、土地增值税、契税、个人所得税等税收优惠范围，扩大到国有林区、垦区棚户区改造。将廉租住房统一纳入公共租赁住房管理，实行并轨运行，并明确促进有关公共租赁住房发展的税收优惠政策。将300多万户城镇住房困难家庭纳入租赁补贴享受范围。出台城镇保障性安居工程贷款贴息办法，采取贷款贴息方式，鼓励社会资本参与城镇保障性安居工程工作。出台运用PPP推进公共租赁住房投资建设和运营管理的规定，鼓励地方开展公共租赁住房PPP试点。通过棚户区改造安置住房、公共租赁住房等多种保障方式，帮助近3000万户城镇住房困难家庭圆了安居梦。

为支持农村危房改造，在将农村危房改造试点范围扩大到全国农村地区的基础上，不断加大对重点地区、重点对象的支持力度。单独安排国家确定的集中连片特殊困难地区县和国家扶贫开发工作重点县等贫困地区危房改造任务，对每户增加1000元补助。支持地震设防地区结合危房改造统筹实施农房抗震改造，支持有条件的地区创新补助方式，研究制定贷款贴息等支持政策。2013—2016年中央财政支持完成危房改造任务1278万户。2018年中央财政投入266亿元，支持完成4类重点对象危房改造任务190万户。

---

① 数据来源：《2018年我国卫生健康事业发展统计公报》。

三、突破“经济财政”，保障公民权利

民生是社会权利维度的基本问题。随着工业化和城镇化的快速推进，以农民工为主体的人口大规模流动使中国从“静态社会”快速转变为一个“动态社会”，大量的剩余劳动力转移为工业化和城镇化发展作出了积极贡献，但是却未能享有应有的民生权利。财政改革就要从庞大流动人口群体的基本民生权利保障入手来考虑，城乡区域人口大规模流动对公共服务均等化、中央与地方之间的财政责任划分提出了新的挑战。流动儿童的教育、流动人口的医疗和养老、农民工的基本住房保障以及公共服务的同城待遇等等民生问题，都要求财政从地理静态转向人口动态，让“公共服务找人”，而不是让“人去找公共服务”，这样让包括流动人口在内所有人的基本权利都得到切实保障。中央转移支付与农民市民化挂钩、实现流动儿童生均经费可携带、与人相关的基本公共服务领域中央与地方财政共同事权和支出划分改革等，表明财政改革正朝着“治权”方向前进，为国家治理现代化奠定基础。

以人为核心的城镇化

改革开放以来，中国城镇化经历了一个起点低、速度快的发展过程，在取得举世瞩目成就的同时，也存在一些突出矛盾和问题，如土地城镇化快于人的城镇化，建设用地粗放低效；城镇空间分布和规模结构不合理，与资源环境承载能力不匹配；城市管理服务水平不高等，阻碍了城镇化的高质量发展。尤其是城乡基本公共服务差距，户籍人口与外来人口间公共服务差距造成的二元结构矛盾日益凸显，依靠非均等化基本公共服务压低成本推动城镇化快速发展的模式不可持续。

党的十八大之后，中国进入全面建成小康社会的决定性阶段，处于

经济转型升级、加快推进社会主义现代化的重要时期，城镇化进入深入发展的关键时期。2014年，《国家新型城镇化规划（2014—2020年）》发布，明确要紧紧围绕全面提高城镇化质量，加快转变城镇化发展方式，以人的城镇化为核心，有序推进农业转移人口市民化；以城市群为主体形态，推动大中小城市和小城镇协调发展；以综合承载能力为支撑，提升城市可持续发展水平；以体制机制创新为保障，通过改革释放城镇化发展潜力，走以人为本、四化同步、优化布局、生态文明、文化传承的中国特色新型城镇化道路。

2017年，国务院《"十三五"推进基本公共服务均等化规划》指出，新型城镇化推动城乡人口结构变化，对公共服务供给结构、资源布局、覆盖人群等带来较大影响，要以推进城乡基本公共服务均等化为主线，2020年实现大体均衡。随后，新型城镇化的质量和水平不断提升，农业转移人口市民化步伐加快，户籍制度改革意见、居住证制度以及人地挂钩、支持农业转移人口市民化财政政策等关键性配套政策相继出台，推进城乡基本公共服务均等化和城镇基本公共服务常住人口全覆盖。

随着传统的省域经济和行政区经济逐步向城市群①经济过渡，城市的集聚效应日益凸显。2015年，京津冀、长江三角洲、珠江三角洲三大城市群以5.2%的国土面积集聚了23.0%的人口，创造了39.4%的GDP，成为带动中国经济快速增长和参与国际经济合作与竞争的主要平台。在中小城市和特色小（城）镇培育方面，国家新型城镇化综合试点扩大到2个省，246个城市（镇），61个中小城市综合改革试点取得积极成效。城市信息与交通基础设施网络进一步完善，2018年，在国家网络强国战略和提速降费专项行动等政策带动下，中国宽带网络建设

① 包括长三角城市群、珠三角城市群、京津冀城市群、成渝城市群、长江中游城市群、中原城市群、哈长城市群、辽中南城市群、山东半岛城市群、海峡西岸城市群、北部湾城市群、呼包鄂榆城市群、山西中部城市群、关中平原城市群、宁夏沿黄城市群、兰西城市群、天山北坡城市群、滇中城市群、黔中城市群。

取得巨大成就，光纤化进程基本完成，全面建成光网城市，老旧小区光网改造基本完成。固定宽带接入用户普及水平持续快速攀升，已接近国际领先水平。2018 年，新建光缆线路长度 578 万公里，全国光缆线路总长度达 4358 万公里。截至 2018 年 12 月底，互联网宽带接入端口数量达到 8.86 亿个，比上年末净增 1.1 亿个①，中国已经建成全球最大的 4G 网络；截至 2016 年 12 月 20 日，全国 147 个城市 28 个县已累计开工建设城市地下综合管廊 2005 公里；截至 2018 年年底，中国（不含港澳台）共由 35 个城市开通城市轨道交通运营线路 185 条，运营线路总长度 5761.4 公里②。完备的信息与交通基础设施网络将提升中国城镇化的品质，释放人民的活力与创造力。

推进以人为核心的城镇化，是积极应对城镇化发展问题的必然选择，也是为实现中国经济社会转型发展的必然结果。在城镇化进程中时刻关注人的发展需求，在城镇规划与建设中体现出人的价值，在和谐人居环境构建中促进人的全面发展。

农业转移人口市民化

支持农业转移人口市民化的一系列政策措施，不是几项财政补助政策的简单叠加，而是财政政策的系统重构，形成了较为完备的政策支持体系，涵盖了教育、医疗、社保、就业等基本公共服务主要领域，涉及中央和地方各级财政支出结构的重大调整③，中国农业转移人口市民化的进程详见专栏 3－3。

专栏 3－3：

农业转移人口市民化进程

2014 年开始施行的新型城镇化建设以人为核心，强调推进农业转

① http：//www.xinhuanet.com/info/ttgg/2019－01/29/c_137783194.html。

② http：//bj.people.com.cn/n2/2019/0331/c233088－32795703.html。

③《财政部有关负责人就实施支持农业转移人口市民化若干财政政策答记者问》，财政部网站，2016 年 8 月 8 日。

移人口市民化，稳步推进城镇基本公共服务常住人口全覆盖。这是推进以人为核心的新型城镇化的首要任务，也是破解城乡二元结构的根本途径。财政是国家治理的基础和重要支柱，财政在新型城镇化建设过程中的重要作用不言而喻，通过完善转移支付制度、拓宽城市基础设施建设运营和公共服务供给的资金来源，以及加大基本公共服务的资金投入和税收优惠等措施，保障了农业转移人口的基本权益，大大提高了基本公共服务均等化的程度。

2016年，《国务院关于实施支持农业转移人口市民化若干财政政策的通知》（国发〔2016〕44号）发布，要求建立健全支持农业转移人口市民化的财政政策体系，将持有居住证人口纳入基本公共服务保障范围，创造条件加快实现基本公共服务向常住人口全覆盖。这一政策的出台，标志着我国城镇化产生了质的飞跃，实现了从物的城镇化到人的城镇化的跨越，保障了人的发展权。

建立财政转移支付同农业转移人口市民化挂钩机制，是支持农业转移人口市民化的财政政策体系的关键。财政部门已通过完善均衡性转移支付办法，在测算各地区标准财政支出时适当考虑外来人口因素，逐步解决流动人口带来的迁入迁出地公共服务保障规模不相匹配的问题①。

城镇化的发展不仅需要劳动者要素的聚集，还需要各类资金资本要素的聚集。政府与社会资本合作（PPP）模式以重塑政府、市场、民众等多元治理主体的基本关系为切入点，以保障大多数人民群众享受优质的基础设施和高效的公共服务为出发点，成为城市基础设施和公共服务供给的“新引擎”。除此之外，地方政府债券、政府投资基金等透明规范的城市建设投融资机制也拓宽了新型城镇化建设的资金来源。

无论是人的全面发展，还是社会的公平正义，都需要适应新型城镇化建设、健全城乡一体化的公共服务供给体系。以义务教育为核心，统一城乡学生“两免一补”政策，实现“两免一补”和生均公用经费基

① 《刘昆出席发布会答城镇化资金保障问题》，财政部网站，2014年3月19日。

准定额资金随学生流动可携带，一定程度上解决了农村学生大量涌入城市给城市义务教育带来的压力。通过制度机制设计，把城乡义务教育经费保障机制的投入政策、投入标准、中央与地方经费的分担比例确定下来，搭建起一个全国统一的义务教育投入的制度框架①。随着更多的公共服务在城乡之间实现均等化供给，中国的城镇化进程进入一个更全面、更充分、更高品质的发展阶段。

民生财政注重人的全面发展

“民为邦本，本固邦宁。”民生一直是我们党促进人的全面发展的出发点和落脚点。党的十八大以来，党中央始终注重民生、保障民生，奋力铸就大国民生改善新篇章。与党的十八大之前相比，民生工作发生了多方面的重大改变。

一是理念更加自觉，将民生建设与全面建成小康社会、实现中华民族伟大复兴的中国梦有机统一起来。二是目标更加明确，把我们党的奋斗目标与人民对美好生活的向往有机统一起来。三是思路更加清晰，更有针对性，也更加务实，一再强调要托“底”、保“底”，要突出“重点”。四是更加注重制度建设，强调建立和完善保障民生的体制机制。五是更加注重社会公平正义，正确处理市场与效率、发展与分配的关系。六是民生财政支出规模和支出覆盖面都在不断扩大，中国民生事业各个领域都取得了重大成就。

2016 年 11 月，国际社会保障协会（ISA）在第 32 届全球大会期间，将“社会保障杰出成就奖”（2014—2016）授予中国政府，以表彰中国近年来在扩大社会保障覆盖面工作中取得的卓越成就②。

中国改革开放 40 年实践表明，中国的民生不同于西方国家的福利，我们国家的民生强调“托底”和“抓重点”的概念，这也符合现阶段中国经济发展和财政工作的基本国情，托底是解决有无的问题，首先致

① 资料来源：财政部教科文司。
② 罗平汉：《治国理政这五年　十八大以来中国新巨变》，人民出版社 2017 年版。

力于建设基本全覆盖的较低水平的保障体系，保障基本民生，通过抓重点人群、重点地域、重点领域的民生问题，确保人人能享受到国家发展的福利，然后再随着国家经济发展和人民群众的现实需要，稳步提高保障水平，同时避免了拉美式的“福利赶超”带来的“中等收入陷阱”。

从内容上看，中国的民生不仅是满足人民最基本的“衣食住行”，而是要满足人民美好生活的方方面面的需求，高度强调人的全面自由发展。从经济学角度去理解，民生的载体是消费，改善民生就是要提升民众的消费能力，实现公共服务的供给与消费能力的匹配，改善民生同时也是缩小民众消费能力的差距，控制人民在消费过程中的风险。从社会学来看，民生所依托的消费对应着人的全面发展，是社会成员素质、能力提升的过程。这不仅仅涉及物质产品的消费，同时还包含精神产品的消费，培养人的技能，提高人的文化素质，实现人的生产和再生产，体现的是人的全面发展过程。

因此，我们应当牢牢把握住财政工作中“以人为本”的中心思想，明确民生财政的人本主义，促进人的生产和再生产，进而实现人的全面自由发展，确保人民能够通过自身的努力实现幸福生活，共享国家经济发展成果，实现共同富裕。

四、打造“财政制度笼子”，约束公权

现代国家治理体系离不开现代财政制度，党的十八届三中全会以来，我们提出要建立以“法治财政、民生财政、稳固财政、阳光财政、效率财政”为特征的现代财政制度。法字当头，意味着财政要从政府手中的工具，同时转变为约束公权的制度笼子。随着改革的深入和社会转型的加速，公共权力运用不当会诱发公共风险问题。在经济社会转型过程中，腐败问题之所以十分突出，基本根源是公共权力没有得到有效约

束和制衡。从世界治理腐败的历史经验来看，财政是约束公权的重要制度笼子，以预算授权来约束各种公权行使的方向、领域和目标。预算是可以约束公权的，世界上曾经有预算未被通过导致政府关门的事例。一个政府的规模，一个政府部门的活动范围都应取决于国家预算安排。法治财政主要包含预算法定和税收法定两个方面，都会对政府施政行为形成约束，从而对公共权力运行形成制约，让政府公共权力在制度的笼子里规范、透明运行，避免出现利维坦式的政府。

预算法定原则的实现

预算法定是打造“财政制度笼子”的重点。1979 年，中国预算管理制度开始恢复重建，在此之后的四十年里，一直在致力于打造财政预算的“笼子”，即实现预算法定。历经《预算决算暂行条例》—《国家预算管理条例》—《预算法》—新《预算法》的发展过程，至此，搭建了预算法治的基本框架，预算法定逐渐得到落实。

早在 1951 年，政务院就发布了《预算决算暂行条例》，对预算的基本原则、预算的编制及核定、预算的执行、决算的编造及审定等作了规定。1991 年，《预算决算暂行条例》在“暂行”了四十年之后，已不能适应现实发展需要。为加强国家预算管理，强化国家预算的分配、调控和监督职能，促进经济和社会的稳定发展，国务院发布了《国家预算管理条例》（以下简称《条例》），并于 1992 年 1 月 1 日起施行。

随着社会主义市场经济体制改革目标的提出，建立与市场经济相适应的预算管理制度成为主旋律。1994 年 3 月，第八届全国人大二次会议通过《中华人民共和国预算法》（以下简称《预算法》），决定从 1995 年 1 月 1 日起施行。预算立法已由行政法规上升到法律层面，加强了人大对政府预算行为的监督和制约。《预算法》有“经济宪法”之称，是规范财政行为的重要法律。1994 年预算法及实施条例的颁布结束了中国政府预算收支活动长期无法可依的状态，对于强化预算管理，增强预算透明度，加强预算管理监督，实现政府预算管理法制化具有奠基作用。

随着中国社会主义市场经济体制和公共财政体制的逐步建立，原《预算法》已不能完全适应形势发展的要求。2014年8月31日，新《预算法》终获第十二届全国人民代表大会常务委员会第十次会议审议通过，自2015年1月1日起实施。新《预算法》秉承现代预算的理念，总结吸收了改革开放以来，特别是1994年分税制财政体制改革以来中国预算管理实践的经验，全面体现了党的十八大和十八届三中全会全面深化改革的精神，融入了《财税体制改革总体方案》的基本要求。新《预算法》围绕建立现代预算制度，着力推进预算治理，引领预算改革，强化预算约束，对规范政府行为，推进财税体制改革，强化权力制约与监督，促进国家治理体制和能力现代化具有重要而深远的意义。

至此，预算“笼子”的打造有了法律的约束，预算的完整性从形式上得以实现。然而，预算实质上的完整与统一，依然任重道远，需要在未来的改革中继续前行。

税收法定原则的落实

税收法定原则是打造“财政制度笼子”的另一个重要内容，也是税法基本原则的核心，也称为税收法定主义。税收法定原则有利于中国的治理方式的转变，有利于全面推进依法治国。税收法定作为法治在税收领域的具体实践，近年来发挥了越来越重要的作用。

2013年11月12日，党的第十八届中央委员会第三次全体会议通过《中共中央关于全面深化改革若干重大问题的决定》，明确提出“落实税收法定原则”，这是“税收法定原则”首次写入党的重要文件。第八部分“加强社会主义民主政治制度建设”提出：“推动人民代表大会制度与时俱进，完善中国特色社会主义法律体系，落实税收法定原则。”

2015年3月5日召开的十二届全国人大三次会议审议通过了修改《立法法》的决定，明确规定“税种的设立、税率的确定和税收征收管理等税收基本制度”只能制定法律，为实现宪法确立的税收法定原则，提供了制度保障。

2015 年 3 月 25 日，为全面落实依法治国基本方略，加快建设社会主义法治国家，党中央审议通过了全国人大常委会法工委牵头起草的《贯彻落实税收法定原则的实施意见》。该实施意见明确表示，“不再出台新的税收条例；开征新税的，应当通过全国人大及其常委会制定相应的税收法律；同时对现行 15 个税收条例修改上升为法律或者废止的时间作出了安排，待全部税收条例上升为法律或废止后，提请全国人民代表大会废止《全国人民代表大会关于授权国务院在经济体制改革和对外开放方面可以制定暂行的规定或者条例的决定》”。这是对贯彻落实税收法定原则进行的具体部署，体现了中央对落实税收法定原则的高度重视，将通过周密安排和严谨步骤，把法律条文付诸实践，加快建立完善税法体系，严格规范约束政府征税行为；这也是全面落实依法治国基本方略，加快建设社会主义法治国家的一项重要部署。通过这些具体安排，基本的税收形式法定初步完成。

形式法定，仅仅是落实税收法定的第一步，完成税收法定的“原始积累”，需要进一步迈向税收的实质法定。其主要表现为：由“规范法律形式”向“规范法律实质”跨越，税收基本问题不仅要有法可依，而且要追求“良法善治”，推动实现税收立法、执法、司法和守法的全过程动态法定；法定原则，贯穿在税收的收、支、管等不同环节①。在这一过程中，不仅需要税收法定，更要彰显税收自身的实质理性，体现税收法治的实质要义。

推进事权法定原则落地

事权法定原则，也即事权划分法律化，是中国构建现代政府间财政关系的重要内容，又是依法治国的内在逻辑。只有使得政府间事权划分

① 刘剑文、侯卓：《税收法定原则如何落实》，《光明日报》2015 年 3 月 20 日。

规范化，才能促进各级政府支出责任的有效落实，促进转移支付方式的合理化，形成各级政府财政收支的稳定预期。

2014年10月，党的十八届四中全会要求落实“权责法定”原则，为进一步促进法治政府建设提供目标准则。2015年10月，党的十八届五中全会强调，“各级政府事权规范化、法律化，完善中央和地方政府间事权法律制度”，要求在法律的框架下推进事权与支出责任划分。2016年5月财政部明确指出要“建立以政府间财政关系法和预算法为两大支柱的现代财政法律制度体系”。2016年8月国务院出台《国务院关于推进中央与地方财政事权和支出责任划分改革的指导意见》（国发〔2016〕49号），确定中央和地方事权与支出责任划分改革时间表，要求2019—2020年基本完成主要领域改革，形成中央与地方财政事权和支出责任划分的清晰框架。

2018年2月，国务院颁布《基本公共服务领域中央与地方共同财政事权和支出责任划分政策方案》，突破原有按东部、中部、西部确定支出责任分担比例的方式，改为依据各地区的事权范围与财力状况，分类分档承担支出责任；同时设立共同财政事权分类分档转移支付，加强中央政府支出责任。2019年5月，国务院办公厅印发《科技领域中央与地方财政事权和支出责任划分改革方案》（国办发〔2019〕26号），并要求把握科技工作规律和特点，立足我国实际，借鉴国际经验，坚持问题导向，抓紧形成完整规范、分工合理、高效协同的科技领域财政事权和支出责任划分模式，加快建立权责清晰、财力协调、区域均衡的中央和地方财政关系。2019年6月，国务院办公厅印发《教育领域中央与地方财政事权和支出责任划分改革方案》（国办发〔2019〕27号），提出要明确中央在财政事权确认和划分上的决定权，落实地方按规定履行教育领域财政事权的责任，充分调动地方因地制宜发展区域内教育事业的积极性和主动性。

综合而言，我国事权法定原则在近年来逐步得以落实，央地关系更加规范明晰，但是事权法定仍然存在事权责任划分不清、主体错位等问题，仍需加大力气改革，推进事权法定原则落地生根。唯有在明确政府间事权前提下实现政府机构、职能、权限、程序、责任的法定化，方能让政府的公权力在法律和制度的框架内运行，并以政府率先垂范守法、严格规范执法来引导督促公民、法人和各类组织依法活动，共同推动法治社会建设进程。

第十二章 开放的财政：大国财政构建

改革开放初期，财政改革主要是如何利用全球化力量化解内部风险；随着全球化进程加速，各类生产要素的全球流动频繁亦增强了全球发展的不确定性，导致风险全球化趋势蔓延，风险开始向四处蔓延并超越国界，全球公共风险日渐扩大。如何防范和化解全球公共风险成为财政改革的新命题。改革与开放是一体的，财政改革与对外开放也是同步的。改革开放初期，财政是中国联系世界的重要纽带；改革开放过程中，为“引进”国外先进技术与管理方式，财政做出重要调整与安排；随着国际经济合作的不断强化，财政改革也日渐与国际接轨。中国财政改革的成功，向世界提供了财政改革的“中国方案”，为后发国家提供了宝贵的经验借鉴。在全球化的进程中，大国的政策外溢特征逐步显现，财政也会发挥越来越大的作用，承担应有的提供国际公共产品的国际责任，积极应对全球公共风险对本国的冲击。

一、促进区域空间开放的财政实践

邓小平同志曾一针见血地指出：“从一九五七年下半年开始，我们就犯了‘左’的错误。总的来说，就是对外封闭，对内以阶级斗争为纲，忽视发展生产力，制定的政策超越了社会主义的初级阶段。”① 1981 年 11 月召开的五届人大四次会议上的政府工作报告，又进一步明确指出：“实行对外开放政策，加强国际经济技术交流，是我们坚定不移的方针。”1982 年 12 月，对外开放政策被正式写入中国宪法。在这一时期，财政改革处于准备阶段，既采取更加符合国际惯例的方法来确定政府和企业关系，调动和发挥企业活力；又积极地推进税收制度的完善，确立企业的法人、合伙人和私人产权制度，规范开放条件下的社会收入分配关系。

支持建立经济特区

1979 年 4 月，中央召开工作会议，专门讨论经济建设问题。当时广东省委领导人习仲勋在汇报工作时提出，希望中央下放一定的权力，允许广东有一定的自主权，在毗邻港澳的深圳、珠海、汕头举办出口加工业。邓小平同志听后十分赞同，并向中央提议批准广东的这一要求。在讨论如何扩大对外贸易的过程中，到会的许多负责同志认为，可以在广东的深圳、珠海、汕头以及福建的厦门试办出口特区，发展出口商品生产，这个建议被写入了会议的有关文件。

经过各方面的充分讨论和准备，1979 年 7 月，中共中央、国务院批转了广东和福建两省分别提出的关于对外经济活动实行特殊政策和灵活措施的两个报告，同时批准在深圳、珠海、汕头以及福建的厦门试办出口特区。根据半年多筹办特区的工作实践，中央进一步明确，在特区发展中不但要办出口加工业，也要办商业和旅游业，不但要拓展出口贸易，还要在全国经济生活中发挥多方面的作用，如发挥技术的窗口、管理的窗口、知识的窗口和对外政策的窗口以及“开放的基地”。1980 年 3 月，将“出口特区”改为了内涵更为丰富的“经济特区”。

---

① 邓小平：《形势迫使我们进一步改革开放》，《邓小平文选》第三卷，人民出版社 1993 年版，第 269 页。

由于深圳、珠海、汕头以及厦门四个特区在很短的时间里取得了很大的成就，国家决定扩大经济特区的规模和范围，1988年4月13日，第七届全国人民代表大会第一次会议审议通过了国务院提出的议案，决定海南省成为我国的又一个经济特区。

相应地，为了支持特区经济优先发展，中央对经济特区制定了特殊的财政政策，即实行财政收入全留，在发展过程中财政收支自求平衡。特区政府可以在辖区部门、企业、单位、居民之间适当处理其分配关系。特区财政在服从国家财政的统一领导前提下，又因所享受的特殊财税政策而有着比一般地区更大的财政自主权，对于特区的加快发展起到了积极推动作用。

建设经济技术开发区

经济特区在短时间内取得突破性进展和巨大成就极大鼓舞了全国各族人民，也进一步坚定了我国扩大对外开放的信心。1984年2月，邓小平同志视察特区后指出："除现在的特区之外，可以考虑再开放几个港口城市，如大连、青岛。这些地方不叫特区，但可以实行特区的某些政策。"①

1984年4月，根据邓小平同志的建议，党中央、国务院研究决定将对外开放的范围由特区扩大至沿海其他一些城市。这次开放的城市共有14个，它们分别是：大连、秦皇岛、天津、烟台、青岛、连云港、南通、上海、宁波、温州、福州、广州、湛江和北海。当年9月，国务院首先批准了东北重镇大连市兴办经济技术开发区。从这时起到1985年1月，在逐渐审批沿海开放城市的实施方案中陆续批准了秦皇岛、烟台、青岛、宁波、湛江、天津、连云港、南通、福州、广州10个城市举办经济技术开发区，给予它们和沿海经济特区类似优惠政策。至1994年8月，国务院批准的经济技术开发区总共达32个，经济开发区

① 邓小平：《办好经济特区，增加对外开放城市》，《邓小平文选》第三卷，人民出版社1993年版，第52页。

开始成为各个中心城市的增长极。

经济技术开发区在很短的时间里取得了举世公认的伟大成就，极大地鼓舞和坚定了我国对外开放的信心和决心。当然，由于各种原因，各地在自办开发区方面也出现了一些偏差和失误，付出了一定的代价，许多地方不顾自己的条件和可能，群起效仿经济技术开发区，刮起了全国性的“开发区热”。经过清理和整顿，到 1995 年年底，各省、自治区、直辖市人民政府批准设立的各类经济技术开发区共有 638 个。其中经济开发区 533 个，高新技术产业开发区 48 个，旅游开发区 57 个，规划面积 5100 平方公里，起步面积 844 平方公里。从分布情况看，沿海 12 个省、自治区、直辖市的省级开发区约占总数的 55%；从发展的情况看，据不完全统计，全国各省级开发区共批准内资项目 43 万个，投资总额 2200 亿元；外商直接投资项目 9000 多个，合同外资 330 多亿美元，实际利用外资 80 多亿美元。

经济技术开发区同样得到了特殊财政政策支持，例如 1996 年国务院文件中提出，对 14 个国家级经济技术开发区新增的财政收入全留政策 1995 年年底到期后，在 1996—1998 年的三年内，按全国统一分税制财政体制，以 1993 年的返还为基数，上述经济技术开发区 1995 年比 1993 年新增财政收入中中央财政应得增量部分，采取由中央财政逐年递减返还的办法，即 1996 年返还 3/4，1997 年返还 2/4，1998 年返还 1/4，1999 年停止返还，逐步向全国统一的分税制财政体制过渡。

支持内地开放发展

随着改革开放的不断深入以及开放所带来的巨大成就，党中央、国务院决定进一步地扩大对外开放：第一，在国家财政的支持下，从 1990 年起先后在上海浦东新区的外高桥和天津港等地设立保税区，并对转口贸易、加工贸易和维修维护服务进行支持。随着保税区体系向内陆城市的延伸，迅速成为内陆城市开放的重要抓手和关键载体。第二，开放长江的芜湖、九江等 6 个城市和设立长江三峡经济开放区，将开发区的制度、政策优势向内陆地区传递。第三，开放珲春等13个陆地边境城市，形成沿边开放的重要布局。第四，开放内陆所有的省会、自治区首府城市，给予这些地方和经济技术开发区一样的优惠政策。这样，在我国就形成了沿海、沿江、沿边及东西南北中多层次、多渠道、全方位的对外开放局面，使我国的对外开放进入了一个新的更高的阶段。至此，我国对外开放形成“经济特区—沿海港口城市—经济技术开发区—沿边陆地边境城市—内地首府城市”这样一个多层次、有重点、点面结合的对外开放格局。

形成全面对外开放新格局

经过艰难谈判，我国于2001年年末加入世界贸易组织，这标志着我国对外开放进入一个崭新的阶段。我国将由以前有限范围和有限领域内的开放，转变为全方位的开放；由以试点为特征的政策主导下的开放，转变为法律框架下可预见的开放；由单方面为主的自我开放，转变为与世贸组织成员之间的相互开放。这一时期我国对外开放的主要特点表现在如下几个方面。

一是由地域的全方位开放走向产业的全方位开放。进入20世纪90年代中期以来的中国开放已经不仅是通过沿海开放城市和开放区域，而是形成了东西南北中全方位的开放局面，使中国经济的开放程度和范围都有了极大的提高。

二是生产和资本国际化程度将进一步提高。在世界经济一体化趋势越来越明显的背景下，不仅中国的市场将向全面开放的方向发展，使国际资本和商品更大范围地进入中国市场，而且中国的资本也将以更快的速度进入国际市场，中国将会有更多的企业从事跨国生产和经营，“引进来”和“走出去”将成为我国对外开放的两个轮子，有力地推动我国对外开放向纵深发展。经过20年的改革开放，中国的海外企业有了迅速的发展，现在几乎在世界各国都可以看到中国企业的身影。

三是中国的金融市场将不再与国际金融市场隔绝，金融市场与世界市场的一体化程度会大幅度提高。金融业和金融市场作为国民经济的关键部门和核心环节，通常在对外开放的进程中排在较后的序列，这在发达国家开放经济走过的历程中也是如此。因此，全面开放和高度国际化的金融市场可以被看成是开放型经济的发达形态。中国开放经济的建设目前尚处在一个由初级阶段向高级阶段过渡的时期，金融市场开放度不高是可以理解的。但是金融市场和金融业的开放，毕竟是一种客观的发展趋势，是经济全球化和世界经济一体化的重要表现形式。

四是我国的规章制度将会进一步规范化并与国际接轨，政府的宏观调控方式会随之做出调整。改革开放以来，中国市场经济体制的建设是与对外开放共同发展的，并都取得了很大的成就。但应该看到，市场的上层建筑，对市场进行调控的各种管理手段、规章制度，尚未按照开放型市场经济的要求进重构和重组。随着中国加入 WTO 以后，这些规章制度和政府的宏观调控必然要遵循 WTO 的规则，这就要求我们对与 WTO 规则以及我们在谈判中作出的承诺不相符的地方做重大修改使其与国际惯例接轨。

中国进一步开放的上述特点既是中国本身经济发展的需要，也是经济全球化发展趋势对中国提出的客观要求，中国要尽可能多地吸纳并创造全球化红利，以负责任大国的形象促进世界更多元化进程。

“一带一路”倡议的财政政策

2013 年 9 月和 10 月，习近平总书记在出访中亚和东南亚国家期间，先后提出共建“丝绸之路经济带”和“21 世纪海上丝绸之路”的重大倡议。习近平总书记指出：“‘一带一路’建设秉持的是共商、共建、共享原则，不是封闭的，而是开放包容的；不是中国一家的独奏，而是沿线国家的合唱”。“‘一带一路’建设不是空洞的口号，而是看得见、摸得着的实际举措，将给地区国家带来实实在在的利益。”①

① 习近平：《迈向命运共同体　开创亚洲新未来》，《人民日报》2015 年 3 月 29 日。

共建“一带一路”，得到沿线国家的热烈响应：“一带一路”建设的愿景与行动文件已经制定，亚洲基础设施投资银行（AIIB)、金砖国家新开发银行（NDB）和丝路基金顺利启动，一批基础设施互联互通项目正在稳步推进……实践证明，“一带一路”倡议顺应和平、发展、合作、共赢的时代潮流，提供了一个具有广泛包容性的合作平台，堪称推动开放合作、促进和平发展的“中国方案”。党的十八大以来，中国努力推动互利共赢的国际发展合作，成为推动构建平等公正、合作共赢国际经济新秩序的中坚力量，展示了一个负责任的发展中大国的泱泱风范（详见专栏3－4）。

专栏3－4：

关于亚洲基础设施投资银行（AIIB）和金砖国家新开发银行（NDB）

由中国作为发起国家的亚洲基础设施投资银行（AIIB）和金砖国家新开发银行（NDB）的组建和发展是提升国际基础设施建设，完善国际基础设施投融资体系的重要举措，也是我国真正意义上进入世界基础设施投资核心国家的重要标志。

2013年10月，由习近平主席倡议，以亚洲国家为基础，筹建亚洲基础设施投资银行（AIIB)，以促进本地区互联互通建设和经济一体化进程，向包括东盟国家在内的本地区发展中国家基础设施建设提供资金支持。AIIB将同域外现有多边开发银行合作，相互补充，共同促进亚洲经济持续稳定发展。

2014年10月，首批22个意向创始成员国代表签署了《筹建亚洲基础设施投资银行备忘录》。2015年6月，50个意向创始成员国代表共同签署《亚洲基础设施投资银行协定》，另外7个国家随后在年底前先后签署。2015年12月，《亚洲基础设施投资银行协定》达到法定生效条件，亚投行正式宣告成立。

成立之后的AIIB将肩负以下四个基本使命：第一，AIIB奉行开放的区域主义，同现有多边开发银行相互补充，应该以其优势和特色给现有多边体系增添新活力，促进多边机构共同发展，努力成为一个互利共赢和专业高效的基础设施投融资平台，在提高地区基础设施融资水平、促进地区经济社会发展中发挥应有作用。第二，亚洲基础设施融资需求巨大，是一片广阔的蓝海，新老机构互补空间巨大，可以通过开展联合融资、知识共享、能力建设等多种形式的合作和良性竞争，相互促进，取长补短，共同提高，提升多边开发机构对亚洲基础设施互联互通和经济可持续发展的贡献度。第三，AIIB 结合国际发展领域新趋势和发展中成员国多样化需求，创新业务模式和融资工具，帮助成员国开发更多高质量、低成本的基础设施项目。AIIB 以发展中成员国为主体，同时包括大量发达成员国，这一独特优势使其能够成为推进南南合作和南北合作的桥梁和纽带。第四，AIIB 按照多边开发银行模式和原则运作，并充分借鉴现有多边开发银行在治理结构、环境和社会保障政策、采购政策、债务可持续性等方面好的经验和做法，取长补短，高起点运作。

为支持 AIIB 的组建和发展，我国将作为第一大出资国和最大的股东出资 298 亿美元，并作为理事会主席国和重大决议的决策国而发挥作用。此外，中国作为 AIIB 倡议方，还将向银行即将设立的项目准备特别基金出资 5000 万美元，用于支持欠发达成员国开展基础设施项目准备[①]。

在“一带一路”倡议的推动下，我国“走出去”的规模进一步扩大，资源利用的全球网络布局进一步改善。虽然，我国 2017 年对外直接投资 1582.9 亿美元，同比下降 19.3%，首次出现负增长，但仍是历史上第二高位（2016 年对外投资流量跃居世界第二位），占全球比重连续两年超过一成，对外投资在全球外国直接投资中的影响力不断扩大。从双向投资情况看，中国对外直接投资流量已连续三年高于吸引外资，成为真正意义上的净资本输出国。截至 2017 年年底，对外直接投资存

① 刘尚希、傅志华等：《中国改革开放的财政逻辑（1978—2018）》，人民出版社 2018 年版。

量超过1.8万亿美元，升至全球第二[①]，境外资产总额达到6万亿美元。2012年至2018年，对外承包工程完成营业额累计约1.05万亿美元，年均增长6.39%，我国已成为世界主要的对外承包工程国之一[②]。

企业国际化经营水平提升。2012年到2016年，我国企业通过对外投资合作，累计实现境外销售收入7.2万亿美元，带动进出口1.9万亿美元。跨国并购成为走出去企业获取海外优质资源、补齐国内短板的重要途径。2016年，并购类对外投资865亿美元，占对外投资总额的比重达到44.1%。

产业国际布局加快。在国内要素成本上升背景下，开拓国际市场、利用海外资源成为我国工业化发展的必然选择，2017年我国对外直接投资1582.9亿美元，对外直接投资位居全球第三位，仅低于美国和日本；其中，我国制造业对外投资达到295.1亿美元，占我国对外直接投资流量的18.6%[③]，这也是中国供给侧结构性改革中振兴实体经济的体现。

二、财政政策的国际协调

经济全球化的背景下，作为全球举足轻重的大国，“中国声音”正在引起全球的关注，“中国声音”日渐响亮部分体现了中国财政开放和对外交流与合作的成效。中国的大国财政正在积极参与全球资源配置与治理规则制定，在风险全球化中积极推动全球风险治理改革，实现全球利益分配，进而化解全球公共风险，引领人类命运共同体的构建。

① 资料来源：《2017年度中国对外直接投资统计公报》。
② 资料来源：《中国对外投资发展报告2018》。
③ 资料来源：《2017年度中国对外直接投资统计公报》。

改革开放初期财政对外交流与合作探索与初创

20 世纪 70 年代末 80 年代初，改革开放大门初启的中国，刚刚经历十年“文革”的浩劫，加上长期计划经济的禁锢，国民经济处于崩溃的边缘，人民的思想观念陈旧僵化，可以说当时的中国百业待兴。在此后的十余年里，从国外引进国内急需的人才、资金、技术和管理经验，逐步转变人们保守、僵化的思想观念，启动并推进中国改革开放，加快经济建设步伐，是当时中国的重要任务。

在国家改革开放政策指引下，以 1980 年中国恢复在世界银行的合法席位、中国与美国建立中美经济联合委员会为标志，财政对外交流与合作翻开了崭新的一页，中国与世界各主要国家在财经领域的对话、交流与合作从无到有，逐步加强。1980 年，中国加入国际农业发展基金；1986 年 3 月，中国正式加入亚洲开发银行；1991 年，中国作为创始国加入了全球环境基金（GEF）。从此，中国与世界银行、亚洲开发银行、国际农发基金、全球环境基金等国际金融组织的合作先后得以恢复和启动，双方合作内容不断拓展，相关管理制度逐步建立，合作成效日益显著。特别是通过合作引进的一系列国际先进经验和管理技术，在国内掀起一阵阵思想观念的冲击波，为加快人们思想观念的转变发挥了重要作用。

这一时期，财政对外交流与合作虽处于探索、初创阶段，但其成果和长远影响不能低估，特别在营造有利于中国改革开放的良好国际环境，引进吸收国外资金、技术和管理经验，促进人们思想观念转变等诸多方面，发挥了重要作用。

与国际机构加强合作及政策对话

自 1980 年中国恢复在世界银行和国际货币基金组织的合法席位以来，中国陆续加入了国际农业发展基金、亚洲开发银行（以下简称亚行）、全球环境基金（GEF），并先后与欧洲投资银行（EIB）、经合组织（OECD）、联合国开发计划署等多个机构建立了政策对话与合作关系。30年来，中国与国际机构的合作广度与深度是不断拓展的，表现为多形式、多层次的各种合作与政策对话。

一是加强发展领域的合作。世界银行是世界上最主要的多边开发机构之一，其使命是与贫困作斗争，帮助发展中国家提高生产力，促进经济发展和社会进步，改善和提高人民生活水平。自建立合作关系以来，我国与世界银行的五个成员组织（国际复兴开发银行（IBRD）、国际开发协会（IDA）、国际金融公司（IFC）、多边投资担保机构（MIGA）、解决投资争端国际中心（ICSID））进行了全方位、广泛而深入的合作，有力地支持了我国的经济发展。亚洲开发银行成立于1966年11月，是亚洲和太平洋地区最大的多边开发金融机构，其宗旨是促进亚太地区的减贫和发展。中国和亚行的在合作内容之一，就是亚行为中国的公共投资项目提供急需的资金。GEF赠款资金也发挥了重要的杠杆作用，不仅弥补了中国财政资金投入的不足，而且带动了大量的国际资源和国内民间资本的投入。

一段时间以来，按照党中央、国务院的战略部署，在稳定贷款规模、优化项目管理的基础上，进一步加大了国际金融组织贷款、赠款向广大中、西部地区倾斜的力度，积极支持西部大开发，支持东北等老工业基地振兴，支持中部崛起，支持东部地区率先发展；重点支持农业、交通、节能减排等国民经济和社会发展薄弱环节的建设，并取得了积极成效。

二是加强环境领域的合作。1994年，中国作为创始国、捐资国和受援国参加了全球环境基金（GEF）。GEF通过向符合条件的成员国提供赠款和优惠贷款，共同资助那些以保护全球环境和促进可持续经济发展，主要涉及生物多样性、气候变化、国际水域、有机污染物、土地退化和臭氧层保护等领域的项目和计划。

世行和亚洲开发银行都将生态环境问题视为援助战略的重点，致力于积极推动中国从资源掠夺性向资源保护性发展转变。早在1997年世界银行出版了题为《中国：碧水蓝天》的报告，测算了中国计算环境污染的人力资本损失，这是中国第一份综合性的环境保护的研究报告。

另外，中国与亚行也进行了良好合作。亚行为中国提供了119项环境方面的技术援助，其总价值超过7700万美元。通过技术援助，在制定中国的环境政策法规框架，加强环境评价方面扮演了重要的战略性角色，同时还提供贷款直接解决主要城市的环境污染和废物排放。在全国范围内应用的排污收费制度和SO2排放交易项目的研究，帮助中国通过坚持清洁发展机制，减少温室气体的排放以防止全球环境变暖。在亚行的支持下，中国开始实行全国城市供水价格管理条例。新的城市供水价格基于全成本回收原则，并适当考虑到了节约用水、贫困人口的支付能力和公众的意见。

三是加强知识领域的合作。通过与世行、亚行等国际金融组织合作，积极利用其智力资源，为中国经济社会建设和改革开放献计献策，其中不少政策建议得到党和国家领导人的高度重视，并融入国家的有关重要政策文件之中。

中国与世行合作的一项重要内容是经济分析、政策咨询、技术援助等知识合作活动。合作活动针对中国宏观经济、地方经济、财政金融、社会保障、企业改革、投资环境、农村发展、扶贫开发、教育卫生、交通运输、能源水利、环境保护等多个领域进行专门研究，为中国的宏观经济管理和行业部门改革提出了具有参考价值的意见和建议，推动了中国重大体制创新，为中国建立和完善社会主义市场经济体制做出了积极贡献。亚行也在农业和自然资源、能源、环境、金融、政府治理、宏观经济、交通和城市发展等领域积极向中国提供知识型产品。亚行对华技援项目涉及交通通讯、能源、农业、金融改革、环境保护、扶贫减灾、自然资源、环保、城建等领域。这些项目很好地结合了国际经验和中国国情，实现了国内外知识信息资源的整合。

世行与亚行的资金和智力资源在帮助中国加快经济建设，特别是改善能源、交通等基础设施方面起了积极的作用。同时，通过与世行、亚行等国际金融组织交流合作，还宣传了中国改革开放的伟大成就，宣传了中国特色的发展政策和发展理念，为人类发展事业做出积极贡献。

以提升话语权为目标的财经对外交流与合作体系

中国财经对外交流与合作的思路是努力与合作国实现一种双赢或共赢，比如与所有有意愿的国家推动自由贸易区建设、“一带一路”建设等。经济的相互依存促进国家关系的稳定，这已经成为经济全球化时代国际关系的普遍规律。事实上，中国良好的双边关系背后几乎都有良好的经济合作基础。

随着中国财经对外交流与合作理念的深入贯彻，中国正在成为国际财政、财经领域不可或缺的角色。中国与亚洲区域的合作日益紧密，2005年，中日韩和东盟的财长签署了具有历史意义的清迈协议，使东盟和中日韩在清迈协议框架下实现货币互换；与全球最大的发达经济体欧盟建立了更为紧密的经济伙伴关系，亚欧财长会议第一次在中国举办，而且是历届会议中规格最高，参会人数最多的一次；加强了与G7的对话，G7指的是美国、日本、德国、英国、法国、意大利和加拿大，它们是当今世界的主要发达国家组成的集团，应该说在目前的国际经济秩序制定和贯彻方面，七国集团起着举足轻重的作用；而在国际货币基金组织和世界银行这两个重要金融机构中，中国作为重要成员，现在已经在这个机构中发挥着相当重要的影响。

中国财经对外交流与合作的作用逐步凸显，并逐步成为中国谋求和平发展的重要力量。人民币汇率升级压力和操纵性把控风险正是通过国际财经对外交流与合作，从而在各国的政界、企业界和知识界形成了良好的共识，抵御了不和谐的攻击性声音，保障了国内经济环境的稳定，保障了世界经济贸易的稳定。除了汇率问题，财政部门还在其他方面逐步树立了中国的“大国形象”。例如，在2003年非典和2004年禽流感期间，中国公共财政应对突发性事件的能力初步展现在世人面前。此外，随着中国成功解决13亿人的温饱问题并进入初步小康，中国的扶贫经验备受世界的关注，2004 年，世界银行还与财政部成功地在上海召开全球扶贫大会，使中国政府的扶贫经验开始走向世界特别是亚非地区国家，为人类减贫事业作出了巨大贡献。

可以预见，随着中国“财经对外交流与合作”的不断深化，中国在国际财经领域的话语权还将不断增大，中国方案的舞台会越来越大。这将极大地促进中国和世界经济的和谐发展。在“财经对外交流与合作”这场特殊的博弈过程中，虽然中国还是一个新手，但是却已经迈出了坚实的步伐。

走进新时代的财经对外交流与合作发展

党的十八大以来，以习近平同志为核心的党中央紧紧围绕实现“两个一百年”奋斗目标和实现中华民族伟大复兴中国梦的重大战略思想，积极推进外交理论和实践创新，推动中国特色大国财经对外交流与合作取得了许多历史性、开创性的重大成就。新时代，财经对外交流与合作工作要以习近平新时代中国特色社会主义思想为指引，深入贯彻落实党的重大决策部署，更加积极有为地推进中国特色大国财经对外交流与合作，为不断推动党和国家事业迈上新台阶营造良好的国际环境。

坚持以习近平新时代中国特色社会主义思想为行动指南，全面推进中国特色大国外交。党的十八大以来，习近平总书记以伟大政治家和战略家的远见卓识和非凡胆略，谋划运筹对外工作全局，指引中国财经对外交流与合作开拓前行，更加自信、更加鲜明地展现出中国特色、中国风格、中国气派。在以习近平同志为核心的党中央领导下，我们积极倡导构建人类命运共同体，深入推进全方位财经对外交流与合作布局，实施共建“一带一路”倡议，促进全球治理体系变革，坚定维护国家利益，为中国改革发展稳定营造了良好外部环境，为世界和平与发展作出了新的重大贡献。

构建全球伙伴关系网络，扩大同各方利益交汇点。7 年来，我们以周边和大国为重点，以发展中国家为基础，以多边为舞台，通盘谋划、整体运筹、全面推进各项对外财经工作。我们在相互尊重、平等互利的基础上，同世界上近百个国家和区域组织建立了不同形式的伙伴关系，拓展深化了全方位、宽领域、多层次的财经对外交往格局，形成了覆盖全球的“朋友圈”，与各国人民结伴而行、共创美好未来。

实施共建“一带一路”倡议，构筑对外开放新格局。7年来，我们坚持推行互利共赢的开放战略，形成了以“一带一路”为统领的对外开放新格局。“一带一路”从倡议变为行动，从理念转化为实践，快速成长为开放包容的国际合作平台、各方普遍欢迎的全球公共产品，得到100多个国家和国际组织的积极支持和参与，并于2017年5月，成功举办了首届“一带一路”国际合作高峰论坛，与沿线国家加强发展战略对接，形成共商共建共享的良好局面。

倡导构建人类命运共同体，促进全球治理体系变革。7年来，我们为完善全球治理努力贡献中国智慧，推动国际秩序和全球治理体系朝着更加公正合理方向发展。我们举办北京亚太经合组织领导人非正式会议、二十国集团领导人杭州峰会、金砖国家领导人厦门会晤等一系列主场外交，积极参与联合国维和行动，推进联合国2030年可持续发展议程、应对气候变化等国际发展与合作议程，不断增强国际社会应对共同挑战的能力。

捍卫国家主权安全利益，维护海外合法权益。7年来，始终把维护国家经济主权、财经安全放在第一位，在市场经济地位、国际税收协定等一系列涉及中国重大核心利益的问题上，划出底线、捍卫底线，坚定维护国家经济主权，极大振奋了党心军心民心，也赢得了国际社会的广泛尊重。我们贯彻“外交为民”宗旨，构建完善海外利益保护体系，使中国公民和企业的海外合法权益得到切实保障。

7年来，我们坚持统筹国内国际两个大局，开拓进取、攻坚克难，不断开创中国特色大国财经对外交流与合作新局面，中国国际地位得到前所未有的提升，国际影响力、感召力、塑造力进一步提高。这些成就的取得，最根本的在于有习近平总书记这位全党领袖领航掌舵，在于以习近平同志为核心的党中央的坚强领导，在于习近平新时代中国特色社会主义思想的科学指引。这是中国财经对外交流与合作始终屹立时代潮流最前沿，站在国际道义制高点，在世界大变局中牢牢把握战略主动，在新时代不断谱写新篇章的强大动力和根本保证。

三、从大国经济走向大国财政

当今世界正面临百年未有之大变局，全球格局变化已导致全球风险加剧，风险共同体关系正在逐渐形成，全球利益分配随着全球格局变化而不断演变。全球格局变化中印刻着大国博弈的影子，大国博弈的背后是“大国财政”的较量。大国财政通过参与全球资源配置，承担全球风险治理责任，实现全球利益分配，进而化解全球公共风险，引领人类文明进程。所以，现阶段，我们应该更加关注大国财政，使得大国财政更好地服务于大国国际话语权的提升并推动全球公共风险的有效治理。

风险全球化与风险共同体

风险是普遍存在于经济社会发展过程中的，需要不同经济主体的协同配合来有效应对。而且随着经济社会的不断纵深发展，跨国贸易网络已经遍布于全球各个角落，风险沿着产业链与价值链不断扩展延展，从局部经济风险逐渐演变为全球经济风险。

随着经济的纵深发展，全球的贫富差距与经济失衡越来越严重。尤其是经济风险、金融风险以及财政风险，越来越超出一个国家的地理边界而外溢到全球范围，且风险的深度和广度正在不断拓展。1997 年的东南亚经济危机波及了东南亚诸多国家，经济发展水平普遍下降。2008 年的金融风暴源于美国，后续引发了欧债危机，严重挫伤了新兴发展中国家的发展积极性，金融危机最后蔓延到全球各个国家，导致全球经济的显著衰退。

目前正在加速的全球化进程具有非均衡的特征，也即全球化进程中各个国家的风险分配与经济收益并非处于平等的地位。以美国为主导的发达国家与其他国家的全球化地位悬殊，处于主导地位的大国财富在全球化进程中不断积累，风险转嫁能力强，而发展中国家尤其是贫困的经济体则很难在全球化进程中获益，风险消化能力弱而容易陷入贫困陷阱。大数据时代的来临使得这一现象更为普遍，信息传递瞬间可达，使得全球风险的蔓延速度大大加快。加之社会再生产的产业链越来越长，每一个环节的不确定性都在增加，风险的传递越来越频繁，局部风险演变为全球风险的速度也在增加，这就为全球风险治理提出了新要求。

为解决风险全球化所带来的不利后果，只有联合起来共同发展才能规避全球风险，强化风险共同体意识，应当全球风险才能更加有效。比如说发生金融危机后，世界上很多国家开始在财政政策、货币政策上协调，大家共同行动。让大家意识到如果不采取集体行动，整个国际金融形态将发生崩溃。有了这种风险的理性，也就形成了风险共同体。风险共同体是随着风险全球化而形成的，也是为应对风险全球化而形成的。共同体意识有利于塑造风险理性，为解决系统性全球公共风险提供了发力点。但这还远远不够，在风险全球化的背景下，更需要全球范围内具有影响力的国家发挥大国财政的风险治理功能，平抑全球风险。

大国财政主导下的全球风险分配

现阶段，一方面，以美国为代表的发达国家正在主导全球风险的分配，是全球经济金融资源的配置者。另一方面，新兴经济体在国家社会中发挥的作用越来越重要，其不仅仅是一个国际贸易主体，还拥有建设主体、贷款主体以及投资主体等多重身份。新兴经济体的不断崛起，正在深刻改变全球风险的分配格局，也对以美国为主导的全球治理体系发起了新一轮的挑战。

通常状况下，对财政问题的研究都是站在某一经济体内部来展开的，而对大国财政的认识则应突破这一思维惯性。大国财政建立在大国经济实力基础上，通过参与全球资源配置，承担全球风险治理责任，实现全球利益分配，进而化解全球公共风险，引领人类文明的进程。

实际上，在全球化经济背景下，某一经济体的财政与全球风险分配格局息息相关，而大国财政更是这其中的主导力量。大国财政主导全球风险分配呈现出向前发展的态势，其关系到风险全球化的发展趋势以及全球公共风险的变化，关键问题由谁来主导，遵循何种原则。主导全球风险分配，需要平衡本国公共风险与全球公共风险，只考虑本国风险而不顾全球风险，“以邻为壑”的政策结果无外乎全球公共风险的爆发并最终危及自身。

全球风险问题的缓解在于全球公共事务责任的承担，而与其相关的利益在享用上的非排他性又鼓励所有潜在行为体逃避责任或者成为搭便车者。因此，全球问题、全球公共事务、全球集体行动构成全球风险治理的三大重要支柱。

作为一个发展中大国和新型的大国，中国是全球风险治理的倡导者、实践者和推进者。进入 21 世纪以来，中国正在积极参与全球治理，提出新安全管理、新文明观和新发展观，以及提出建设人类命运共同体的理念。中国正在深度参与“全球风险治理”，中国方案所蕴含的智慧正在逐步为世界所认同，这有利于国际新秩序向公平合理的方向调整，有利于全球公共风险的预防和消除。作为崛起中的新兴大国，中国的大国财政应该在保障本国利益的前提下承担起全球风险治理中大国应有的责任。

推动命运共同体建设的大国财政

2012 年，中国共产党第十八次全国代表大会作出了“建设命运共同体”的重大决定，自此，命运共同体就成为中国大国治理的关键理念，并成为外交、外经、外援和政府间国际合作的重要主题。坚持多边主义，谋求共商共建共享，建立紧密伙伴关系，构建人类命运共同体，是新形势下全球经济治理的必然趋势。大国财政是建立在大国实力基础上的，通过参与全球资源配置，承担全球风险治理责任，实现全球利益分配，进而化解全球公共风险，引领人类文明进程。

对于中国的发展，世界银行有一个经典的评论：在人类历史上，还从来没有一国家，在持续这么长的时间里，经历过这么快速的增长。国际体系转型的加剧与加速，把中国推向世界舞台的中心，因为无论在发展中五国还是在二十国集团中的新兴市场群体中，中国经济实力和国际影响力都居于首位。2008 年以来，中国为应对金融危机所展现出的负责任的大国形象，中国的大国地位更是得到了西方的认可与强化。而且，中国日渐成为维护世界和平与发展的重要力量，国际舞台上“中国声音”日益增大，当今任何重大全球问题缺少中国的参与将难以形成根本性解决方案。

然而，值得深思的是，中国已经跃升为世界第二大经济体，无论经济总量还是全球影响力，都证明中国已经进入到“大国经济”行列中来，但是，中国经济具有突出的“大而不强”的特征，中国的大国经济与世界发达经济体所呈现的大国经济有较大的差距。其原因在于中国大国财政的制度体系构建尚在初期，影响力较弱，风险点较多。鉴于制度建设的滞后性，大国财政与大国经济的不匹配程度会随着大国经济的不断发展而加大。滞后的大国财政制度势必会加大大国经济运行的制度成本，不合理的财政制度会使经济运行效率大大降低。同时，大国财政构建滞后于大国经济的发展，会降低大国经济的国际化进程。大国财政实际上更表现为一种国家交往手段，直接影响大国经济的国际行为，在全球利益分配与风险分配中发挥更为重要的作用，为大国经济争取更多资源，并通过财政支出或税收手段在全球风险防范中发挥更大的作用。

因此，现阶段，我们的关注点应该从大国经济向大国财政的构建上转移，使得大国财政更好地服务于国际话语权的提升以及全球风险的有效治理，让大国财政与大国经济得到更加有效的匹配，为大国的国际影响力奠定坚实的财力后盾。大国财政是推进人类命运共同体建设的基础、支柱和利益分配的关键性抓手。大国财政是建立在大国实力基础之上，通过参与全球资源配置，承担全球风险治理责任，实现全球利益分配，进而化解全球公共风险，引领人类文明进程。财政的本质是以国家为主体的利益分配关系，大国财政的本质是大国为主体的全球利益分配关系。国家财政的职能是资源配置、收入分配、经济稳定和经济发展，大国财政的职能相应是全球资源配置、全球利益分配、承担全球风险治理责任和化解全球公共风险，这四个方面既是大国财政的核心内涵，也是大国财政的基本定位。

主导全球资源配置的能力和服务人类共同利益是区分大国财政与国家财政的重要标志。大国财政通过支撑全球公共事务的方式，尤其是以制订国际规则、国际规范、国际标准等形式作为控制全球资源的必要手段。如在基本公共事务中，要着力处理好和平与安全、冲突、金融稳定、额外财政支持、经济稳定、防止全球经济衰退、创造可持续发展的环境、传染性疾病防控、基础教育与消除贫困等问题；在扩展性公共事务中，要有效推进国际交通运输系统规范与标准、尊重人权与国家主权、多边贸易协定、语言的融合、生活方式及其他社会标准规则的协调等事务；在特殊公共事务中，要推进落实臭氧层保护、减少消耗臭氧物质释放量、大气净化、减少二氧化碳排放量、公海保护等措施。

中国必将走向大国财政，而以人类命运共同体为核心目标的大国财政是中国财政发展新时代特征的重要体现。伴随着全球经济治理体系的调整与改革，中国日益成为国际治理舞台的中心，在“一带一路”建设、“上海合作组织”、“金砖五国”、亚太经合组织（APEC）和20国集团（G20）中，中国都发挥着重要的核心作用，并以大国财政的担当居于关键性的主导地位。如在上海合作组织中，中方支持逐步建立区域经济合作制度性安排，支持建立地方合作机制，并积极开展中小企业合作；在加强“金砖国家”的协作上，中国积极支持寻找发展政策和优先领域的契合点，继续向贸易投资大市场、货币金融大流通、基础设施大联通目标迈进，谋求经济、社会、环境效益协调统一，实现联动包容发展[①]；在G20机制中，中国提出加强宏观政策协调，合力促进全球经济增长、维护金融稳定、继续支持多边贸易体系，避免发生全球金融“踩踏事件”和反对贸易保护主义；而在APEC体系中，中国提出“经济全球化在形式和内容上面临新的调整，理念上应该更加注重开放包容，方向上应该更加注重普惠平衡，效应上应该更加注重公正共赢”[②]。中国日益成为推进人类命运共同体建设的重要力量，国际舞台上的“中国声音”日渐增大，中国道路、中国模式和中国力量越来越成为全体经济治理体系中不可或缺的重要基础和支撑条件。大国财政力量的增强不仅仅表现在经济方面，同时意味着以中国为代表的新兴经济体将会打破西方大国财政主导全球风险治理的格局。随着中国经济的崛起和国际影响力的增大，中国既要有大国的国际责任感，又要尽可能地实现国家利益的最大化。处理好国家利益与各国共同利益的关系，维护本国利益与各国共同利益，不仅是国际社会和各国利益的诉求，也是中国国家利益的所在。

① 习近平：《开启金砖合作第二个“金色十年”》，《习近平谈治国理政》第二卷，外文出版社2017年版，第492页。

② 习近平：《抓住世界经济转型机遇 谋求亚太更大发展》，《人民日报》2017年11月11日。

第十三章
风险的财政：从宏观调控到风险管理

随着经济体制从计划经济向社会主义市场经济转型，中国也从传统的财政直接管理向财政宏观管理的演进。通过优化和创新财政宏观调控政策，特别是近年来走向以公共风险管理为目标的财政宏观管理新理念，提高了财政应对不确定和公共风险的能力，有力地保障了经济社会平稳、健康发展。风险治理中的财政，财政的本质是风险问题。

一、有计划商品经济时期的财政政策

从 1978 年中国政府开始实行改革开放政策到 1992 年明确提出建立社会主义市场经济体制目标，经历了十多年的时间。中国财政也开始注重利用各种经济政策工具调控经济，逐步发挥市场机制配置资源的基础性作用，形成了独具特色的转型时期财政政策作用机制。这期间中国经济曾呈现出 1979—1981 年、1982—1986 年以及 1987—1992 年期间的三个较为明显的经济周期。在这三个周期中，财政立足于市场化改革取向，不断尝试使用多种财政政策工具来调节经济运行。

1978—1981年的财政政策与宏观调控

对外开放战略的提出，激发了全国人民全力发展经济的热情，国民经济很快出现了恢复性增长，也带来了经济过热问题，针对这些问题，中央于1979年4月果断提出对国民经济进行“调整、改革、整顿、提高”的八字方针。在1980年的经济工作会议上，中央进一步提出要按照“两平一稳”的方针调整国民经济，即实现财政收支平衡，不出现赤字；基本实现信贷收支平衡，不再搞财政性货币发行；基本稳定物价，特别是稳住生活必需品的销售价格。这次宏观调控中实行的主要财税措施包括①：

一是控制投资需求。生产建设投资仍然是财政政策调节经济的重要手段，针对当时基本建设投资规模远远超过国民经济承受能力的状况，财政部于1979年发布了《关于加强基本建设财务拨款管理的通知》，要求基本建设不能突破国家预算指标范围；严格按照国家计划供应资金；严格执行结算纪律，防止和制止拖欠贷款；严格按照基本建设程序办事，纠正边设计、边施工、边生产的做法。对引进的项目和1000多项未完工程，除保留必要的部分外，全部停建、缓建，并将基建资金的无偿使用改为有偿使用。通过这些措施，财政预算内基本建设投资从1980年的418.57亿元压缩到1981年的349亿元；财政支出从1979年的1282亿元压缩到1981年的1138亿元，将国家预算内的基本建设投资规模增长速度控制在10%—25%之间。

二是控制消费需求，压缩各项开支。国家除了对预算内基本建设支出进行有效控制外，还加强了对预算外资金的控制。对社会集团购买力实行计划管理，限额控制，凭证购买，定点供应，专用发票，并对某些商品采取了专项审批的办法。1980年1月，国务院发出《关于节约非生产性开支，反对铺张浪费的通知》，规定文教、科学、卫生、体育等

① 谢旭人主编：《中国财政改革三十年》，中国财政经济出版社2008年版，第449—450页。

事业单位和行政机关实行“预算包干，结余留用，增收归己”的办法，以调动增收节支的积极性，防止扩大支出和年终突击花钱。1980 年国务院组织了 2. 4 万人参加的财经纪律大检查，查出问题资金 37. 9 亿元，有效抑制了滥发奖金、津贴的现象。

三是实行分级包干财政体制。1980 年 2 月，国务院颁发了《关于实行“划分收支、分级包干”的财政管理体制的暂行规定》，全面进行政府间财政分配关系的改革。这种包干体制对于减少财政赤字、加强宏观调控起到了积极的作用。

四是发行国库券筹集收入。1981 年 1 月 16 日国务院会议通过《中华人民共和国国库券条例》，确定从 1981 年开始发行中华人民共和国国库券。此次国库券计划发行总金额 40 亿元，政府要求全民所有制企业和集体所有制企业购买 20 亿元，城乡居民购买 20 亿元，最后实际认购金额为 46. 65 亿元。强制企业购买国库券，也发挥了与从紧的货币政策协调配合的作用。

五是稳定市场，平抑物价。1979 年，国家将粮食统购价格提高 20%，在此基础上超购加价幅度从原来的 30% 提高到 50%，同时还陆续将 18 种主要农副产品的收购价格提高了 24. 8%。粮油统购价格提高后，由国家财政给予补贴，使粮油统销价格保持不动。1980 年，国家财政的粮油价差补贴、超购粮油加价补贴和粮食企业亏损补贴支出共计 108. 01 亿元，比 1979 年增加 47. 39%，极大地调动了农民发展生产、踊跃交售农副产品的积极性，促进了商品供求平衡，稳定了市场物价。

六是调整进出口商品结构，平衡国际收支。减少国家对外贸的财政补贴，控制需要大量补贴的产品和高亏损商品的出口。同时在税收等方面对出口创汇企业给予政策倾斜，鼓励出口商品的生产，促进国际收支平衡。

1982—1986 年的财政政策与宏观调控

党的十二大明确提出了“翻两番”的战略目标。即从 1981 年到 20

世纪末的20年间，在不断提高经济效益的前提下，力争使全国工农业年总产值翻两番。在此背景下，各地开始为“翻两番”而大干快上，经济过热的苗头再次显现。这次宏观调控的特点是：第一，宏观调控更为注重运用财政政策和货币政策。以计委为核心的宏观调控格局有所改观，形成计委、财政部门和中央银行联合调控宏观经济的体系。1985年实施了“双紧”式宏观调控：实施紧缩的货币政策和紧缩的财政政策。第二，以行政手段为主，辅之以经济手段进行宏观调控。以行政手段压缩基本建设投资规模，行政部门仍然加强对物价的管理和监督检查，严格制止乱涨价。同时，以紧缩的货币政策控制信贷投放和货币供给量。为控制经济过热，防止出现通货膨胀，财政主要采取的政策措施包括①：

一是与货币政策相配合，控制投资支出。1985年，中国政府为制止经济过热的势头蔓延，在财政政策方面，压缩投资支出，基本建设投资增速由上半年的43.5%下降到第四季度的30.8%，出现1978年改革开放以来的首次财政盈余。同时在货币政策方面，减少货币投放，货币投放量比上年减少366亿元。双紧的财政与货币政策的配合有效地抑制了经济过热局面，使得工业增速由上半年的23.1%回落到10.2%。

二是严格控制财政支出，控制消费需求。1984年11月，国务院发出《关于严格控制财政支出和大力组织货币回笼的紧急通知》，严格控制财政支出，防止年终突击花钱。根据国务院先后发出的《关于严格控制社会集团购买力的通知》和《关于节减行政经费的通知》，各地区、各部门严格控制行政管理费的增长。1985年各机关、团体、企业、事业单位的集团购买力，一律在上年实际数的基础上，核减20%；中央和地方当年的行政经费预算削减10%；企业的管理费和事业单位的行政开支，比照上述要求进行压缩。财政支出增幅从1984年的20.7%下降到1986年的10%。同时，通过全面开展税收、财务、物价大检查，

① 谢旭人主编：《中国财政改革三十年》，中国财政经济出版社2008年版，第452—453页。

初步整顿了财经纪律。

三是积极增加财政收入。一方面，财政和税务部门加强征管，把该收的钱收上来，确保财政收入及时足额地组织入库。另一方面，财政积极支持企业提高经济效益，增强财政收入潜力。

四是搞好财政综合平衡。随着经济体制改革的进一步展开，我国的资金分配结构和流向出现了新的变化。除国家预算资金以外，各地区、各部门还有相当数量的预算外资金，银行的信贷资金、农村的资金数额也很大。所有这些资金如何统筹安排，合理使用，是一个关系国家建设的大问题，也是加强宏观经济管理的一个重要方面。因此，建立综合财政信贷计划，积极引导，加强监督，防止发生财力分散使用、盲目建设、重复建设和某些资金在使用中失控的现象就成为宏观调控的重要内容。

1987—1992 年的财政政策与宏观调控

1988 年 5 月，中央决定用五年时间实现价格和工资改革的“闯关”。“价格闯关”使物价指数迅速上涨。为此，1988 年 8 月 30 日，国务院第二十次常务会议做出了《关于做好当前物价工作和稳定市场的紧急通知》。1988 年 9 月，党的十三届三中全会提出治理经济环境、整顿经济秩序、全面深化改革的方针。1989 年 11 月，党的十三届五中全会通过的《中共中央关于进一步治理整顿和深化改革的决定》，进一步提出用 3 年或者更长一些时间基本完成治理整顿任务，逐步降低通货膨胀率，努力实现财政收支平衡，提高经济效益，优化经济结构，保持适当的经济增长率。为此，实施了以财政信贷“双紧”政策、调整产业结构、整顿经济秩序以及开展增产节约增收节支运动为主要内容的一系列政策措施。这一阶段采取的财政宏观调控措施主要有[①]：

一是大规模压缩固定资产投资规模。鉴于预算外基建投资失控是促使投资需求膨胀的主要原因，调整预算外基建投资成为此次压缩投资需

---

① 谢旭人主编：《中国财政改革三十年》，中国财政经济出版社 2008 年版，第 454—455 页。

求的重点。一方面，通过征集国家预算调节基金，来限制预算外资金的规模，合理引导预算外资金的流向。另一方面，鼓励能有效增加供给的生产投资，限制“楼、堂、馆、所”及住宅等非生产性投资的规模。同时，将自筹基建投资建筑税由原来的单一税率改为差别税率，对非生产性建设、计划外建设和非重点建设，实行高税率。1988 年 9 月至 1989 年第一季度，共停建、缓建固定资产投资项目 1800 多个。

二是控制社会消费需求。严格控制社会集团消费，把专项控制商品由 19 种扩大到 32 种。1989 年年初，财政部根据国务院紧缩财政开支的要求，向各地区、各部门下达了支出控制指标。7 月份，国务院又根据当时情况的变化，要求中央财政采取进一步紧缩的措施，除少数非保不可的项目外，其他各项支出一律在当年预算的基础上压缩 5%；同时要求各地区也参照这个比例进行压缩。此外，在 1989 年财务大检查中把滥发奖金、实物列为一个重要检查内容，并把能否制止滥发奖金、实物作为一项考核制度，实行首长责任制。

三是整顿财税秩序，大力推进依法治税。各级财政部门纠正越权减免税，加强征收管理工作，清理拖欠税款和其他各种收入；加强对私营企业和个体工商户税收以及个人收入调节税的征管工作；根据国务院的决定，1989 年先后对各项预算外资金征收国家预算调节基金，对彩色电视机、小汽车开征特别消费税，对农林特产税扩大征收范围。

四是紧缩中央财政开支，努力实现财政收支平衡。削减财政投资支出，对经营不善、长期亏损的国有企业停止财政补贴，对落后的小企业进行整顿和关停并转；大力压缩行政管理费支出；对所有单位持有的 1981—1984 年发行的国库券，推迟三年偿付本息。

五是实行税利分流，理顺国家与企业分配关系。1988 年国家开始进行税利分流改革试点，将企业利润先以所得税的形式上交国家，税后利润则一部分上交国家，其余的留归企业自主使用。同时，对固定资产投资贷款也由税前利润归还，改为由税后利润和折旧基金及其他企业自主财力归还。

二、社会主义市场经济初期的财政宏观调控

随着改革的不断深化，中国逐步认识到，只有深化经济体制改革，实行社会主义市场经济体制，经济才能有更快、更好的发展。为此，1992 年 10 月，党的十四大明确提出了建立社会主义市场经济体制的目标任务。与此同时，财政调节和管理经济的方式也发生了重大变化，逐渐形成了以财政宏观调控为主的机制和方式。从 1993 年起，具有现代意义的财政宏观调控开始“起航”。根据经济形势的发展变化，中国相机调整财政政策取向，进行逆周期操作，熨平经济大波动。

适度从紧的财政政策（1993—1997 年）

20 世纪 90 年代初，随着经济体制改革的不断推进，市场作用因素逐步增强，价格改革进一步深化，国有企业经营自主权逐步扩大，企业活力明显增强，中国经济进入了新的快速增长期。但由于投资需求过度扩张，生产资料价格迅速攀升，经济运行同时出现严重的过热态势和通货膨胀。

1993 年年初，中国政府明确提出要加强和改善宏观调控，防止出现经济过热。4 月份，颁发了《关于制止乱集资和加强债券发行管理的通知》；5 月份，颁发了《关于严格审批和认真清理各类开发区的通知》；特别是在 6 月 24 日，中国政府针对当时宏观经济的严峻形势，果断决策，及时出台了《关于当前经济情况和加强宏观调控的意见》的标志性文件，提出加强和改善宏观调控的 16 条措施，正式确定了实行适度从紧的财政政策和货币政策的基调。据此，中国财政部出台了一系列适度从紧的财政政策措施，其着力点主要是总量从紧和结构调整。这一阶段主要财政政策措施如下：

一是严格控制财政赤字。严格控制赤字是适度从紧财政政策的一项非常重要的内容。中央要求，地方财政预算收支必须严格执行《国家预算管理条例》，不准打赤字；已打赤字的地区，要及时调整地方预算，确保全年财政收支平衡。1994 年 3 月份，八届全国人大二次会议通过的《中华人民共和国预算法》规定，中央政府经常性预算不列赤字，地方各级预算不列赤字。从 1994 年起，中央财政赤字主要通过发行国债的办法弥补，不再向中国人民银行透支或借款。1996 年 3 月份，全国人大要求“九五”期间（1996—2000 年）逐步减少财政赤字，实现财政收支基本平衡。通过严格控制财政开支，财政支出增幅从 1993 年和 1994 年的 24. 1% 和 24. 8% 降至 1995 年的 17. 8%、1996 年的 16. 3% 和 1997 年的 16. 3%；中央财政赤字也从 1994 年的 667. 0 亿元缩减为 1995 年的 662. 8 亿元和 1996 年的 608. 8 亿元①。

二是强化投资管理以控制固定资产投资增长。1993 年，中国政府针对基本建设投资增长过猛的态势，不断加强投资管理。严格控制投资规模，清理在建项目，从严控制新开工项目；停建缓建不符合产业政策、资金来源不落实、市场前景不好的项目，特别是高档宾馆、写字楼和度假村等；新上基本建设大中型项目须经中央政府批准后才能开工。在投资资金来源上，中央银行对固定资产投资贷款实行严格指令性计划控制，防止企业挪用流动资金贷款进行固定资产投资；加强对房地产市场的管理，制定房地产增值税和有关税收政策，坚决制止房地产的投机行为。1994 年 1 月份，国务院颁发了《关于继续加强固定资产投资宏观调控的通知》，提出要集中财力物力，保证重点建设；优先保证重点项目的收尾和投产；当年原则上不再批准新开工项目；加强资金源头控制，严格固定资产投资贷款管理；加强对资金市场的规范化管理；对在建项目进行普查和项目登记备案制度；加强对外商直接投资项目的引导和规范化管理。1995 年，继续严格控制固定资产投资规模，清理在建

① 谢旭人主编：《中国财政改革三十年》，中国财政经济出版社 2008 年版，第 461 页。

项目。1996 年，对固定资产投资实行项目资本金制度。

三是调整支出结构，加强对国民经济薄弱环节的支持。适度从紧的财政政策，并不是全面紧缩，而是在调控总量的同时实行有紧有松的结构性调整。财政既通过采取增收节支、控制赤字和债务规模等措施，实行总量调控，抑制社会总需求过度扩张，平衡社会总供需的关系；同时，也注重调整支出结构，加强对国民经济薄弱环节的支持。通过增加投入和实行优惠政策等措施，支持农业发展，巩固农业的基础地位。财政还实行了一系列鼓励企业技术进步的措施，促进企业技术创新。财政大力支持企业优化资本结构，支持国有企业改革。

积极财政政策（1998—2004 年）

1998 年，中国经济发展面临着十分严峻的国内外经济形势：亚洲金融危机的影响不断加深，长期以来盲目建设带来的结构不合理等深层次矛盾，在国际经济环境急剧变化和国内市场约束双重因素作用下，更加突出地显现出来，内需不振，出口下降，投资增长乏力，经济增长速度回落，中国经济面临着前所未有的严峻考验。

1998 年 3 月，在九届全国人大一次会议期间，政府提出了确保 1998 年经济增长 8% 的目标，并指出实现这一目标的主要手段是提高国内的需求。决定适时调整宏观经济政策的目标和方向，及时提出采取更加有力的财政政策，扩大内需，刺激经济增长。1998 年 6 月 16 日，《人民日报》发表了财政部前部长项怀诚的署名文章《财政宏观调控与启动经济增长》，提出转变适度从紧的财政政策，并认为我国现阶段不宜采取通过减税刺激经济的方法，而应适时适度地扩大财政举债规模和财政支出，增加投资，刺激消费，扩大出口，通过改革克服制约有效需求的体制和政策因素，促进国民经济增长。1998 年 7 月，国家发展计划委员会《关于今年上半年经济运行情况和下半年工作建议》提出实施旨在扩大需求的积极的财政政策。1998 年 8 月，全国人大常委会第四次会议审议通过了财政部的中央预算调整方案，决定增发 1000 亿元国债，同时，配套增加1000亿元银行贷款，全部用于基础设施专项建设资金。至此，积极的财政政策正式启动，其主要内容和措施包括以下几个方面。

一是增发长期建设国债。1998—2004年期间，中央财政累计发行长期建设国债9100亿元，截至2004年年末，七年累计实际安排国债项目资金8643亿元，并拉动银行贷款和各方面配套资金等逾2万亿元，主要投向农林水利和生态建设、交通通信、城市、技术进步、产业升级和农网改造，以及教育、文化、卫生、旅游等基础设施建设。分年看，国债项目资金的使用结构不断优化，1999年至2001年，在1998年安排六个方面投资的基础上，逐步增加了西部开发、重点行业技术改造、高新技术产业、退耕还林（草）、教育、公检法司设施建设；2002年以后，投资重点向农村、结构调整、中西部地区、科技教育和生态环境建设等方面倾斜，更加注重城乡、区域、经济社会等协调发展。

二是调整税收政策。为鼓励投资，以支持引进国外的先进技术设备，在将关税税率总水平由1997年年底的17%逐步降至2004年的10.4%的同时，从1998年起，对国家鼓励发展的国内投资项目和外商投资项目进口的设备，在规定范围内，免征关税和进口环节税；1999年下半年起减半征收固定资产投资方向调节税。为刺激居民消费，1999年11月份，对居民储蓄存款利息恢复征收个人所得税；1999年对香皂以外的其他护肤护发品消费税税率统一由17%降为8%，对环保型汽车减按规定税率70%征收消费税；从1999年8月1日起对涉及房地产的营业税、契税、土地增值税给予一定减免，以鼓励住房消费和流通。为支持外贸出口，从1998年起分8次提高了出口货物增值税退税率，到2002年出口货物平均退税率已由8.3%提高到15%左右；2004年，又对出口退税机制进行了改革，进一步优化了出口退税税率结构，有力地促进了企业出口增长。为适应经济结构的战略性调整，促进中西部地区和高新技术产业的发展，制定了支持西部大开发和东北地区等老工业基地振兴的税收优惠政策，涉及所得税、耕地占用税、农业特产税和进口税等诸多方面[1]。

三是调整收入分配政策。1999 年 7 月 1 日、2001 年 1 月 1 日、2001 年 10 月 1 日和 2003 年 7 月 1 日，中国政府连续四次提高机关事业单位人员的基本工资标准并相应增加离退休人员离退休费，还实施了年终一次性奖金制度和艰苦边远地区津贴制度。国家财政为此累计安排增资支出 6390 亿元，其中中央财政支出 3714 亿元。同时，重视加强社会保障工作，不断完善社会保障体系。1998 年至 2004 年，全国财政用于企业养老保险基金补助、国有企业下岗职工基本生活保障补助和城市居民最低生活保障费的支出，由 123 亿元增加到 1035 亿元，年均增长 42.6%，累计安排支出 4464 亿元。如果加上行政事业单位医疗经费、抚恤和社会福利救济、行政事业单位离退休经费及补充全国社会保障基金等方面的支出，全国财政社会保障经费支出已由 1998 年的 775 亿元，增加到 2004 年的 3410 亿元，年均增长 28%，明显高于同期财政总支出的增幅；全国财政社会保障经费支出占财政总支出的比重由 1998 年的 7.2%，提高到 2004 年的 12.4%，有效地发挥了社会保障的自动稳定器作用。收入分配政策的调整、实施，进一步增强了居民的消费能力，有效地拉动了内需[2]。

稳健财政政策（2005—2007 年）

积极财政政策的成功实施，使中国经济发展迈进一个新的阶段。从 2003 年起，中国经济进入了新一轮的上升周期。2003 年实际经济增长率为 10.0%，2004 年上半年为 9.7%，2004 年第三季度为 9.5%，2004 年全年为 10.1%[3]。从经济运行来看，当时既有部分行业存在过热的苗头，特别是一些部门投资增长过快的现象，导致物价上涨明显加快；又有总体上供大于求、有效需求不足，经济运行中结构失调等深层次问

① 谢旭人主编：《中国财政改革三十年》，中国财政经济出版社 2008 年版，第 476 页。
② 谢旭人主编：《中国财政改革三十年》，中国财政经济出版社 2008 年版，第 477 页。
③ 数据来源：国家统计局官网。

题。另外，社会发展相对滞后，民生问题亟待改善。

稳健财政政策不仅是财政政策名称变化，更是政策性质和导向的转变，具有丰富、深刻的科学内涵。稳健财政政策的核心内容概括起来就是十六个字：控制赤字、调整结构、推进改革、增收节支。稳健财政政策的实施推进了一系列改革，比如增值税转型、企业所得税合并、出口退税、农业税改革等，同时把强化税收征管、增收节支作为稳健财政政策的重要内容。从稳健财政政策在宏观调控中发挥作用的角度看，其措施主要体现在以下三个方面：

一是适当减少财政赤字和控制国债资金规模。适当减少中央财政赤字，但又不明显缩小，做到松紧适度，重在传递调控导向信号，既防止通货膨胀苗头的继续扩大，又防止通货紧缩趋势的重新出现，体现进一步加强和改善宏观调控、巩固和发展宏观调控成果的要求，体现财政收支增量平衡取向。同时控制债务规模，及时预防财政风险。2005 中央财政预算安排长期建设国债800 亿元，比上年减少 300 亿元，2006 年，长期建设国债的发行规模由 2005 年的 800 亿元调减为 600 亿元，2007 年长期建设国债规模调减到 500 亿元，2008 年进一步压缩为 300 亿元①，主要发挥市场机制在资源配置中的基础性作用。

二是着力调整和优化财政支出结构。在对财政支出总量不做大的调整和压缩的基础上，进一步按照科学发展观和公共财政的要求，调整财政支出结构和国债项目资金投向结构，做到区别对待、有保有压、有促有控，对与投资增长过快有关的、直接用于一般竞争性领域等“越位”的投入，要退出来、压下来；对属于公共财政范畴的，涉及财政“缺位”或“不到位”的，如农业、就业和社会保障、环境和生态建设、公共卫生、教育、科技等经济社会发展的薄弱环节，要加大投入和支持的力度，体现落实“五个统筹”和调整经济结构的要求。

三是发挥财税政策稳定物价的作用。稳定物价水平，充分发挥财政

① 谢旭人主编：《中国财政改革三十年》，中国财政经济出版社2008 年版，第487 页。

政策稳定物价的作用，努力防止价格由结构性上涨演变为明显通货膨胀是稳健财政政策的重要目标。为此，财政加大支持粮油肉奶蔬菜等农产品生产的力度，2005 年 2 月 3 日，财政部会同有关部门联合印发了《关于进一步完善对种粮农民直接补贴政策的意见》（财建〔2005〕59 号），按照“大稳定、小调整”的原则，保持粮食直接补贴政策的基本稳定。同时，支持推进煤、电、油等能源资源价格改革，理顺重大价格比例关系。加快垄断行业改革步伐，促进竞争，抑制价格上涨。并且降低主要农产品进口关税，扩大重点农产品进口，增加市场供应。

新一轮积极财政政策（2008 年至今）

自 2008 年以来，中国出现了需求萎缩与供需脱节问题，这既有全球因素的冲击，也有中国内部自身问题的影响。全球经济疲弱，外需低迷，使支撑中国快速增长的重要动力之一的进出口受到较大影响。从国内看，一方面，原有的供给体系和结构，无法适应国内外需求变化，致使高级产品供给不足以及产品缺乏差异化、个性化，难以进一步激发市场潜力；另一方面，企业融资成本、物流成本、税费成本、人工成本、原材料等成本增加，影响了企业的供给能力和供给转型升级。结构性因素与周期性因素双重叠加的状况，给中国经济发展带来很大的压力。

新一轮财政政策更加积极，尤其是经济进入“新常态”以来，积极财政政策从需求侧转为供给侧，实行结构性减税，具体内容包括：

一是扩大政府公共投资，着力加强重点领域项目建设。在 2008 年末增加安排保障性住房、灾后恢复重建等中央政府公共投资 1040 亿元的基础上，2009 年中央政府公共投资安排 9080 亿元，增加 4875 亿元。中央基本建设投资主要是用于保障性安居工程的建设，增加以水利为主要内容的农业和农村基础设施建设，大力促进教育、医疗卫生、文化等社会事业的发展。增加节能减排和生态环保投入，促进经济结构调整，推动一些战略性产业的发展。与此同时，积极引导社会资金的投入。安排好这些公共投资，既扩大内需，也为进一步发展奠定良好的基础。

2019年预计安排中央基建投资5776亿元，比上年增加400亿元[①]。这些资金将主要用于国家重大工程，跨地区、跨流域的投资项目以及外部性强的重点项目，而竞争性领域投入和对地方的小、散项目投资补助则会进一步减少。

二是调整国民收入分配格局，扩大居民消费需求。调整国民收入分配格局，提高居民收入在国民收入分配中的比重和劳动报酬在初次分配中的比重，增强居民消费能力，扩大消费对经济增长的拉动效应。充分发挥财税政策作用，增加财政补助规模，重点增加中低收入者收入。增加国家财政对低收入群体的各种补贴，提高他们的收入水平，提高城乡低收入群体消费能力。继续加大对农业生产的支持力度，促进农民增收。与此同时，进一步完善促进消费的一系列政策措施，积极引导消费。

三是完善税制结构，落实结构性减税政策。结合改革和优化税制，实行结构性减税，减轻企业和居民税收负担，扩大企业投资，增强居民消费能力。改革和完善税收制度，清理、规范行政事业性收费和政府性基金，更好地发挥税收调节经济和调节收入分配的作用，从而加快经济发展方式的转变，促进经济结构的调整、促进服务业的发展。进一步扩展小型微利企业税收优惠政策。完善促进养老、健康、信息、文化等服务消费发展和企业创新的财税政策。在清理规范税收等优惠政策的同时，全面完成营改增任务，进一步消除重复征税。同时，落实好普遍性降费措施，减免涉及小微企业的有关行政事业性收费和政府性基金，继续清理乱收费，以实实在在的举措减轻小微企业的负担。

新一轮积极财政政策措施有增加政府支出、加大“三农”领域的财政支出、采取减税退税和抵免税等多种方式减轻企业与居民等市场主体的税务负担、发行国债以弥补大量财政支出形成的缺口，助力经济转型升级。

---

① 《关于2018年国民经济和社会发展计划执行情况与2019年国民经济和社会发展计划草案的报告》，2019年3月17日，见http://www.gov.cn/xinwen/2019-03/17/content_5374496.htm。

三、以防范公共风险、减少不确定性为目标的财政宏观管理框架

随着经济社会发展，国民经济中的各种矛盾和问题不断出现，中国的宏观调控承载了越来越“超负荷”的宏观经济管理任务。当前，中国由高速发展阶段进入高质量发展阶段，要求经济、社会、文化、生态等各领域统筹协调、全面发展，风险同样也呈现多领域互相作用、更加复杂的特征。这种情况下，应及时将财政宏观调控升级为财政宏观管理，跳出传统的宏观调控思维，不仅要及时化解短期性风险，而且要完善公共风险管理，防范长期性风险和战略性风险。基于此，财政宏观管理目标就是要注入宏观确定性来稳定市场预期，进而降低公共风险，让不确定性收敛到市场之内。

强化地方债务管理：防范地方债务公共风险

虽然中国地方政府债务总体可控，但地方债务问题所隐藏的风险也不容忽视，地方债务规模庞大，个别地方债务出现了隐性化、复杂化、高风险的趋势，为了防范地方债成为“灰犀牛”，中国采取了一系列制度措施强化地方债务管理，地方政府债务闭环管理制度体系已经初步形成。

近些年来，中国在政府债务管理上逐渐收紧和规范。出台的措施也比较多，总体思路是，“开正门、堵偏门、防范风险”，具体措施见专栏 3－5。

专栏 3－5：

地方政府债务管理相关文件及重点内容一览

2013 年，党的十八届三中全会《决定》提出，要建立规范合理的

中央和地方政府债务管理和风险预警机制。2014年8月31日，全国人大常委会审议通过了《预算法》修改决定，明确允许地方政府适度举债，并从举债主体、举债方式、规模控制、预算管理、举债用途、风险控制、责任追究等方面对地方政府债务管理做出了规定。

2014年9月，国务院印发《关于加强地方政府性债务管理的意见》（国发〔2014〕43号），即“43号文”，这一文件进一步明确了地方政府债务管理的整体制度安排：一是赋予地方政府依法举债融资权限，省级政府在国务院批准的规模内可以适度举债，市县确需举债的只能由省级代为举借。二是规范地方政府举债行为，地方政府举债采取发行政府债券方式，剥离融资平台公司政府融资职能。自2015年起，融资平台公司的新增债务不再纳入政府债务。三是规范地方政府债务的举借程序和资金用途，地方政府举债必须经同级人大常委会批准，债务资金必须用于公益性资本支出。四是防范和化解地方政府债务风险，对地方政府债务规模实行限额管理，将地方政府债务分类纳入预算管理，建立地方政府债务风险评估和预警机制、应急处置机制以及责任追究制度。

2016年11月，发布《地方政府性债务风险应急处置预案》（国办函〔2016〕88号），明确我国将把地方政府性债务风险事件划分为四个等级，实行分级响应和应急处置，必要时依法实施地方政府财政重整计划。预案明确，地方政府对其举借的债务负有偿还责任，中央实行不救助原则，省级政府对本地区政府性债务风险应急处置负总责，省以下地方各级政府按照属地原则各负其责。

2017年5月，六部委联合印发通知，进一步规范地方政府举债融资行为，财政部随后再次发布通知，坚决制止以政府购买服务名义违法违规举债并明确了地方清理整改的时限要求。2017年7月份，全国第五次金融工作会议提出要严控地方政府债务增量，实行终身问责、倒查责任，无疑将极大地改变政府与市场主体行为预期，进一步增强了对地方政府债务的约束力。

2018年，国务院明确要求财政部门要完善地方政府专项债券制度，优化专项债券发行程序，合理安排发行进度。分配地方政府专项债券规模时，在充分考虑债务水平基础上，还要考虑在建项目和补短板重大项目资金需求，以及国家重大建设项目库项目储备情况，避免资金断供、工程烂尾，防止造成重大经济损失、影响社会稳定，有效防范“处置风险的风险”。

2019 年 3 月，政府工作报告中明确提出，2019 年拟安排地方政府专项债券 2.15 万亿元，比 2018 年增加 8000 亿元，为重点项目建设提供资金支持，也为更好防范化解地方政府债务风险创造条件。另外，要合理扩大专项债券使用范围；继续发行一定数量的地方政府置换债券，减轻地方利息负担；鼓励采取市场化方式，妥善解决融资平台到期债务问题，不能搞“半拉子”工程。

为了更好地完善中国债务风险管理，财政部门多次重申要做到：一是严控法定限额内地方政府债务风险。地方政府依法一律采取发行政府债券方式规范举债。合理确定地方政府债务限额，稳步推进专项债券管理改革，保障地方合法合理融资需求。二是着力防控地方政府隐性债务风险。一方面，坚决遏制隐性债务增量。坚决制止违法违规融资担保行为，严禁以 PPP、政府投资基金、政府购买服务等名义变相举债。加强风险源头管控，硬化预算约束，严格项目审核，管控金融“闸门”，决不允许以新增隐性债务方式上新项目、铺新摊子。

随着这些政策的落实，中国政府债务风险将逐步释放，避免了“灰犀牛”出现，中国政府债务风险基本可控。

规范财经运行管理：防范个体风险公共化

防范个体风险公共化，近些年来中国注重财经运行管理，并采取了诸多措施。这主要体现在加强 PPP 管理和预算管理等方面的制度优化上。这些制度的出台，可以为经济运行注入确定性，稳定市场主体的预期，减少个体风险扩大导致的公共风险问题。

在 PPP 方面，中国出台了一系列的规范和管理措施，推动实现利益分享和风险共担目标。2013年9月23日，时任财政部部长楼继伟表示，应通过PPP等方式积极调动私人资本参与基础设施发展。2014年5月，财政部政府和社会资本合作（PPP）工作领导小组正式设立；国家发改委推出80个鼓励社会资本参与建设营运的示范项目，范围涉及传统基础设施、信息基础设施、清洁能源、油气、煤化工、石化产业，且项目模式不局限于特许经营。为了规范其运行，财政部先后出台了《关于推广运用政府和社会资本合作模式有关问题的通知》（财金〔2014〕76号）、《关于政府和社会资本合作示范项目实施有关问题的通知》（财金〔2014〕112号）、《关于政府和社会资本合作模式操作指南（试行）的通知》（财金〔2014〕113号）、《政府和社会资本合作项目财政承受能力论证指引》（财金〔2015〕21号）等规范性文件。针对PPP在执行中存在的PPP异化、泛化等可能诱发的隐性债务问题，财政部等有关部门进一步出台了监管措施，保证了PPP的顺利推进。2018年12月综合信息平台项目管理库项目比2017年12月净增1517个、投资额2.4万亿元。截至2018年12月末，管理库项目累计8654个、投资额13.2万亿元。

在预算管理方面，中国也实行了诸多管理措施

其一，实施全面规范、公开透明的预算制度。2007年1月17日，国务院将“财政预算、决算报告”和“财政收支、各类专项资金的管理和使用情况”列为重点公开的政府信息。对于建立公开透明的预算制度，国务院明确规定：细化政府预决算公开内容，除涉密信息外，政府预决算支出全部细化公开到功能分类的项级科目，专项转移支付预决算按项目按地区公开。

其二，改进预算管理和控制，建立跨年度预算平衡机制。预算审核重点转向支出预算和政策拓展，意味着收入预算从约束性任务转向预期性，更多强调依法征税，应收尽收，不收“过头税”；支出预算从强调预算平衡转向强调支出的政策效应，这就要求提高财政资金的使用效益。

其三，完善政府预算体系，实行全口径预算管理。中国逐渐形成了由一般公共预算、政府性基金预算、国有资本经营预算和社会保险基金预算组成的政府预算体系，提高了预算编制的完整性和规范性。同时，中国在四本预算的衔接和划转上也做了相关规定，并提出加大政府性基金预算、国有资本经营预算与一般公共预算的统筹力度，建立将政府性基金预算中应统筹使用的资金列入一般公共预算的机制，加大国有资本经营预算资金调入一般公共预算的力度。加强社会保险基金预算管理，做好基金结余的保值增值，在精算平衡的基础上实现社会保险基金预算的可持续运行。

其四，加强预算执行管理，硬化预算支出约束。主要包括：一是加强国库资金和财政账户管理。科学开展财政专户和国库现金管理，提升资金运行效率。加强对项目预算资金支出的管理，细化支出内容和进度编制，增强其科学性。完善现金流预测和控制机制，提高预测的精确度，并选择安全、高效的财政资金收益模式。二是健全预算绩效管理机制。预算绩效管理以支出结果为导向，是一个由绩效目标管理、绩效运行跟踪监控管理、绩效评价实施管理、绩效评价结果反馈和应用管理共同组成的综合系统。健全预算绩效管理机制，要扩大绩效考核的范围，将其覆盖所有财政资金。绩效考评的重点逐渐拓展到部门整体支出和政策、制度、管理等方面，并将评价结果作为调整支出结构、完善财政政策和科学安排预算的重要依据。三是规范预算调整行为。为了增强预算执行的规范性，《预算法》对报经人大审批的预算调整行为作了更严格的规定。例如，在预算执行中，各级政府一般不制定新的增加财政收入或者支出的政策和措施，也不制定减少财政收入的政策和措施；必须作出并需要进行预算调整的，应当依法在预算调整方案中作出安排。

推进财政供给侧改革：防范经济下行风险

改革开放以来，中国经济持续快速发展，经济总量已跃居世界第二位，人均收入进入由中等收入国家向中高收入国家迈进的阶段。同时，经济运行发生一些阶段性、深层次、趋势性的变化，突出表现在消费结构不断升级，人民生活由一般的数量满足向追求更高水平更高质量转变，原有的供给与消费出现脱节。从供给侧看，传统的人口红利弱化，旧的发展动能不断衰减，资源环境约束加剧，特别是经济下行的压力加大。为此，中国积极推进供给侧结构性改革战略，通过政府与市场的协同作用，旨在提高经济全要素生产率，促进供求的动态耦合平衡。

在2016年1月26日中央财经领导小组第十二次会议上，习近平总书记强调，供给侧结构性改革的根本目的是提高社会生产力水平，落实好以人民为中心的发展思想。供给侧结构性改革，就是从提高供给质量出发，用改革的办法推进结构调整，矫正要素配置扭曲，扩大有效供给，提高供给结构对需求变化的适应性和灵活性，提高全要素生产率，更好满足广大人民群众的需要，促进经济社会持续健康发展。

围绕供给侧结构性改革的主要任务和中国经济社会发展的形势，财政部门积极推进供给侧改革，防范经济下行风险。

一是减税降费。一方面，进行减税。全面实行“营改增”，简化增值税税率结构，扩大享受减半征收企业所得税优惠的小型微利企业范围，放宽创业投资税收优惠条件，提高科技型中小企业研发费用税前加计扣除比例等政策。例如，小微企业月销售额（或季销售额）低于3万元（或9万元），免征增值税；在2017年12月31日之前，对年应纳税所得额低于30万元（含30万元）的小型微利企业，其所得减按50%计入应纳税所得额，按20%的税率缴纳企业所得税。另一方面，降费。包括清理规范行政事业性收费和政府性基金，在财政部门户网站集中公布中央和省两级收费目录清单，出台阶段性降低失业保险费率、降低物流用能成本、减少经营服务性收费等。中央设立的行政事业型收费和各省设立的行政事业性收费项目都在减少。有的省市已宣布“省级零收费”。在中国经济下行压力较大的情况，降税降费所产生的减负效应，对于增强企业活力、稳定经济增长发挥了重要作用。

二是适度扩大赤字。增加赤字主要用于给企业减负，而非政府投资，这也恰恰体现了积极财政政策在保持有力的同时，更加注重提质增效。例如，2019 年，赤字率拟按 2.8% 安排，比 2018 年预算高 0.2 个百分点；财政赤字 2.76 万亿元，其中中央财政赤字 1.83 万亿元，地方财政赤字 9300 亿元。适度提高赤字率，综合考虑了财政收支、专项债券发行等因素，也考虑到了为应对今后可能出现的风险留出政策空间。

三是优化政府投资方式，规范推广 PPP。近年来，中国 PPP 呈现快速发展趋势。2019 年一季度管理库项目比 2018 年四季度净增 189 个、投资额 2520 亿元。2019 年 3 月管理库项目比 2 月净增 63 个、投资额 1040 亿元。截至 2019 年一季度末，管理库项目累计 8843 个、投资额 13.4 万亿元①。PPP 的快速发展，对推动基础设施建设、提升公共服务水平、稳定经济运行，发挥了积极作用。

四是优化支出结构，切实保障改善民生。扎实推进精准扶贫精准脱贫，加大深度贫困地区脱贫攻坚工作力度，将贫困县涉农资金整合试点推广到全部贫困县，支持地方探索推进资产收益扶贫。加大对资源能源型等财政困难地区支持力度，兜住保障基本民生的底线。财政预算安排要突出重点、有保有压，加大力度补短板、惠民生。对地方一般性转移支付规模增长 9.5%，重点增加均衡性转移支付和困难地区财力补助。

改革税费制度：化解生态风险

随着中国经济发展和人口增加，工业化与城镇化进程加快，资源消耗呈刚性增长，环境污染问题日益突出，生态环境恶化的总体趋势没有得到根本扭转，一些地方生态环境承载能力已近极限，生态风险一触即发。税费具有协调人与自然关系的功能，可以有效改变市场主体行为，是环境保护、污染防治的有效工具。为了更好地发挥税费这一激励约束功能、防范生态风险，中国积极推进环保税以及资源型产品税费改革，

---

① 数据来源：财政部政府和社会资本合作中心官网。

以绿色税费体系推动实现绿色发展道路。

一是开征环境保护税。2016年12月25日，第十二届全国人民代表大会常务委员会第二十五次会议通过了《中华人民共和国环境保护税法》，对直接向环境排放应税污染物的企业事业单位和其他生产经营者为环境保护税的纳税人，征收环境保护税，不再征收排污费。2017年12月25日，国务院以国务院令第693号发布《中华人民共和国环境保护税法实施条例》，自2018年1月1日起施行。

二是完善消费税。近几年来，为了发挥消费税对环境保护和资源节约的促进作用，中国对消费税做了诸多调整。例如，2015年1月13日起，将汽油、石脑油、溶剂油和润滑油的消费税单位税额由1.4元/升提高到1.52元/升；将柴油、航空煤油和燃料油的消费税单位税额由1.1元/升提高到1.2元/升，航空煤油继续暂缓征收；自2015年2月1日起，将电池、涂料列入消费税征收范围，在生产、委托加工和进口环节征收，适用税率均为4%；2015年5月10日起，将卷烟批发环节从价税税率由5%提高至11%，并按0.005元/支加征从量税；2016年9月30日，财政部、国家税务总局发布《关于调整化妆品消费税政策的通知》（财税〔2016〕103号），取消对普通美容、修饰类化妆品征收消费税，将“化妆品”税目名称更名为“高档化妆品”，征收范围包括高档美容、修饰类化妆品、高档护肤类化妆品和成套化妆品，税率调整为15%。

三是改革资源税。2010年12月1日起，又将在这一改革推广到西部地区的12个省、区、市。2011年11月1日，将西部地区进行的试点改革推广至全国。2014年12月1日，中国将煤炭资源税由从量计征改为从价计征。随着中国进入新的发展阶段，面对新问题、新挑战，现行资源税制度日益暴露出诸多弊端。为此，2016年5月10日，中国宣布自7月1日起，全面推进资源税改革。这次全面推进资源税改革，是中国在新的经济社会发展环境下推出的一项重要财税改革，是应对资源环境压力的重要举措。其改革的内容主要包括：按照循序渐进的原则，分步实施、逐渐扩大资源税征收范围；根据资源品的特征，采用“从量定额”和“从价定率”并存的方式；规范税费关系，全面清理涉及矿产资源的收费基金，将全部资源品目矿产资源补偿费费率降为零，停止征收价格调节基金，取缔地方针对矿产资源违规设立的各种收费基金项目；合理确定税率，中央制定列举名称的资源品目的税率浮动范围；省级人民政府在规定的税率幅度内，考虑本地区资源禀赋、企业承受能力和清理收费基金等因素，提出具体适用税率。

总之，通过上述税费改革，中国的税制更加绿色，对于促进资源合理开发利用、保护环境、促进生态文明建设等诸多方面，都产生了积极的效应，促进了经济可持续发展，降低了各类生态风险，推动实现人与自然的和谐发展。

走向大国财政：防范全球公共风险

作为一个发展中国家和新兴大国，中国是全球风险治理的倡导者、实践者和推进者。进入 21 世纪，中国积极参与全球风险治理，提出新安全观、新文明观和新发展观，以及建设和谐世界与和谐亚洲的新理念。2008 年国际金融危机爆发以后，中国积极应对危机挑战，全面参与二十国集团有关全球风险治理的讨论，与主要国家加强宏观经济协调，向国际货币基金组织增资，为其他发展中国家提供力所能及的援助，积极参与多哈回合谈判，推进区域经济一体化建设，为推进全球风险治理贡献力量，使中国方案与中国声音在国际舞台上正日益成为各方关注的焦点。国际金融和经济危机发生后，中国对内实行供给侧结构性改革战略，加速进行经济结构调整和发展方式转变，进一步促进形成强大国内市场，减轻外贸依存度，经济发展的内生动力大大增强，新旧动能加快转化，中国经济高质量发展的势头良好。可以说，中国经济的高质量发展离不开大国财政的倾力支持，雄厚的财力基础让中国经济抵抗国际金融与经济危机的能力进一步增强，在全球风险治理中拥有更大的发言权和影响力。

中国是促进国际合作、应对全球挑战、捍卫全世界人类命运共同体、防范化解全球公共风险的积极力量。对于全人类面临的各种挑战，中国主动参与国际合作，敦促发达国家率先自律，同时倡导发展中国家为保护全人类生存利益尽力所能及的义务。并且几十年如一日，大规模地开展生态环境治理，从宏观上调节了欧亚大陆东部和太平洋西部的气候变化和生态平衡。中国积极参与扫毒、反恐和打击跨国犯罪的国际合作，投身国际防灾减灾事业和国际慈善事业。全球有识之士已经形成了这样的共识，即中国在应对全球挑战、捍卫全人类共同利益以及防范全球风险方面，是一个负责任的国家，中国的国家信用是毋庸置疑的。而中国在国际上发挥作用的过程中，大国财政同样起到了十分重要的支撑作用，通过多种渠道和多种方式，大国财政频频发力为大国财经对外交流与合作保驾护航，建立强大的风险隔离墙以规避全球公共风险的不利冲击，大国财政正逐步成为全球经济稳定的压舱石，为全球经济发展持续注入确定性。

本篇小结

改革开放以来，以公共风险为导向的财政改革围绕着放权、分权、治权、开放、风险这五个关键词，成为计划经济体制、市场化改革、国家治理、全球治理和宏观管理改革等各个时期改革的“突破口”，既牵引整个改革，又为整个改革提供支撑。

放权：“家贫国穷”的风险逼出让利放权。解决缺食少衣、经济效率低下、发展缓慢等“开除球籍”的生存危，需要贯彻物质利益原则，调动一切积极因素搞经济建设，建设财政应运而生，追求效率与增长，努力做大“蛋糕”，财政通过让利放权成为计划经济体制的突破口。

分权：为多元主体构建奠基铺路。“放乱收死”循环要求确立地方行为（利益）主体、经济主体、社会主体，从而实行中央与地方关系改革、市场化改革和社会化改革。央地关系改革通过向地方分权，从“分灶吃饭”到分税制财政体制改革，让地方成为一个有效的、相对独立的治理主体，使国家治理从集中治理到分级治理。市场化改革通过向市场分权，重塑政府与市场的关系，市场（企业）主体地位形成，政府与市场的关系从对立开始走向分工与合作，形成发展合力。社会化改革，通过向社会分权，以民生改善为重点进行教育体制改革、医疗卫生体制改革、社保体制改革、科技体制改革、事业单位改革等，形成自我管理、自我约束的主体。这样，通过财政向地方分权、向市场分权、向社会分权，形成多元主体的预期。

治权：权利和权力的治理。21 世纪初中国成为世界第二大经济体，各类经济社会主体机会不均的问题日益突出，需要处理好权利与权力的关系。通过“治权”，达到两个目的：一是促进不同群体权利的平等；二是治理公共权力，即保护民权，治理公权。40 年来，通过统一税制，让所有市场主体在市场上公平竞争，突破所有制财政；通过让公共财政的阳光普照农村和基本公共服务均等化，突破“城乡二元财政结构”；通过从地理静态的思维转向人口动态的思维，让公共服务跟着人走，突破“经济财政”；通过预算法定、税收法定、事权法定等，建立法治财政，治理约束公权。

开放：大国财政构建。从改革开放之初，中国对外开放政策的确立，到促进区域空间开放和国际协调；从扩大话语权的财经对外交流与合作到推动命运共同体建设的大国财政。财政越来越参与到全球治理之中。伴随着生产要素的流动，全球经济治理体系的调整与改革，特别是全球发展的不确定性和不可预测性增强，风险全球化趋势正在加剧，风险社会正在逐渐形成。全球公共风险来临形成“风险共同体”，要求发挥大国财政的职能，通过全球资源配置推动全球风险治理。

风险：从宏观调控到风险管理。改革开放 40 年来，财政作为宏观调控的重要政策工具，从有计划的商品经济时期的财政政策，到社会主义市场经济初期的财政宏观调控，政策工具更加丰富，调控手段更加多元，调控更加注重预期，财政管理更加注重效果，并注重与货币、产业等宏观政策协调配合，更好发挥政策协同组合效应，有力支撑了各个时期的经济社会发展。在由高速发展阶段进入高质量发展阶段之后，要求经济、社会、文化、生态等各领域统筹协调、全面发展，风险同样也呈现多领域互相作用、更加复杂的特征，经济领域、社会领域、生态环境领域的风险交织，内部风险、外部风险交织，财政也需要从宏观调控上升为宏观管理，即建立以防范公共风险、减少不确定性为目标的财政宏观管理框架。

第 四 篇

国家治理现代化的财政基础

当前，中国特色社会主义进入了新时代，我国社会主要矛盾发生了变化，已经转化为人民日益增长的美好生活需要和不平衡不充分的发展之间的矛盾。与此同时，人类发展也进入了新时代，当今世界面临百年未有之大变局，人类也面临前所未有的不确定性世界。站在70年新的历史起点上，财政作为中华民族伟大复兴的重要基础，要以推动整体性改革和发展为目标，以应对风险社会的不确定性为任务，实现国家治理现代化。

第十四章
新时代：国家治理现代化的历史方位

在新时代，发展和改革都具有整体性特征。过去的发展和改革，主要是经济层面的发展和改革，主要解决经济问题，解决吃不饱穿不暖的问题。未来的发展和改革，不仅仅是解决经济问题，而是要解决治理问题。我们的发展由过去的经济发展变成了整体性发展，改革也由过去的经济改革，变成了全面改革。过去的经济改革是市场改革，现在的全面改革是治理改革。国家治理现代化的财政基础，体现在发展和改革的整体性当中。

一、风险社会是新时代的总特征

当今世界正处于百年未有之大变局，变是这个时代永远不变的真理。阶段性看，“百年未有之大变局”呈现乱变交错、风雷激荡的表象。“黑天鹅”、“灰犀牛”此起彼伏。不稳定性、不确定性、不可预见性成为常态，出现战略意外导致战略危机的可能性上升。此外，自然风险、社会风险相互叠加，隐患叠聚。

风险社会

马克思、恩格斯在《共产主义宣言》中就指出，随着资本主义生产方式的发展，不确定性进一步深化了，并将不确定性视为生产方式变革的产物。德国社会学家乌尔里希·贝克根据对风险的观察和研究，提出了风险社会的概念。他认为随着人类成为风险的主要生产者，风险的结构和特征发生了根本性的变化，人类正式迈入了不确定性时代或“风险社会”。

实际上，不仅在社会历史领域，在自然科学领域中不确定性也越来越凸显。第四次工业革命方兴未艾，人工智能、机器人技术、虚拟现实以及量子科技等蓬勃发展，将深度改变人类生产和生活方式，对国际格局的发展产生重要影响。量子力学中不确定性原理，非线性动力学的混沌概念，混沌学科的奇异吸引子等证据，表明世界本质上是不确定性的。

在风险社会，风险不再全部是受自然影响的、外生的，社会发展进程中滋生的风险已经远远超过自然带来的威胁。如何应对社会系统的不确定性是风险社会的主题；在风险社会，人与人之间的联系更加紧密，不可分割。风险因社会群体的高度关联而升级。信息化和网络化将每个人距离无限拉近，你中有我，我中有你，局部的风险演化导致系统性风险。

时代巨变与全球公共风险

世界各国经济社会的相互依赖性空前增强，为各种风险的形成与国际传导提供了条件，经济波动和危机的国际传染性也随之增强。在全球化下，一国的公共风险有可能演变成全球公共风险。

首先，科技变化打破原有的社会平衡，加剧不确定性。现代社会的科学技术提升了人们改变自然和社会的能力。过去人们主要通过认识规律来利用自然。步入工业化以来，人们可以利用技术按照人类的需求改造自然。人类对自然的逼迫性索取，虽然带来了物质财富极大程度增加，但同时打破了原有的平衡，带来许多不确定性和潜在危险。传统工业化模式的弊端越来越凸显，环境、资源、生态危机和财富分配危机频发，人类生存环境严重恶化，必须另谋出路，创新发展方式，走可持续、均衡发展的道路。21 世纪以来，人工智能的发展和利用从根本上改变了工业化以来的技术变革方式。但人工智能在多大程度上改变世界，会导致什么样的后果，很多还是未知领域。未知的领域蕴含着不确定性和未知的公共风险。自动化是不断加剧的不平等的一个潜在驱动因素，成为劳动力市场中的一股破坏性力量，随着新技术在全球经济中的扩散，其影响可能会长期持续。在可预见的未来，我们可以预期自动化和数字化会导致就业水平和工资水平下降，促使金字塔顶端的收入和财富增加。世界经济论坛 2019 年的《全球风险报告》对重要领导人展开的一项调查发现，环境问题和人类技术高速发展而带来的数据泄露和网络攻击等问题是重要的风险来源。该报告的调查结果基于年度全球风险认知调查，论坛的商业、政府、民间社会和思想领袖会在过程中评估世界面临的风险。

其次，国际政治和国际秩序进入新的变化和动荡时期。从国际政治和国际秩序角度看，西方主导的近代历史经历了殖民主义扩张、帝国主义霸权，基本特征是丛林法则与零和博弈。冷战结束以后，国际政治与国际秩序进入一个大调整期，力量与秩序转换交织在一起，当前这个过程依然在继续。近年来由于新生力量的崛起，美国自身霸权力量衰减，世界向后霸权秩序调整，还需要相当长的时间才会形成稳定的新框架。后霸权秩序是什么结构，现在还很难回答。总的来看，调整的大方向是向新关系、新秩序行进，而不是像冷战结束后那样，向旧的方向回归。在转型过程中可能会出现进两步退一步的反复，但总的趋势还是向着新方向去调整和发展，这是大势所趋，但其中蕴含着巨大的不确定性。

再次，全球经济风险快速增长。2018 年 9 月 26 日，IMF 总裁拉加德表示，全球经济面临的风险开始增长，“某些风险已经实现”。2018

年11月13日，IMF发布了最新的全球经济增长预测报告，预期2018年、2019年全球经济增速将达到3.7%，与2017年持平，比早先7月份的报告预期下调了0.2个百分点。各国的经济表现也大大增加了全球经济的不确定性。美国“宽财政+紧货币”政策组合的溢出效应需密切关注，税改政策与美联储货币政策收紧相结合，将对全球流动性、投资者风险偏好产生影响，进而影响全球金融市场和经济。日本、英国等其他主要发达经济体货币政策也开始正常化。一旦货币政策收紧过快，导致长期利率抬升，可能对宏观经济和资产价格产生较大影响，阻碍复苏进程并引发金融风险。

收入分配不平等、全球贸易失衡导致逆全球化思潮与保护主义情绪的进一步加剧，国际贸易及投资保护主义风险仍需重视。短期内，保护主义可能通过阻碍贸易、抑制外商直接投资削弱全球需求，威胁经济持续复苏。长期内，保护主义会阻碍资本和劳动力流动，影响资源的有效配置，抑制全球价值链参与者的竞争，拖累生产率提升和经济增长。此外，部分发达国家高杠杆和沉重债务负担可能使消费和投资增长承压。据IMF统计，截至2018年10月，全球公共与私人债务已经达到创纪录的182万亿美元，比2007年金融危机爆发时高出约60%。在私人部门杠杆率高企、工资上涨迟缓、贫富差距不断增大的背景下，消费对经济复苏的拉动作用可能减弱。而受生产率增长长期低迷、政治不确定性上升、人口增长放缓及企业债务高企等因素影响，全球投资前景也面临不确定性。

从三大攻坚战看中国面临的公共风险

改革开放以来，中国的经济建设取得了巨大的成就，中国已跃升为世界第二大经济体。当前中国特色社会主义进入新时代，中国社会主要矛盾也发生了深刻变化。这种变化是关系全局的历史性变化，对中国经济社会发展带来巨大的不确定性，对党和国家的工作也提出了许多新要求。从当前来看，三大攻坚战就是应对经济、社会和环境三大领域的公共风险。打好防范化解重大风险、精准脱贫、污染防治三大攻坚战事关国家发展全局，对决胜全面建成小康社会意义重大。防范化解重大风险的基本要求是坚决守住不发生系统性风险的底线，虽然重点是防控金融风险，但应对的是整个经济领域的公共风险。精准脱贫的基本要求是补齐短板，提升贫困地区和扶贫对象的内生动力，促进社会公平，主要应对的是社会领域的公共风险。污染防治的基本要求是加强生态保护、防治污染，将生态环境优势转变为发展优势，应对的是环境领域的公共风险。

二、新时代的发展和改革具有整体性

国家治理现代化是与中国现行的发展阶段密切联系的，离开发展谈抽象的国家治理及其现代化没有任何意义。改革开放以来，中国的发展和改革主要是围绕经济发展和改革展开的，而在新时代，则是具有整体性的发展和改革。

发展：从解决短缺问题到解决不平衡问题

改革开放初期，中国面临着“家贫国穷”的公共风险。要应对当时的风险，解决缺食少衣的问题，解决吃饭的问题，解决经济效率低下的问题，解决发展缓慢的问题，要怎么办？当时就是解放思想，贯彻物质利益原则，通过放权让利去调动一切积极因素搞经济建设。因此，改革开放之后的很长一段时期，我们的发展都是以经济发展为主，强调“以经济建设为中心”。党的十一届三中全会把全党工作中心转移到经济建设上后，邓小平同志针对过去工作中心转移而又动摇的深刻教训，一直强调要把经济建设当作中心，扭着不放，毫不动摇。这成为以后中央领导集体一直坚持的原则。1980 年 1 月，邓小平同志郑重指出：“现在要横下心来，除了爆发大规模战争外，就要始终如一地、贯彻始终地搞这件事，一切围绕着这件事，不受任何干扰。就是爆发大规模战争，打仗以后也要继续干，或者重新干。我们全党全民要把这个雄心壮志牢固地树立起来，扭着不放，‘顽固’一点，毫不动摇。”①

时间进入到21世纪初期，“家贫国穷”的公共风险已基本消除了，我们国家的综合实力、财政实力大大增强。中国发展面临的主要矛盾已经由短缺转变为不平衡问题，发展重心也由经济发展转变为全面发展。一方面，中国特色社会主义进入新时代，中国社会主要矛盾已经转化为人民日益增长的美好生活需要和不平衡不充分的发展之间的矛盾。从原来的“物质文化需要”到“美好生活需要”，从解决“落后的社会生产”问题到解决“不平衡不充分的发展”问题。另一方面，中国过去发展的重心、改革的重心，都围绕经济建设，很多东西都拿经济指标来衡量，很容易忽视对资源环境的保护。事实上也是中国国民经济长期粗放式发展，对生态环境和绿水青山造成了很大破坏和污染。过去的发展模式导致公共风险不断累积和升级。例如，过度依赖资源投入的发展模式使得经济风险不断累积；随着改革的深入和社会转型的加速，中国面临的社会风险也日益增多；并未从根本上摆脱发达国家工业化的宿命，先污染、后治理，生态破坏和环境污染问题突出；债务风险和金融风险不断累积，成为经济社会发展的重大隐患，等等。

在计划经济背景下，人口流动较少，相对来说是一个静态的社会。改革开放以来，人口加速流动，毫无疑问这是动态社会。在动态社会，发展的整体性越来越强。现在大部分人还是被以经济建设为中心的惯性思维主导，经济建设是“五位一体”的重要环节之一，很重要，但未来中国的发展不仅仅是以经济建设为中心的经济发展，而是“五位一体”为特征的整体性发展。社会主要矛盾发生了变化，发展的特征发生了变化，从经济发展变为整体性发展。因此，我们强调人民中心论，坚

① 邓小平：《目前的形势和任务》，《邓小平文选》第二卷，人民出版社1983年版，第249页。

持以人民为主体和以人为本，大力实施精准扶贫、加强社会保障体系建设、实施铁腕反腐、增强司法透明，社会风险得到了极大化解。在财政方面，发展始终围绕不断满足“人民日益增长的美好生活需要”来展开，在多个维度波浪式推进，致力于满足人民民主、法治、公平、正义、安全、环境等方面日益增长的需求。

改革：从市场化改革到治理改革

与发展的整体性相对应，新时代的改革也是整体性改革，是治理改革。

党的十一届三中全会作出了把全党工作的着重点转移到社会主义现代化建设上来的重大战略决策。鉴于国民经济的重大比例失调问题，中央提出必须在前两年经济恢复工作取得重大进展的基础上，集中三年左右的时间搞好整个国民经济的调整工作，并要求财政先行一步，让利放权，以财政改革促进国民经济调整。一方面，缩短基本建设战线，重点增加对农业、轻工业、能源与交通运输建设的投资，保持物价稳定，缓解国民经济比例失调问题。另一方面，支持农产品提价，实行农业大包干，增加农民收入；同时，按照分级包干制划分中央与地方财政收支范围，对国有企业实行企业基金制度和利润留成，调动地方政府和国有企业的积极性。这一时期，通过财政改革先行，扩大了地方政府和国有企业财权，形成了初步适用于引进外资的税收制度，实行了基本建设投资领域的“拨改贷”，在行政事业单位试行“预算包干”，在高度集中的计划经济体制下打开了一个缺口，经济活力增强，改革发展的积极性高涨，为经济领域各项改革的推进奠定了初步基础。

与促进经济发展相对应，解决短缺问题的根本途径是解放和发展社会生产力，提升经济运行效率，走向市场化无疑是唯一出路，这就需要市场微观基础重塑奠基铺路。但这也经历了一个艰难的思想解放和实践探索过程，历经 10 余年才真正确立了“社会主义市场经济”地位和明确了经济体制改革的方向。这也是从放权走向分权的过程。党的十二届三中全会提出，改革是为了建立充满生机的社会主义经济体制，增强企业活力是经济体制改革的中心环节。这一时期，各方面改革都是围绕“增强企业活力”展开的，“利改税”则是增强企业活力、确立企业主体地位的关键一步。利改税，即把国有企业向国家上缴利润改为缴纳税金，税后利润全部留归企业。从税收的角度来规范国家和企业分配关系，意味着政府放权开始走向主体分权，包括经济分权和行政分权。党的十四大报告明确提出建立社会主义市场经济体制的改革目标。在新的条件下，改革的任务就是要为市场化改革奠基铺路。一是通过分税制改革，形成了相对稳定和规范的中央与地方财政分配关系，为企业转变为自主决策、自负盈亏、自我发展和自我管理的市场主体创造了体制条件。二是按照统一税法、公平税负、简化税制等原则，建立了以增值税和营业税为主体的税收制度，通过开征消费税、改革农业税等，初步形成了更有利于市场平等竞争要求的税收制度。三是按照“产权清晰、权责明确、政企分开、管理科学”的目标，推进国有企业建立现代企业制度，初步理顺了国家所有权与企业财产权之间的关系。四是颁布实施了《中华人民共和国预算法》，把政府预算初步纳入了法制化的轨道。财政分权改革为市场机制的形成和有效运转提供了基本支撑。

综合来看，市场化改革重塑了计划经济体制下风险与收益的分配，让居民、企业和地方政府都成为利益主体和风险主体，资源配置优化，经济效率提高，经济蛋糕做大，人民生活改善。这从整体上降低了“家贫国穷”的公共风险。围绕市场化的分权改革，为多元主体尤其是市场主体的形成提供了前提。

进入新时代，“家贫国穷”的问题得到根本解决，但新的公共风险愈益凸显出来，各类经济社会主体“机会不均”的问题日益突出，各类主体之间的权利也迫切需要界定和规范。这就必须针对这些问题进行改革，完善国家治理体系，提升国家治理能力，实现国家治理现代化，完善和发展中国特色社会主义制度。

经过40多年的改革开放，中国经济社会快速发展，实现了从温饱不足到总体小康的历史性跨越，中国经济总量已位居世界第二位，外汇储备世界第一，国民经济人均6000多美元，处在工业化的中后。改革开放是中国发展的强大动力，是创造中国奇迹的根本原因，这是当代中国发展实践给出的不可动摇的历史结论。但我们也要清醒地看到，中国发展之后，面临着发展的瓶颈和成长的烦恼。我们的现代化是和工业化同时进行，工业化和信息化同步发展，再加上经济转型和社会转轨的因素，遇到的矛盾和困难世所罕见，面临的挑战和风险前所未有。一些西方发达国家在历经工业化、现代化的上百年和几百年中渐次出现的不同阶段的矛盾和问题，集中出现在我们的现阶段。收入分配差距拉大、经济社会之间、城乡之间、地区之间发展不平衡，自然资源紧缺、环境污染严重以及消极腐败现象多发等问题接踵而来。特别是这些矛盾和问题，往往错综复杂、新旧交织、盘根错节、缠绕叠加，使得我们处于“两难”的选择。如此等等，不一而足。

这说明，在新的历史条件下，面对错综复杂的矛盾局面，单靠经济领域的改革已无法解决上述问题，而必须实施整体性改革，也就是治理改革。改革措施的制定和政策的出台必须注重相互照应，统筹兼顾，突出全面性，体现系统性、整体性、协同性，不能顾此失彼。尤其是面对党的十八大提出的全面建成小康社会的奋斗目标，确立的中国特色社会主义事业“五位一体”总体布局，攻坚克难、涉险迈坎的任务更加艰巨，这就决定了要以更大的决心、智慧和力度全面推进和深化改革，靠整体性改革和治理改革赢得发展的新优势。

第十五章 国家治理结构是财政奠基的坐标

在新时代，发展是整体性发展，改革是整体性改革。整体性改革不是某一个方面的改革，也不是修修补补的改革，而是系统性重构，改革的目标是推进国家治理体系和治理能力现代化。财政是国家治理的基础和重要支柱，在推进国家治理体系和治理能力现代化中必然发挥着基础性作用。财政的基础性作用体现在国家治理结构当中。

一、国家治理结构

国家治理结构包括三个维度，即国家与市场的关系、国家与社会的关系、中央与地方的关系，全面深化改革就是围绕这三个维度展开的。过去的改革更多是国家与市场关系维度的经济改革，现在的整体性改革，是在三个维度同时开展的改革。

公共风险与多元主体共同治理

从国家的角度看，社会利益主体的多元化催生了国家治理。提出“国家治理”这个概念，是对国家的一种新认识、新理解。统治和被统治、管理和被管理，是传统国家理论的基本认识框架。在这种认识框架中，其中的主体相对来说是单一的，公共利益与个体（集团）利益关系也相对简单。而随着国家发展到今天，尤其是随着市场经济的发展，不同社会阶层、利益群体逐渐形成，经济社会主体日渐多元化，并变成为关系紧密的利益相关者，仅仅依靠传统的统治、管理方式已经不相适应，需要一种新的国家结构来包容越来越复杂的利益关系，协调越来越多的各种利益冲突，尤其是公共利益与个人利益之间的协调就变得至关重要。否则，国家发展和社会文明进步可能停滞，甚至倒退。为防范化解这种公共风险，一种新的国家结构就应运而生，表现为国家治理结构或国家治理体系。

国家治理是基于社会共同体理念下的多元主体共同治理。多元利益主体的形成实际上是历史进化的过程。利益主体过去主要表现为两个阶级，即统治阶级和被统治阶级，利益关系也主要是两者之间的利益关系。现在再用阶级分析的这种思维来看社会和国家已经不合时宜，应当承认一个社会共同体中存在各种不同的利益。这在现实生活中就表现为多元的利益主体，比如有国家、企业、居民，有城市、乡村，有不同的区域，还有中央、地方，诸如此类。但无论有多少利益主体，基于社会共同体的公共利益始终存在。多元利益主体之间会产生复杂的利益博弈，要使这种多元的利益博弈不至于危害社会共同体的公共利益，就必须有一种能包容多元利益的治理结构，规范各自的责、权、利和行为。

在参与治理的众多主体中，国家是一个核心的主体。在不同的历史时期，参与主体是不一样的，构成不同的国家治理结构。国家结构的这种变化，从更深层次的动因来分析，是公共风险导致的。利益主体越是多元，社会就变得越是复杂，内生的不确定性和公共风险就会越大，就越有可能危害整体的发展。利益主体之间是相互竞争博弈的，这就需要找到一种有效的解决方式不至于让这个社会共同体在竞争博弈中崩溃。这种解决方式只能是用一种包容性的国家结构去替换传统的排斥性的国家结构，共同治理的理念由此形成。这种治理理念的形成，以及新型国家结构的产生，其背后的东西是社会共同体内部产生的公共风险。追求善治，也就是追求公共风险的最小化，保证国家发展和文明进步的可持续，这是最大的公共利益。今天强调治理，其实是强调我们处于一个社会共同体之中，在同一艘船上，比任何时候都需要同舟共济，使多元利益主体之间的竞争博弈转化为发展的合力——动力，而不是转化为导致共同体停滞的斥力——阻力。无论全球治理，还是国家治理，在这一点上是相通的。从中不难看出，治理和公共性是内在关联的，治理的对象都是基于社会共同体的公共性问题。

国家治理的三个维度

过去讲的改革主要是经济改革，或者叫市场化的改革，主要是改变政府与市场的关系，让市场在资源配置中发挥更大的作用。而当前的改革是全面深化改革，涉及经济、政治、社会、文化、生态文明、军队和党建。在市场经济不断发展的这个基础上，社会结构及其整个上层建筑都发生了极大变化，形成了极其复杂的利益关系。我国的全面深化改革实际上就是构建一个以国家形式存在的社会共同体新结构——包容开放的、共建共享的社会，实现多元利益与公共利益的相互包容。

在国家治理复杂的利益关系中，可以抽出三条主线：一是国家与市场（企业）的关系。过去40年的改革主要在这方面做文章，放权让利，让企业成为独立利益主体，成效显著。但改革任务仍未完成，计划经济的惯性依然存在。二是国家与社会（个人）的关系。这不是过去改革的主战场，而对当前的我国来说却是变得越来越重要。国家与社会的关系全球都在调整，尤其在社会保障和公共服务方面。三是中央与地方（城乡区域）的关系。这是过去一直想解决但未能解决好的难题，对于中国这样一个发展中的巨型单一制国家来说，中央与地方的关系极其重要，又是极难的问题。这三条主线构成新时期国家治理的三个维度。

如果把这三个维度划成一个几何图形，就构建为一个立体的坐标，国家与市场构成一个维度，国家与社会构成一个维度，中央与地方构成一个维度。三个维度结构为一个有机的整体，形成了国家治理的模型，也构成了新时期的国家治理结构。对于抽象的社会共同体，我们可以从这里找到现实的感觉。作为全面深化改革的目标，国家治理体系的现代化，也就主要体现在这三个方面关系的调适状态及其相互协调性。缺少任意一个方面，都谈不上国家治理体系的现代化。

治理改革的内涵：全面分权改革

新时代的治理改革，从经济分权转向了更广泛的全面分权改革，因此治理改革的基本内涵包括：向市场分权、向社会分权和向地方分权。

一是经济维度的改革，进一步向市场分权，并推动国家与市场关系走向分工与合作。中国的改革开放，最开始就是国家与市场维度的分权，属于经济性分权，即让市场从发挥更大的作用，到发挥基础性的作用，再到现在提出的发挥决定性作用。很显然，经济性分权改革还得继续，在相当长时期内还是改革重点之一。不过，从计划体制下的放权，到市场体制下的分权，再到当前国家治理框架下的分权，国家与市场关系的内涵也发生了变化。这不仅是市场（企业）主体地位的形成，而是国家与市场的关系从对立开始走向分工与合作。在国家治理框架下的向市场分权，不是否定国家的作用，而是通过进一步的经济性分权让国家与市场形成最大的发展合力。

二是社会维度的改革，向社会分权，推动社会的再组织化。国家治理结构的改革，除了经济的维度，还有社会的维度。当前的改革已经触及了国家与社会的关系，这种属于社会性分权的改革，也可简称为社会改革。如果说经济改革是经济的再组织化，那么，社会改革也是社会的再组织化，也是一种重构。以民生改善为重点的社会建设，需要社会改革来推进。

三是中央与地方关系维度的改革，向地方分权，构建两级治理体系。按照过去的理解，向地方分权改革，主要是从集权与分权的关系上去认识，强调分权的必要性，即要调动地方的积极性，就要给地方更多的权限，而不是从寻求一个合理的国家治理结构的角度来认识的。从国家治理的角度来看，中央向地方分权，就应让地方成为一个有效的、相对独立的治理主体，使国家治理从集中治理到分级治理，从一级治理到两级治理：一个是在中央层面，也就是国家层面；另一个是地方层面。既然中央和地方是两个主体，那它们就有各自的利益。从我国宪法和历史传承来看，纵向的国家治理结构应是中央、地方两级，这与我们时常提到的五级政府是不同的概念。国家的公共权力不是均匀地在各级政府之间划分，有些权力只在中央与地方之间划分，也就是说，在地方省市县乡之间不能再继续划分。从治理的角度看，我国的两级分权与以美国为代表的联邦制国家是不一样的。我们作为单一制国家，没有政治性分权，而是行政性分权。

二、财政基础性作用的坐标方位

党的十八届三中全会通过的《中共中央关于全面深化改革若干重大问题的决定》中指出："全面深化改革的总目标是完善和发展中国特色社会主义制度，推进国家治理体系和治理能力现代化"，"财政是国家治理的基础和重要支柱"。这表明国家治理结构以财政为基础，财政内嵌于国家治理体系（结构）三维度的方方面面，相应国家治理三维度成为财政基础性作用发挥的坐标。

财政是定海神针性质的基础性制度

国家治理是基于社会共同体理念下的多元主体的共同治理，是多元主体复杂利益关系的协调，尤其是个人利益和公共利益的协调。财政是社会复杂利益关系的交汇点，是全社会的利益交集，与社会多元利益主体相关联，牵扯着全社会所有主体的利益神经，天然是公共利益的化身。通过财政制度安排，可调节社会各个阶层、各个集团、各个区域的利益关系，相应财政制度具有牵一发而动全身的作用，在国家治理体系中具有基础性作用。

国家治理的本质是风险治理，追求的目标是公共风险最小化。在风险社会中，任何一个社会领域都有引发公共风险的可能，各种风险交织、联系，涉及的层面与影响程度大大超过传统意义上的灾难。而这些风险往往是个人无法应对，同时人与人相互关联使得无人能置身度外。因此，运用集体的力量，在国家层面统筹治理，通过优化和完善国家治理结构，不断注入确定性，防范和化解公共风险，实现国家进步和长治久安以及人民和谐幸福，是国家治理的本质所在。国家治理的逻辑是“改善社会治理结构——注入确定性——治理公共风险”。国家治理的核心是不断注入确定性的过程，在注入确定性的各种制度中，财政是定海神针性质的基础性制度。

国家治理三个维度都有重大问题需要解决

在过去，财政改革主要在促进和推动了中国的经济分权，对于促进中国经济快速发展发挥了巨大作用。然而，中国依然是最大的发展中国家，并处在一个公共风险频发的风险社会，面对的是一个不确定性的未来。从国家治理的三个维度来看，还有很多问题需要解决，并且这些问题随时变化。

中国经济领域的分权走在前面，对于促进经济发展发挥了重要作用。但即便从经济领域来看，一些领域分权不足的问题依然存在。特别是在一些生产要素领域，“生产要素市场发展滞后，要素闲置和大量有效需求得不到满足并存”。党的十八届三中全会明确提出要让市场在资源配置中发挥决定性作用，显然目前还存在一定的差距。社会化的基础是产权制度，党的十八届三中全会提出产权是所有制的核心，要健全归属清晰、责权明确、保护严格、流转顺畅的现代产权制度。这一方向无疑是对的，但产权改革还有很长的路要走，这点在国有企业改革的过程中表现较为突出，如何打破传统所有制的思维，以产权思维推进国有企业改革值得探索。

在经济领域之外，其他领域的分权则更为不足或滞后，突出表现在社会领域和科技创新领域。在中国，强调政府与市场之手的作用，但经常忽视在政府与市场之外还有第三只手，即社会之手。因此，在我们的社会事业发展当中，如教育、医疗、养老、扶贫等方面，常常有时强调发挥政府作用，有时强调全面放开，出现一管就死、一放就乱的情况，造成人民群众对一些领域的不满意。这种局面与在这些领域的社会化不足有关，对相关领域的相关社会组织培育不够，没有发挥出社会的自组织功能。另外一个分权严重不足的领域是科技领域。政府掌握了大量的科技资源。在科技方面很多部门手里都有“一把米”（支持资金），政府对科技创新的扶持的做法不是下功夫创造出有利于科技创新的环境，而是对科技创新进行干预甚至主导。如果把科技创新比作蘑菇生长，推动科技领域社会化，政府需要做的应该是营造出有利于蘑菇生长的温度、适度环境，这样蘑菇会自动生长。但现在的做法类似于政府亲手去栽蘑菇，效果大打折扣。

从中央与地方的关系来看，两级治理体系没有有效构建，有的事情中央一竿子插到底，中央与地方事权配置也不合理。在计划经济背景下，人口流动较少，相对来说是一个静态的社会。改革开放以来，人口加速流动，毫无疑问这是动态社会。在动态社会，中央与地方财政事权划分、收入划分和转移支付等体制改革问题具有更大的复杂性。尽管现在的转移支付规模越来越大，但还是难以满足地方履职的需要。现在地方财政支出比重超过85%，中央本级支出不到15%。大量财力下移，让地方政府履行职责。在动态社会，发展的整体性越来越强。发展的整体性越强，就需要中央和省级政府履行更多的事权。人口流动规模越大，很多事情在省以下层面无法解决。让一个地方解决公共服务问题，会产生流动人口与户籍人口公共服务不一致的问题。中国有2亿多人在城市工作，但并没有城市户籍。2亿多人享受的公共服务与当地户籍人口有差别，主要原因是地方政府对流动人口提供公共服务的积极性不高。例如，流动人口儿童的教育等问题解决的不是太好，都与此有关。

财政改革有了新坐标

鉴于财政于国家治理基础性和重要性作用，以及当前为实现国家治理现代化而进行的全面深化改革这一大背景，财政改革须以国家治理的三个维度作为参照系，从三个维度推动国家治理体系现代化。

经济维度的财政改革相对于市场作用领域而言，形成了公共领域，也就有了公共财政。作为过去财税改革导向的“公共财政”，就是在经济市场化改革的基础上形成的对财政的认识。这个改革导向就是为了让政府财政从市场领域退出来，为市场开辟道路，让市场更多地发挥作用，也就是为市场化创造条件。经济维度的改革形成了公共财政理论，维护市场，其目的是为了促进经济增长，做大经济蛋糕。未来财政改革的要求是进一步推动经济领域的分权，促进生产要素市场化改革，深入推动产权制度改革，按照现代产权制度要求深化国有企业改革。

社会维度的财政改革目标是公共领域不由财政来独占，应该让社会来更多地参与。这个维度的财政模式就不是“公共财政”，对应的是“民主财政”或社会参与式财政。未来财政改革的要求是推动社会领域的社会化，给政府和市场之外的社会部门留出更多的空间，发挥社会部门的自组织功能。

中央与地方关系维度是公共部门内部的纵向关系，对应的财政模式应是“分级财政”。分级治理与分级财政需要保持内在的一致性，不能错位。事权与支出责任相匹配，就是这个要求的具体化。国家治理对应的是国家财政，而地方治理对应的是地方财政。在分级治理模式下，地方财政是一个相对独立的主体，不是中央财政的附庸。地方自主治理与地方财政的相对独立性关联在一起，但如何来界定这种相对独立性，包括权力、责任和利益，是当前治理改革中需要去创造性解决的问题。中国发展到这个阶段，各个地方之间越来越成为一个有机整体，一些事权交给地方政府很难解决。所以，完善政府间财政关系，必须要调整思路。过去局限于从收入方面解决问题，强调如何增加地方的财权和财力，现在这个思路要调整，应强调中央与省级政府要履行更多事权。完善政府间财政关系，要从收入方面考虑问题，转到从支出方面考虑问题，要逐步提高中央政府支出占整个支出中的比重。事权的履行要更多地由中央政府自己来做，而不是通过下命令、发文件让各级地方政府来做。如果不这么做，地方的责任会不断加大，会形成“小马拉大车”的结局。

第十六章 财政是人民逻辑的基本实现方式

人既是最宝贵的资源和资本，也是一切发展的目的和落脚点。只有以人为本的财政才是可持续的财政、稳固的财政。

一、人民逻辑是我国政治优势的根本体现

社会主义国家是以人民为中心的共同体，其价值取向必然是“人民至上”。人民是历史的创造者，是社会实践的鲜活主体，也是社会发展的最高价值主体。以人民为中心的共同体——社会主义国家，与以资本为中心的共同体——资本主义国家有着根本的区别。资本主义国家是资本主义价值观主导的共同体，强调资本逻辑，体现了“基本性”，从根本上服务于资本的利益。

发展为了人民

资本逻辑的本质是资本至上，体现于经济社会政治各个领域。在社会领域，资本成为一种权利（力），它不仅仅是一种财产的权利，而且成为一种社会权力，成为社会的一种支配力量。谁拥有资本，谁就在社

会中处于主导和支配地位。在政治领域，资本主义国家搞民主选举，一人一票，表面看很民主，但实际上是以竞选钞票支撑的选举，背后是资本逻辑。所以，资本主义政治的实质是金钱政治。在资本主义国家，无论是哪个政党上台，都无法摆脱被资本逻辑支配的命运。因此，在资本主义国家，在资本逻辑和人民逻辑之间，资本逻辑始终是主导的，人民逻辑处于次要地位。

而社会主义则是人民逻辑为主导。习近平总书记强调："人民对美好生活的向往就是我们的奋斗目标"，强调的是发展为了人民，同时发展还要依靠人民，要坚持人民主体地位，强调人民至上的理念，强调要坚持以人民为中心的发展思想。

强调人民立场，坚持人民的主体地位，这不是一个简单的政治口号，而是涉及一个国家发展的方向，涉及社会的公平正义，涉及人民群众能不能从发展中共享成果。从根本上讲，也涉及能不能可持续发展。因为，对任何一个国家，搞极端资本至上的绝对的资本逻辑，发展都是不可持续的，最终都会出问题。邓小平同志说，社会主义是什么他说不清楚，但两极分化肯定不是社会主义。所以，邓小平同志强调，社会主义的本质要求是共同富裕，不能做到共同富裕那就陷入资本主义的发展轨道当中，就变成了资本至上逻辑。

经济学里有个"人力资本"概念，这个概念当中就蕴含了人民的重要性。如果说大多数人贫穷，大多数人没有"人力"，那这个国家就不可能发展得很好。只有国民素质提高，劳动力素质得到全面的提升，创造和创新才有广泛的社会基础，科技才能领先。从这个道理来讲，我们的发展要更多地依靠"人"，要依靠人民群众，而不是像过去那样靠资源的投入。从需求的角度来看，大家消费，经济才有动力，国民素质全面提升，劳动者的技能也极大提高，才能创造出优质的供给。新旧动能的转换要靠创新，创新要依靠人民群众。所以，从这点来讲，我们始终坚持人民逻辑为主导，但并不排斥资本逻辑。

对中国来说，要借助于资本的力量来发展社会生产力。资本具有双重属性，资本在促进生产力发展方面的具有巨大作用，同时也会产生收入分配差距拉大、经济危机等负面作用。因此，我们搞社会主义市场经济，强调人民逻辑的支配地位，可以引进资本逻辑，但要把资本逻辑限制在经济领域。在市场领域、经济领域资本说了算，但绝不能让它越过经济领域蔓延到社会领域，更不能蔓延到政治领域。因此，我们强调四项基本原则，特别强调要坚持共产党的领导，坚持社会主义道路，用人民逻辑去约束资本逻辑，不能让资本变成社会的一种支配力量，不能让资本变成社会通吃的力量，只有这样才谈得上社会的公平正义。尽管我们要搞市场经济，引进资本逻辑，发挥资本的作用，但是它必须是受控制的，而不是说漫无边际的。如果经济、社会、文化、政治各个领域都受资本支配，那就真的变成资本主义了。

因此，一方面我们要运用好资本逻辑，推动社会生产力的发展，一方面我们又要坚持人民主体地位，坚持以人民为中心的发展思想，以人民逻辑为主导，限制资本逻辑发挥作用的领域和负面影响。

发展依靠人民

依靠人民实际就是人人尽力，人人努力，人人参与，只有这样共享才是可持续的。

以人民为中心的发展思想实际上回答了在新时代中国如何发展，如何转向高质量发展。新发展理念包括创新、协调、绿色、开放、共享，讲的都是发展方式的问题。新发展理念里的共享，就是为了人民。随着老龄化到来，老龄化的成本肯定要加到企业的身上，会变成经济发展的一种拖累。过去的工业化导致了生态环境的破坏，现在要绿色发展，绿色发展是有昂贵的成本的，也需要企业承担。这些成本的消化只有靠创新。而创新靠人，靠人民群众。所以，我们提出大众创业、万众创新，靠人的知识，靠人的技能，靠大家的发明创造，这就是依靠人民群众。发展的最终目标是为了人民，这就是共享。当然共享是一个渐进的过程，不能采取平均主义实现共享。

新发展理念实际上体现的是人民立场，体现的是人民为中心的发展思想。这样我们就把平时看起来可能是不相关联的论断，从逻辑上关联起来。贯彻落实好新发展理念，要坚持人民立场；转向高质量的发展更多的靠创新驱动，也需要坚持人民立场；要发展和完善中国特色社会主义制度，更要坚持人民立场。国家治理现代化不是简单的技术问题，实际上是一个怎么样让人民群众参与进来，也是一个人民立场的问题。所以，人民立场是根本立场，这个根本立场实际上是各个领域、各个方面的基本方法论，对经济学和财政学创新尤其如此。

发展依靠人民，转化到经济学上就是积累人力资本，积累更高质量的人力资本。中国过去的发展靠人口红利，也可以说是靠人力资本，但现在人口的数量红利没有了，就必须有更高质量的人力资本。虽然我国国民教育平均年限不断提高，但和发达国家仍有差距。发展要依靠人民，首先要强化高质量人力资本积累，形成人力资本积累与经济发展的良性循环。个人与政府共同努力，人力资本的积累就会质量更高，而且会更加公平。教育、医疗、社保这些问题都与人力资本积累关联。所以，我们说发展为了人民，发展依靠人民，跟经济学实际是紧密联系在一起的。传统的发展经济学强调积累资本，讲的是积累物质资本。过去，靠物质资本的积累来推动发展，但经济起飞以后，怎么飞得更高，发展经济学没有给出答案。很显然我们现在再靠物质资本推动发展、靠资源要素的投入推动发展已经不可持续，因为资源是有限的，尤其是不可再生资源有限。也就是说，依靠物质资源的投入，发展已经走到尽头，现在需要真正转向依靠人民来发展，依靠人民的创造力，即依靠知识、技术、创新，才能发展。

全面深化改革要走群众路线

新时代的中国改革不仅是经济改革，而是全面深化改革，包括经济、政治、社会、文化、生态文明等各个领域的改革。这就意味着群众路线不仅运用在经济建设领域，社会建设、政治建设、文化建设、生态文明建设等各个领域都要运用群众路线。

经济领域的改革应当说有很大的进展，但也没完全到位。社会领域的改革则相对比较滞后，并不是完全走群众路线。例如，从现在的社会组织的处境来看，就说明问题。我这里说的社会组织并非民政部管的那块狭义的社会组织，而是既包括官办的社会组织，也就是我们所说的事业单位，也包括民办的社会组织。社会领域的事情，同样应该发动群众、相信群众、依靠群众，让群众自己组织起来；应该尽可能发挥这些社会组织的自组织功能，放手让这些社会组织自己推动改革。在经济领域群众可以形成自组织，在社会领域尤其需要群众来自组织。社会矛盾越来越多了，更需要群众通过自组织来化解这些矛盾，通过自组织来培养社会精神，如企业家精神、工匠精神，做买卖的良心、底线和契约精神。这些要靠社会改革和社会的自组织来实现。并不是什么都要政府去管。一些经济领域的行业协会，实际上也是社会组织，具有公益性，不以营利为目的。这些社会组织不是以利润为目标，不受资本逻辑的支配，它可以替资本说话，但是它的目的不是为了利润。

从现在的情况来看，政府部门对社会组织的基本态度是不放心，对事业单位不放心，对民办社会组织更加不放心，各个方面都是政府自己冲在一线，不给社会组织的自组织更大空间。当然，对社会组织放心并不是什么都不管，任其无序发展。政府应当制定一个规则，在这个规则之下，放手发动群众、相信群众、依靠群众，让社会组织自己组织起来，承担更多的社会责任。这样，这个社会就会有活力。我们现在科研院所、学校、公立医院一直都在改革，改革的目的是希望它们有活力，但是到现在这种活力不是很充分。社会领域改革不到位，可能对经济的发展、对新旧动能的转换也会形成制约。

二、财政是人民逻辑的转化器

以人为本的财政，与以物为本的财政有着本质的区别，实现了从“以物为中心”到“以人为中心”的转变，财政行为最初的着眼点和最终的落脚点是“人”而不是“物”。虽然这一财政也追求公共资源配置和财政收支的效率，但追求效率的根本目的在于以有效的财政资源尽可能满足人的多样化需要，促进人的发展。以人为本的财政，实现了效率与公平的有机融合、人与自然的和谐共生。

以人为本的财政

我们通常讲的公共财政，如何去理解。有人说，西方的财政翻译成中文就是公共财政，因此公共财政是一个放之四海而皆准的概念。这种认识是不对的。中国的公共财政是有特定时代背景的。在当时的背景下，从计划经济走向市场经济，财政要从建设财政走向公共财政。公共财政是与市场经济转轨相关的一个概念。在计划经济体制下，中国的财政是统收统支的财政，也是全民所有制的财政。财政只管城市、管全民所有制单位，不管农村，也不管集体所有制。直到2003年，才有让公共财政的阳光普照农村的提法，开始强调财政的公共性。那个时候讲的财政的公共性是相对于市场领域而言的，市场不能发挥作用的领域就成了公共领域，是政府要行使职能的领域。市场能干的交给市场，市场不能干的交给政府，这就形成了公共领域，这也是财政需要保障的范围，即财政支出的范围。公共财政的重要参照是市场基准。公共财政的目的就是促进经济增长、做大蛋糕，一切是围绕增长做文章的，也可以说一切是围绕提高效率做文章。在当时的条件下，这是一个正确的选择。也正是因为这个正确的选择，财政在促进经济增长中发挥了很大作用，尤其是1994年的分税制财政体制改革，为市场发挥作用创造了条件，作用一直延续到现在。

然而，公共财政从本质上讲是以物为本的财政，公共财政的目标主要是为了创造更多的物质财富。在相对短缺的条件下，这种做法是正确的。但是今天，财政的使命不仅是为了创造更多的物质财富，也不仅是为市场经济开辟道路。这显然不够，而且靠物质资源的投入推动经济的发展的模式也已经走到了尽头。

解决上述问题的办法是从以物为本的财政转向以人为本的财政。以人为本的财政实际上就与以人民为中心的发展思想从逻辑上关联起来了。以人民为中心的发展思想在财政上的体现，就是以人为本的财政，强调发展依靠人民、发展依靠人民，财政立足于促进人的自身的发展，因为经济的发展、社会的发展，最终都是为了人的自身的发展。人的自身的发展内涵非常丰富，包括人的身体素质越来越好、文化素质越来越高、劳动技能越来越强、精神境界和道德水准各方面都越来越高。以人为本的财政，围绕这些方面做文章，也就体现了发展是为了人、发展是依靠人的思想。所以，以人为本的财政与以人民为中心的发展思想是一致的。

马克思提到两个生产的问题，一个是物的生产，另一个是人的生产。我们谈经济建设，更多地强调物的生产，而对消费特别是公共消费并不重视，以为消费就是纯粹的消耗，而没把消费当成人的生产过程。这种观念需要转变。私人消费和公共消费都会转化成另一种资本，即人力资本。人或人民群众，既是发展的目的，也是发展的力量。① 从财政的角度看，从促进物的生产再生产转向促进人的生产再生产。体现在财政支出结构上，用于资本性、经济性的支出就越来越少了，而用于社会性的支出，即用于“人”的支出或民生的支出越来越多。在现实中，我们用于教育、医疗、社保等这些方面与人自身发展直接相关的支出越

① 刘尚希：《以人民为中心发展思想的学术原理》，财科国际公众号，2019年7月26日。

来越多，具体来说就是社会性的支出在财政支出中的占比是不断上升的。这并不是我们传统意义上所理解的政府要提供更多的福利，而是我们要有更多公共消费。因为公共消费最终都体现为提升人的能力，实际上就是人的生产和再生产。

实现公平与效率的融合

财政一边连着效率，一边连着公平，只有财政能够将公平与效率融合起来。那么如何实现融合呢？这也要与以人民为中心的发展结合起来。财政只有着眼于提高人的能力，将人与人之间的能力鸿沟缩小，既能提升效率，又能促进公平。要把公平与效率融合起来，只有以人民为中心的发展才能做到这一点。发展是为了人民，这是目标，发展依靠人民，这是手段，手段和目标统一起来了，公平与效率也就统一起来了。人的能力提升，发展的后劲就会增强，人力资本更多，发展质量也更高。公平不仅体现在结果上，更重要的是机会的公平，而机会的公平取决于人的能力。如果有能力鸿沟，一群人能力很低，一群人能力很高，这种能力的鸿沟导致机会的不公平，那结果自然就不公平。

在资本逻辑之下，很显然公平与效率是冲突和对立的。在资本逻辑支配下，由于马太效应的存在，人与人之间的能力鸿沟无法缩小。在资本逻辑之下，通过转移性支出的方式给穷人一些基本的保障，并不能提高穷人的能力。结果上拉平一点，但在起点上永远都是不公平的。这种情况下，如果要让这些穷人享受更多的发展成果，那就只能限高补低，这就会影响富人的积极性。所以，公平与效率在资本逻辑之下就形成一种冲突。

财政在促进社会的公平方面可以发挥巨大作用，因为财政直接促进能力公平。财政可以更多地在人身上做文章。财政通过提供公共服务，也就是公共消费，可以转换成人力资本。有了更雄厚的人力资本，我们的发展后劲就更强了，创新创业就有了基础。所以说，民生财政实际上体现的是人民逻辑，而人民逻辑蕴含着手段与目的的统一，公平与效率的融合。过去我们往往把这个东西分开来说，认为效率和公平之间不可融合，认为追求效率就会有损公平，追求公平就有损效率。现在，我们明白了，只要转到人民逻辑上来，只要转到人身上来，只要围绕人来做文章，效率和公平就可实现统一和融合了。

公平与效率冲突的理论，过去我们一直当作理所当然，现在从以人民为中心的发展思想出发，我们终于明白，两者实际上是统一的和融合的。以人民为中心的发展思想也告诉我们如何实现经济社会和财政的可持续发展。当前我们要防范化解各种重大风险，如何应对，也必须从人的角度看问题，切实将目标和手段定位于发展为了人、发展依靠人，这样才能避免社会的异化，才能在终极目标上防范重大风险①。

财政的转化功能

经济政治社会都是显性的，像可见的人体骨肉，而财政就像人体的血液，虽是隐性的，但关系到骨肉成长和全身健康。财政是政治、经济和社会之间的唯一连接点，在国家综合实力形成中不可或缺。经济发展成就转化为社会共享的成果，依赖财政分配规则；社会活力转化为经济发展动力，依赖财政制度安排；国家政治的清明，依赖财政对权力的约束；国家的国防实力，也是财政对政治、经济和社会综合转化的结果。

中国特色社会主义发展到今天，尤其是市场经济的发展，不同社会阶层、利益群体逐渐形成，经济社会主体日渐多元化，并成为关系紧密的利益相关者，仅仅依靠传统的管理方式已经不相适应，需要一种新的国家结构来包容越来越复杂的利益关系、协调越来越多的各种利益冲突，尤其是公共利益与个人利益之间的协调就变得至关重要。否则，国家发展和社会文明进步可能停滞，甚至倒退。为防范化解这种公共风险，需要与之相匹配的现代国家治理结构。因此，完善国家治理结构是全面深化改革、发展中国特色社会主义的必然要求。经济发展理念转化

① 刘尚希：《以人民为中心发展思想的学术原理》，财科国际公众号，2019 年 7 月 26 日。

为经济发展的动力，需要有好的财政制度安排，充分激发经济主体的创新活力。

以人为本理念转化为社会发展的动力，需要好的财政分配规则，促进社会共建共享。需要财政法治体系，约束公共权力运行。财政法治化是约束公共权力的内在要求。约束公共权力，避免公共风险，需要实行财政法定。只有通过财政法定，将预算、税收等上升到法律形式，才能增强财政的约束力。当前，中国普遍存在的“预算软约束”现象，就是财政法定不足的一个体现，这对财经运行带来较大的负面影响。因此，进一步推进中国的财政法定，包括预算法定、税收法定、财政体制法定等，对于约束公共权力、发挥市场在资源配置中的决定性作用，具有极为重要的现实意义。财政法治建设，需要权力的重塑。权力重塑具有多层次性。奠定市场经济体制基础，要通过财政法治建设重塑政府与市场、社会主体之间的权力关系；建立法治有效性的机制保障，要重塑财政权在人大、政府和司法之间的配置。在新形势下调动地方积极性，要重塑政府间财政关系。只有不断推动财政法治建设，使权责细化、明晰，配以多层次、立体化的监督体系，形成既分工制约、又合作共进的中国特色的财政法治。

第十七章
防范化解公共风险：财政是基础

实现中华民族伟大复兴是近代以来中华民族最伟大的梦想。今天，我们比历史上任何时期都更接近、更有信心和能力实现中华民族伟大复兴的目标。然而，行百里者半九十。中华民族伟大复兴，绝不是轻轻松松、敲锣打鼓就能实现的。在“世界面临百年未有之大变局”背景下，国内国际内生的不确定性空前加大，更需发挥财政的作用，应对公共风险，为中华民族复兴提供支撑。

一、复兴之路面临公共风险的严峻挑战

当前中国正处于社会转型的关键期，随着社会转型和经济结构调整，面临的矛盾、触及的利益更加复杂，各种风险错综复杂。在新时期，发展的不平衡、不充分，发展的质量和效益不高，生态环境问题，民生领域的短板，社会利益格局的固化等已成为公共风险的主要来源。随着中国经济的快速发展和经济结构的调整，“帕累托改进式”的“增量改革”空间越来越小，改革风险呈现复杂化、严峻化、多样化趋势。

中等收入陷阱

人类历史的演进也证明了一个经济体发展到中等收入阶段后，各种风险也会加剧和叠加，贫富悬殊、环境恶化甚至社会动荡，只有统筹治理好这些风险，才能踏入发达国家的行列，否则就会在中等收入阶段徘徊，甚至向下跌落。200年前的英国、100年前的美国、50年前的日本都曾在经济发展后出现贫富分化加剧、假冒伪劣横行、政府官员腐败、社会道德滑坡、食品安全环境污染严重，各类风险交错叠加，狄更斯称之“这是一个最好的时代，也是一个最坏的时代”，马克·吐温称为“镀金时代”，日本学者称为“虚假景气”，所幸通过一系列的财政制度建设，有效应对了公共风险，步入了发达国家的行列。而拉美等大量国家经济快速发展积累的矛盾集中爆发，原有的增长机制和发展模式无法有效应对由此形成的系统性风险，经济长期在中等收入阶段徘徊。

面对风险社会的来临和公共风险的扩张，我们还缺乏足够的理论和相应的制度安排，对公共风险的关注程度与感知识别能力还不强，多元协同治理的格局还没有形成，法治保障还不足。党的十九大将防控风险提升到了国家治理的高度，提出全党要更加自觉地防范各种风险，坚决战胜一切在政治、经济、文化、社会等领域和自然界出现的困难和挑战，增强驾驭风险的能力，健全各方面的风险防控机制，善于处理各种复杂矛盾，勇于战胜前进道路上各种艰难险阻，牢牢掌握工作的主动权。

如何处理改革、发展、稳定三者关系

从长远来看，中华民族伟大复兴面临的一大公共风险来源于在新的历史条件下能否正确处理改革、发展、稳定三者关系。改革开放以来，中国的发展之所以取得巨大成功，就在于正确处理好改革、发展、稳定的关系。未来要更大力度的开放，要取得更大的成功，依然要处理好发展、改革、稳定三者的关系。从世界各国来看，凡是出了问题的这些国家，很多都是在改革、发展、稳定这三个问题上没有处理好，三者之间没有形成一种良性的互动关系，没有形成相互支撑。新时代中国社会主要矛盾发生变化，改革、发展、稳定三者之间的关系也发生了变化。由于条件发生了变化，三者之间的关系并非过去的老方程式。三者之间的互动性更强，相互影响的频率加快，稍有不慎，改革、发展、稳定之间的良性互动可能变为相互牵制、相互掣肘，由相互契合变为相互排斥，由相生变为相克。正确处理改革、发展、稳定三者关系，需要有新的理念，需要有公共风险的思维。

长远来看，正确处理改革、发展、稳定关系需要突出的关注问题包括：一是未富先老问题形势严峻。根据人社部发布的《中国社会保险发展年度报告 2016》，截至 2016 年年底，中国人口的抚养比为 2. 8。与发达国家不同，中国的老龄化是“未富先老”。13 亿人口的发展中国家，既要发展，又要解决好养老问题，必须把两者结合起来，两者关系处理不好，养老风险就会引发养老危机。二是收入分配失衡有待缓解。改革开放以来逐步确立的分配制度，基本适应中国的社会经济现实状况，有效激发了社会财富的创造活力，提高了经济活动效率，做大了社会财富蛋糕。然而，中国经济快速发展的同时，不同居民群体间，收入差距呈扩大趋势，社会资源分配不公平现象逐渐突出。日益严重的收入分配失衡状况已经成为中国亟待化解的社会问题之一。虽然造成中国收入分配现状严峻的原因是复杂且深层次的，但是如果这个问题无法得到及时有效缓解，将成为诱发阶层固化和社会不稳定局面的一个重要风险点。三是经济发展新动能有待挖掘。现实中，中国整体内需有放缓的压力，投资增长率持续下降，基建对投资拖累较大。事实上，在投资方面，中国发展现阶段投资需求潜力仍然巨大，投资的关键作用还没有得到有效发挥。制造业技术改造和设备更新有待加大。5G、人工智能、工业互联网、物联网等新型基础设施建设前景无限，城际交通、物流、市政基础设施等投资力度有待加强，农村基础设施和公共服务设施建设短板也有待补齐。

二、防范化解公共风险与财政的基础性作用

回归到国家治理层面，财政的基本职能是通过治理规则应对公共风险，既包括风险的防范，也包括风险的平衡。财政制度是应对公共风险的基础性制度安排。

国家及财政是人类防范化解公共风险的产物

恩格斯在《家庭、私有制和国家的起源》里有一个精辟的论断："国家是表示：这个社会陷入了不可解决的自我矛盾，分裂为不可调和的对立面而又无力摆脱这些对立面。而为了使这些对立面，这些经济利益互相冲突的阶级，不致在无谓的斗争中把自己和社会消灭，就需要有一种表面上驾于社会之上的力量，这种力量应当缓和冲突，把冲突保持在'秩序'的范围以内；"[①] 霍布斯也有类似的表述，他在《利维坦》里描述了一个充满风险的自然状态，而国家就是要避免每一个人对每一个人的战争[②]。以上论述表明，国家是人类防范与化解公共风险的产物，国家的演进和发展就是治理和驯服不断扩展和变异的公共风险的过程。

人类文明进入风险社会后，各类公共风险不仅相互交织，叠加放大，而且不断变迁、不断转化、相互牵连。如果处理不好，就会引发严重的人类危机。国家治理的目标就是追求公共风险最小化，以维持经济社会的平稳发展。治理公共风险是建立在一系列的制度安排之上的，财政是其中基础性的制度安排，为经济社会注入确定性。

---

① 恩格斯：《家庭、私有制和国家的起源》，《马克思恩格斯选集》第四卷，人民出版社1972年版，第166页。

② 〔英〕霍布斯：《利维坦》，黎思复、黎廷弼译，商务印书馆1986年版，第94、132页。

财政注入确定性

财政是提升公共理性水平的基础性制度。知识、技术、公共制度、集体创新能力和集体风险意识等公共风险理性每个要素都有相应成本，这些成本均需要财政承担；所有的公共制度，不论是显性制度，还是隐形制度，其形成和运行都有成本，这些成本都需要财政来支撑。而国家本身作为最大的一项制度，以财政为经济基础，须臾不能离开财政的支撑。

财政是公共风险的“蓄水池”。现代财政制度发展出的信用制度、投融资制度等，为既定的制度框架内的社会风险找到暂时的安置点。从风险管理角度，分散的风险点比单一的风险点更加难以管理。由于风险点之间存在关联性，分散的风险点会产生系统性风险，使公共风险对经济社会的破坏力倍增。财政作为“蓄水池”的意义是为应对相关社会风险的制度改进争取时间，财政制度是灵活的，能迅速地依据风险类型选择弹性的财政收支政策，实现风险的转移与分散。也就是说，财政要为公共风险承担最后的兜底责任。

财政是调动各方面力量共同化解公共风险的总中枢。化解公共风险，仅靠政府或某一方面的力量是不够的，必须发挥多元主体的积极性。财政在调节各种关系中发挥着基础性作用。财政调节的关系包括政府与市场的关系、政府与社会的关系以及政府部门和政府层级的关系。财政通过预算、税收和财政政策，可以调节政府与市场以及政府与社会的关系；通过财政体制，可以调节政府部门和政府层级之间的关系。财政通过这些关系的调节，可以将各种力量的作用发挥最大，从而形成应对不确定性和公共风险的治理结构。

三、平衡风险是财政政策的重要功能

治理这个概念来自于微观层面，也就是企业的治理。公司的治理结构是董事会，通过它包容、协调、协同多元利益，从而实现风险的平衡。把这个放大到国家层面，要把多元利益诉求包容起来，实现风险分配，实际上国家层面也需要一种治理结构。治理实际上涉及利益关系的平衡，其背后是风险的平衡。多元利益要包容要协调，风险要实现平衡，最核心的问题还是涉及财政。因为财政涉及不同层面的不同主体之间的利益和风险。财政的一收一支，会牵动到整个社会的利益神经和风险承受。比如，财政最小的一个税种，都足以引起社会极大的关注。因为它涉及大家的钱袋子。财政收了这些钱怎么去花，花到哪里去，向哪方面倾斜，这又涉及城乡、区域、社会不同阶层的利益。所以财政实际上是各种利益和风险关系的交汇点。

风险综合平衡

在计划经济时代，理论界提出了国民经济“四大平衡”的观点，即国民经济要健康发展，必须实现“财政、信贷、外汇和物资”的内部平衡和相互之间的综合平衡，其中财政平衡是关键。从风险社会的角度看，要实现国家长治久安，促进经济社会等各方面协调发展，实现公共风险综合平衡是关键。

利益和风险是一个硬币的两个面，利益格局调整背后是风险配置的变化。利益实现包容表明风险配置最优，整体风险最低。因此，化解风险挑战，必须发挥多元主体的积极性，实现利益包容。坚持“从群众中来，到群众中去”的群众路线，实际上就是通过实现利益包容化解风险的过程。

财政在调整利益格局和风险配置关系中发挥着耦合作用，如：减少个人所得税，个人得到利益，个人承担的社会风险责任相应地减少，国家承担的风险增加。社会保险缴费费率和比例关系变化，表面上是个人、企业和国家利益关系的调整，实际上是社会、企业和国家承担风险责任的变化。通过财政的耦合作用，可以将多元主体力量的作用发挥最大，形成化解风险挑战的治理结构。

财政要促进国家、企业和个人之间合理共担风险。面对风险挑战，财政要贯彻好党的执政理念，推动建立完善各项体制机制，实现国家、企业和个人之间合理共担风险。要抑制个体风险的外部化，尽量实现风险的内部化。例如对微观金融风险和企业污染问题等，必须实行严格监管；要从债权债务关系着手，遏制经济风险传播。当前金融风险越来越成为经济风险中的重中之重。遏制公共风险从债权债务入手，降低宏观杠杆率，降低资产负债率，这些都是属于遏制经济领域公共风险的重要举措；要从体制上解决问题，加快改革风险大锅饭体制。改革开放打破了利益大锅饭，形成了利益主体多元化，但是风险大锅饭依然存在。企业的风险可以让政府背，地方政府的风险可能预期让中央去背，银行的风险也可以预期让政府去兜。在这种体制下就会产生严重的道德风险，从而形成公共风险。真正地打破风险大锅饭体制，成为当前改革的头号问题。

财政是血液

财政不仅仅和经济是一体的，它和国家、政治、整个社会都是一体的。财政之于国家，就像血液之于人体，人的各个脏器都离不开血液，一个国家的正常运转也无法离开财政。国家经济社会各个方面都与财政密切相关，是有机不可分割的整体。整体意味着共生，共生则是一个有机的系统，有机的系统是不断演化、变迁的。

财政作为国家及整个社会运转须臾不可离的“血液”，它的存在不仅仅是经济上配置资源，也不只是体现在财政这个政府部门，而应该是全方位的、整体性的，是为抵御风险的免疫系统提供支撑条件的，分布于社会运行的全过程及各个领域、各个社会细胞。从这个角度来说，财政天生就是综合性的、共生性的。如果将财政视为国家机器上的某一个零部件，而不是像一个有机体的血液系统，那将导致国家机器功能弱化，甚至面临着解体的风险，社会就会出现严重危机。

因此，进一步增强财政在国家治理中的作用，需要从整体上把握财政的“血液”功能，增强其国家和社会“免疫系统”的支撑作用。

四、以公共风险思维构建现代财政制度

中国特色社会主义进入新时代，社会矛盾也发生深刻变化。改革、发展和稳定三者之间的关系需要适应新的形势有新的变化。作为三者之间的唯一连接点，财政这一基础性制度也要通过改革来重构，确保改革、发展、稳定在新的制度基础上实现平衡。

“一体两翼”财政改革

财政是推动国家治理结构完善的载体，这个载体好比是一架飞机，通过财税改革建立现代财政制度就是飞机起飞的过程。加快建立现代财政制度，要把“建立权责清晰、财力协调、区域均衡的中央和地方财政关系”放在首位。与过去相比，财税改革的三大任务在顺序上做了调整——把中央与地方财政关系的改革摆在了首位，同步推进预算改革、税制改革，且强调三方面的改革成为一个整体。这一变化说明财政体制改革已成为一个领头性的改革。形象地说，目前的财税改革可概括为“一体两翼”，即财政体制改革是主体，税制改革和预算改革是两翼。不论预算改革也好，还是税制改革也好，都无法脱离财政体制改革，无法绕开中央与地方的事权划分、支出责任划分。在财政改革中，中央与地方的这种财政关系，越来越成为主要的矛盾和问题，所以它必须排在首位，做整体的谋划。划分财政事权和支出责任时，会涉及中央政府各个部门与地方的关系，哪些归中央、哪些归地方。这同时涉及中央、地方的本级支出，以及转移支付。在推动财政体制改革、划分财政事权和支出责任的过程中，实际上就能反推预算改革和税制改革应该改革的地方，前者也为后者提供了目标和方向。财税体制改革的目的是加快形成有利于转变经济发展方式、有利于建立公平统一市场、有利于推进基本

公共服务均等化的现代财政制度，形成中央和地方财力与事权相匹配的财税体制，更好发挥中央和地方两个积极性。所以，财政体制改革自然而然要和预算改革、税制改革紧密关联在一起。这是基于完善国家治理结构更加整体化的设计，就像一架飞机，要有一个机身，两个翅膀，才能飞起来。

事权上移

以财政体制改革为主体，特别需要进行中央与地方的事权、财权的改革，理顺各级政府的职责。划分财政事权和支出责任时，会涉及中央政府各个部门与地方的关系，哪些归中央、哪些归地方。这同时涉及中央、地方的本级支出，以及转移支付。各部门的职责界定清楚了，就可以计算部门预算到底要花多少钱，中央与地方就可以更好地规划清楚。否则中央与地方的关系可能错位，事权紊乱。地方政府“缺钱”不能从地方政府收入的角度来考虑，而应该从中央与地方的事权、财权分配考虑。我们现在说支出，地方支出占比达到85%，几乎每年提高一个百分点。在这种情况下，要有一个多大的地方税体系才能支撑地方的支出责任？如果按照这种支出情况来“补偿”，意味着85%的税收要交给地方，中央收入占15%就够了，这就会使20世纪90年代分税制改革的成果毁于一旦，导致中央对地方的控制力下降，这显然是不现实的。

要解决上述问题，应该让更高层级的政府来承担更多的支出责任，也意味着中央要履行更多的事权。要通过实体化方式加强中央事权。我国作为单一制社会主义大国，必须坚持统一领导，适度加强中央事权。按照事权属性，涉及国家主权、经济总量平衡和区域协调发展、全域要素流动等领域的事务，必须完整集中到中央，以加强国家的统一管理，确保法制统一、政令统一、市场统一，维护和巩固中央权威。为避免在事权履行过程中因“中央发令、地方执行”导致的权力不清、责任不明、推诿扯皮、效率低下等问题，要通过实体化方式，改组或设立专门的机构和人员队伍，负责具体事务的执行。特别是在国防、外交、国家安全、职工社会保险等关系全国统一市场、海域和海洋使用管理、食品药品安全、生态环境安全、跨区域司法管理等领域，在维护中央决策权的同时，要重点强化中央的执法权，合理配置机构，增强执法一致性，提高行政效能。按此调整后，不仅强化了中央事权，还可以明显压缩中央和地方共同事务以及委托事务数量，降低清晰划分中央地方事权的难度。省以下的事权调整也应遵循实体化的原则，同时深化行政执法体制改革，按照减少层次、整合队伍、提高效率的原则，推进综合执法，合理配置执法力量。通过上述努力，推动从“计划经济分权制”向“市场经济分权制”转变，最终形成“原则上谁的事权就由谁的队伍（含派出机构）执行”的实体化职能配置模式，从而建立决策和执行相统一、权利和责任相一致、事权和支出责任相适应的体制机制。

事权配置方面，适合交给地方决策的事情，更多地将决策权下放给地方；通过上收部分事项的执行权，增加中央政府直接的支出责任，以此提高中央政府的支出比重，减轻地方政府的支出负担。应该说，在推动财政体制改革、划分财政事权和支出责任的过程中，实际上就能反推预算和税制应该改革的地方，前者也为后者提供了目标和方向。

两级治理

从国家治理来观察，深化财政体制改革，要强化两级治理架构。虽然我国有五级政府，但在国家治理架构上是两个层级，实行两级分权，即中央与地方；而地方是一个整体，省级、地市级、区县级、乡镇级之间的权限划分在不同地方可以不同，属于地方内部的事务性分权，地方立法权归地方的最高政府——省级政府，省级以下政府不能分享。因此，财政体制改革要分两个层次来进行：一是国家层面的财政体制要与国家治理架构相适应；二是地方层面的财政体制要与地方治理架构相匹配。

国家层面的财政体制改革，即中央与地方之间的财政关系改革仍要坚持分税制，这一点不能动摇，其基本框架依然适用于中央与地方之间行政分权的要求，符合激励相容，有利于调动地方的积极性。

地方层面的财政体制改革，则不一定要照搬国家层面的分税制，可因地制宜。因为地方内部不具有同质性，如行政体制上有省、自治区、直辖市、特区等不同存在形式，以及在人口规模、区域面积、经济发展水平及发展条件等方面更是差距甚大，分税制无法从国家层面贯穿到地方内部的各级政府之间。因此，地方财政体制可以有地方特色，因地制宜而不必“一刀切”。地方财政改革应充分考虑人口、辖区面积、发展水平、社会条件和自然生态状况，创造性推动地方治理能力的现代化与地方财政改革。在中央统一领导下，让地方有充分的自主权和责任约束，这是调动地方积极性、让国家充满活力的前提，也是保障国家稳定统一、活而不乱的条件。

本篇小结

中国发展进入新时代，表现为整体性特征。过去我们发展和改革，主要是经济层面的发展和改革，主要解决经济问题，解决吃不饱穿不暖的问题。现在我们改革和发展，就不仅仅是解决经济问题，而是要解决治理问题。我们的发展由过去的经济发展变成了整体性发展，改革也由过去的经济改革，变成了全面改革。过去的经济改革是市场改革，现在的全面改革是治理改革。国家治理的现代化和财税体制的新视角，必须以整体性来把握新时代发展和改革特征为基础，而不能偏离，否则分析就失去根基。

国家治理结构包括三个维度，即国家与市场的关系、国家与社会的关系、中央与地方的关系，全面深化改革就是围绕这三个维度展开的。过去的改革更多是国家与市场关系维度的经济改革，现在的整体性改革，是在三个维度同时开展的改革。

党的十八届三中全会通过的《中共中央关于全面深化改革若干重大问题的决定》中指出：“全面深化改革的总目标是完善和发展中国特色社会主义制度，推进国家治理体系和治理能力现代化”，“财政是国家治理的基础和重要支柱”。这表明国家治理结构以财政为基础，财税体制内嵌于国家治理体系（结构）三维度的方方面面，相应国家治理三维度成为新时代财税体制的新坐标。鉴于财政于国家治理基础性和重要性作用，以及当前为实现国家治理现代化而进行的全面深化改革这一大背景，财税改革须以国家治理的三个维度作为参照系，全方位推动财政与市场关系改革、财政与社会关系改革以及央地关系改革。

参考文献

（一）中文图书

1. 马克思主义经典著作

［1］《马克思恩格斯全集》第一卷，人民出版社 2002 年版。
［2］《马克思恩格斯全集》第三卷，人民出版社 2002 年版。
［3］《马克思恩格斯全集》第三十卷，人民出版社 1995 年版。
［4］《马克思恩格斯全集》第三十一卷，人民出版社 1998 年版。
［5］《资本论》第一卷，人民出版社 2004 年版。
［6］《资本论》第二卷，人民出版社 2004 年版。
［7］《资本论》第三卷，人民出版社 2004 年版。

2. 党和国家领导人著作

［8］《毛泽东选集》第一卷，人民出版社 1991 年版。
［9］《毛泽东选集》第二卷，人民出版社 1991 年版。
［10］《毛泽东选集》第三卷，人民出版社 1991 年版。
［11］《毛泽东选集》第四卷，人民出版社 1991 年版。
［12］《毛泽东文集》第二卷，人民出版社 1999 年版。
［13］《周恩来选集》下卷，人民出版社 1984 年版。
［14］《邓小平文选》第一卷，人民出版社 1994 年版。
［15］《邓小平文选》第二卷，人民出版社 1994 年版。
［16］《邓小平文选》第三卷，人民出版社 1993 年版。
［17］《陈云同志文稿选编》，人民出版社 1981 年版。

［18］《陈云文选》（1949—1956年），人民出版社1984年版。

［19］《陈云文选》第三卷，人民出版社1995年版。

［20］《李先念论财政金融贸易》上卷，中国财政经济出版社2010年版。

［21］《李先念论财政金融贸易》下卷，中国财政经济出版社2010年版。

［22］《江泽民文选》第二卷，人民出版社2006年版。

［23］《江泽民文选》第三卷，人民出版社2006年版。

［24］《胡锦涛文选》第一卷，人民出版社2016年版。

［25］《胡锦涛文选》第二卷，人民出版社2016年版。

［26］《胡锦涛文选》第三卷，人民出版社2016年版。

［27］《习近平谈治国理政》，外文出版社2014年版。

［28］《习近平谈治国理政》第二卷，外文出版社2017年版。

［29］《朱镕基讲话实录》，人民出版社2011年版。

3. 党内其他重要文献

［30］《十八大以来重要文献选编》，中央文献出版社2014年版。

［31］《十二大以来重要文献选编》，人民出版社1986年版。

［32］习近平：《决胜全面建成小康社会 夺取新时代中国特色社会主义伟大胜利——在中国共产党第十九次全国代表大会上的报告》，人民出版社2017年版。

［33］《中共中央国务院关于打赢脱贫攻坚战的决定》，《人民日报》2015年12月8日。

［34］《中共中央关于全面深化改革若干重大问题的决定》，人民出版社2013年版。

［35］《中共中央关于制定国民经济和社会发展第十三个五年规划的建议》，人民出版社2015年版。

4. 其他中文图书

［36］中央文献研究室：《陈云传》（下），中央文献出版社2005

年版。

［37］中共中央党史研究室：《中国共产党的九十年》，中共党史出版社、党建读物出版社 2016 年版。

［38］陈共：《财政学》第九版，中国人民大学出版社 2017 年版。

［39］高培勇：《中国财政政策报告 2007/2008：财政与民生》，中国财政经济出版社 2009 年版。

［40］何毅亭主编：《以习近平同志为核心的党中央治国理政新理念新思想新战略》，人民出版社 2017 年版。

［41］李培林：《扶贫蓝皮书：中国扶贫开发报告 2016》，社会科学文献出版社 2016 年版。

［42］刘尚希：《公共风险论》，人民出版社 2018 年版。

［43］刘尚希：《公共风险视角下的公共财政》，经济科学出版社 2010 年版。

［44］刘尚希：《新型城镇化中的财政支出责任》，经济科学出版社 2015 年版。

［45］刘尚希等：《大国财政》，人民出版社 2016 年版。

［46］刘尚希、傅志华等：《中国改革开放的财政逻辑》，人民出版社 2018 年版。

［47］刘尚希：《财税热点访谈录》，人民出版社 2016 年版。

［48］刘尚希：《中国财政政策报告》，中国社会科学出版社 2018 年版。

［49］刘尚希、梁子谦、傅志华等：《中国财经改革经验》，中国财政经济出版社 2019 年版。

［50］人民出版社编写组：《十八大以来新发展新成就》（上），人民出版社 2017 年版。

［51］苏星：《新中国经济史》，中共中央党校出版社 1999 年版。

［52］王丙乾：《中国财政 60 年回顾与思考》，中国财政经济出版社 2008 年版。

［53］汪海波：《中华人民共和国工业经济史》，山西人民出版社2001年版。

［54］宋新中：《当代中国财政史》，中国社会科学出版社1997年版。

［55］魏后凯：《走中国特色的新型城镇化道路》，社会科学文献出版社2014年版。

［56］吴敬琏等：《中国经济50人看三十年——回顾与分析》，中国经济出版社2008年版。

［57］谢旭人：《中国财政60年》（上、下卷），经济科学出版社2009年版。

［58］谢旭人：《中国财政改革三十年》，中国财政经济出版社2008年版。

［59］陈如龙：《当代中国财政》，中国社会科学出版社1988年版。

［60］徐志雄：《现代宪法论》，元照出版股份有限公司2004年版。

［61］张厚义等：《中国私营企业发展报告（1978—1998）》，社会科学文献出版社1999年版。

［62］张磊：《中国扶贫开发政策演变（1949—2005年）》，中国财政经济出版社2007年版。

［63］中国财政科学研究院：《城镇化、债务融资与风险防控》，中国财政经济出版社2016年版。

［64］中国财政科学研究院：《中国政府投融资发展报告（2017）》，经济科学出版社2017年版。

［65］“中国城镇化30年”课题组：《中国城镇化30年》，中国建筑工业出版社2016年版。

［66］住房和城乡建设部课题组：《“十二五”中国城镇化发展战略研究报告》，中国建筑工业出版社2011年版。

［67］编写组：《当代中国财政》（上），中国社会科学出版社1988年版。

［68］董辅礽：《中华人民共和国经济史》上卷，经济科学出版社1999年版。

［69］陈光焱：《中国财政通史（第十卷）·中华人民共和国财政史》（上），湖南人民出版社2013年版。

［70］温铁军：《中国农村基本经济制度研究》，中国经济出版社2000年版。

［71］何盛明：《中国财政改革20年》，中州古籍出版社1998年版。

［72］张晓彪等：《陕甘宁边区财政经济史》，中国财政经济出版社2017年版。

［73］冯田夫：《我国新民主主义革命时期根据地战时财经史》，中国财政经济出版社2011年版。

［74］项怀诚：《中国财政通史》（革命根据地卷），中国财政经济出版社2006年版。

［75］中华人民共和国财政部《中国农民负担史》编辑委员会编著：《中国农民负担史》第三卷，中国财政经济出版社1990年版。

［76］唐滔默：《中国革命根据地财政史：1927—1937》，中国财政经济出版社1987年版。

［77］财政科学研究所：《革命根据地的财政经济》，中国财政经济出版社1985年版。

［78］李成瑞：《中华人民共和国农业税史稿》，财政出版社1959年版。

（二）外文翻译著作

［79］〔英〕安东尼·吉登斯：《现代性的后果》，田禾译，译林出版社2000年版。

［80］〔英〕安东尼·吉登斯：《失控的世界》，周红云译，江西人民出版社2001年版。

［81］〔美〕哈维·罗森、泰德·盖尔：《财政学》第十版，郭庆旺译，中国人民大学出版社2015年版。

［82］〔澳〕杰弗瑞·布伦南，〔美〕詹姆斯·M. 布坎南：《宪政经济学》，冯克利等译，冯克利、冯兴元统校，中国社会科学出版社2004年版。

［83］〔英〕洛克：《政府论》，瞿菊农、叶启方译，商务印书馆2016年版。

［84］〔法〕卢梭：《社会契约论》，里平沤译，商务印书馆2017年版。

［85］〔德〕马克斯·韦伯：《经济与社会》，阎克文译，上海世纪出版集团2010年版。

［86］〔法〕孟德斯鸠：《论法的精神》，许明龙译，商务印书馆2016年版。

［87］〔德〕乌尔里希·贝克：《风险社会》，何博闻译，译林出版社2004年版。

（三）期刊文章

［88］蔡昉等：《改革开放40年与中国经济发展》，《经济学动态》2018年第8期。

［89］刘尚希、武靖州：《宏观经济政策目标应转向不确定性与风险——基于经济周期视角的思考》，《管理世界》2018年第4期。

［90］刘尚希：《不确定性：财政改革面临的挑战》，《财政研究》2015年第12期。

［91］刘尚希、李成威、杨德威：《财政与国家治理：基于不确定性与风险社会的逻辑》，《财政研究》2018年第1期。

［92］刘尚希等：《财政与国家治理：基于三个维度的认识》，《经济研究参考》2015年第38期。

［93］黄群慧：《改革开放40年中国的产业发展与工业化进程》，

《中国工业经济》2018 年第 6 期。

［94］程承坪、邱依婷：《改革开放以来中国经济持续高增长的理论及实践》，《中国软科学》2018 年第 2 期。

（四）报纸文章

［95］韩长赋：《工业反哺农业 城市支持农村》，《人民日报》2008 年 11 月 3 日。

［96］李丽辉：《财政支付少走“弯”路》，《人民日报》2011 年 1 月 10 日。

［97］刘剑文、侯卓：《税收法定原则如何落实》，《光明日报》2015 年 3 月 20 日。

［98］刘尚希：《论中国特色的积极财政政策》，《人民日报》2017 年 4 月 6 日。

［99］刘尚希：《破除积极财政政策的三个认识误区》，《经济日报》2017 年 7 月 7 日。

［100］刘尚希、石英华、王志刚：《公共债务管理新思维：从制度约束转向行为约束》，《中国财经报》2017 年 7 月 4 日。

［101］仇华飞：《习近平外交思想——新时代中国特色社会主义思想伟大创新》，《人民日报》2017 年 10 月 20 日。

［102］中共国务院扶贫办党组：《脱贫攻坚砥砺奋进的五年》，《人民日报》2017 年 10 月 17 日。

［103］孙韶华：《明年继续实施减税降费政策 加快财税制度改革》，《经济参考报》2017 年 12 月 29 日。

［104］《敢想敢干敢为人先：小岗村 40 年有大变样》，《中国青年报》2018 年 1 月 16 日。

［105］《谋划发展蓝图的一次考察——“我懂得了什么是现代化”》，《人民日报》2008 年 11 月 28 日。